教育部哲学社会科学后期资助项目（16JHQ032）

INNOVATION AND DEVELOPMENT OF ENTERPRISES
BASED ON THE OLD AND NEW GROWTH DRIVER TRANSFORMATION

企业创新与成长

——新旧动能转换视域

李光红　彭伟华　郭兴磊◎著

中国经济出版社
CHINA ECONOMIC PUBLISHING HOUSE
·北京·

图书在版编目（CIP）数据

企业创新与成长：新旧动能转换视域/李光红，彭伟华，郭兴磊著.
—北京：中国经济出版社，2018.8
ISBN 978－7－5136－5040－3

Ⅰ.①企… Ⅱ.①李… ②彭… ③郭… Ⅲ.①企业创新—研究 Ⅳ.①F273.1

中国版本图书馆 CIP 数据核字（2018）第 007915 号

组稿编辑 崔姜薇
责任编辑 张 博 郭书芳 王建昌
责任印制 马小宾
封面设计 任燕飞

出版发行 中国经济出版社
印 刷 者 北京柏力行彩印有限公司
经 销 者 各地新华书店
开 本 710mm×1000mm 1/16
印 张 19
字 数 300千字
版 次 2018年8月第1版
印 次 2018年8月第1次
定 价 68.00元
广告经营许可证 京西工商广字第8179号

中国经济出版社 **网址** www.economyph.com **社址** 北京市西城区百万庄北街3号 **邮编** 100037
本版图书如存在印装质量问题，请与本社发行中心联系调换（联系电话：010－68330607）

前 言

PREFACE

面对世界经济复苏乏力，国际竞争加剧，国内经济发展步入新常态，中国经济中高速发展阶段必须推进产业结构转型升级，加快新旧动能有序转换。企业作为国家创新战略的重要力量，左右着国家经济发展的话语权，基于新旧动能转换视域构建富有生态性、协同性、动态性的企业创新性评价体系，评价并优化企业成长路径，对于促进中国宏观经济稳步发展、中观产业结构转型升级和微观企业核心竞争力的提升，意义非凡。本书借鉴国内外相关研究成果，综合运用管理学、技术经济学、统计学等多学科的理论和方法，基于新旧动能转换视域，从以下五个方面就企业创新及成长问题展开研究：

1. 企业创新性评价体系研究机理阐析

在综述国内外学者研究成果的基础上，界定企业创新的概念，总结企业创新的特征，梳理企业创新的评价，分析企业成长的竞争格局和中国企业成长历程。通过梳理与本书相关文献，着重分析创新及经济管理理论、企业成长及生命周期理论和评价理论对企业的成长作用。通过整理新旧动能转换提出研究背景，分析企业创新与新旧动能转换之间的关系，阐明新旧动能转换视域下企业创新成长轨迹，厘定企业创新性评价体系的内在研究机理，从而廓清了研究框架，为企业创新性评价体系构建奠定了理论基础。

2. 企业创新性影响因素甄别

为了甄别企业创新性影响因素，首先比较国内外企业创新性评价体系研究现状，然后针对中国企业的特点，综合文献归纳和实地调研的信息，采用问卷调查法，选取全国不同区域、不同行业具有代表性的50

家企业实施两轮大样本问卷调查，以确保基本影响因素遴选的全面性、独立性。第一轮为半封闭式问卷，就文献梳理出的影响企业创新性的因素进行调查，并根据各影响因素赞同百分比及指标修正统计结果予以取舍；第二轮为封闭式问卷，对影响企业创新性的因素进行重要程度打分，最终确定企业创新性的28个主要影响因素。

3. 企业创新性评价体系构建

运用聚类分析法对企业创新性影响因素进行分类，凝练出一级指标5个（创新动力、创新机制、创新能力、创新绩效、创新潜能），二级指标11个（创新战略、创新文化、创新激励机制、创新保障机制、创新投入能力、研究开发能力、组织与管理能力、财务绩效、科技绩效、企业管理潜能、员工创新潜能），构建了企业创新性指标体系；引入网络分析法（ANP）和超级决策软件（SD）赋予各指标以权重，使企业创新性评价体系由理论层面步入了实践操作层面。

4. 企业创新性评价的实证分析——以山东省为例

选取新旧动能转换视域下山东省不同区域、不同行业代表性企业作为样本进行施测，建立了相应的物元分析模型，锁定了影响企业创新性的关键因素，即创新文化、创新激励机制、创新保障机制、创新投入能力、研究开发能力、组织与管理能力、企业管理潜能和员工创新潜能等8个评价指标，为优化企业成长路径奠定基础。

5. 企业成长路径优化设计

通过实证研究和企业发展环境分析，针对制约企业创新性的关键影响因素，从政府引导的生态性、行业发展的协同性、企业个体创新的持续性三个维度，优化政府、行业、企业三位一体的企业成长路径。

（1）创新创业生态全力打造，以期形成创新生态系统，美化企业创新环境，激发企业创新潜能；

（2）创新产业链优化设计，强化双创基地建设，激发创新行业的创造活力，组建公共研发机构，发展产业集群，培育多元化模式，实现企业转型升级；

（3）创新能力全面提升，激发企业创新动力，实施创新驱动发展战略，提升创新能力，搭建资金人才保障体系，增强创新资源集聚度，优化创新转化机制，推动企业创新，营造创新氛围，展现文化创意，打造文化强国。

通过本书研究，有利于促进中国企业从传统企业向新兴企业的转型，增强企业的竞争力和持续发展能力，对于保持国内经济中高速增长和自主创新战略实施具有重要意义。

目 录

CONTENTS

图目录

表目录

「第一章」

绪　论

面对世界经济复苏乏力，国际竞争加剧，美国、英国、日本、韩国等发达国家大力发展创新战略。近几年，国内经济发展进入新常态，经济增长动力、资源要素条件等均发生重大变化，结构性矛盾凸显，经济下行压力加大。加快新旧动能转换是推动经济结构转型升级的关键，发展新动能、继续全面实施创新驱动发展战略是保持中高速经济增长的重要途径。中国企业作为国家经济发展的中流砥柱，左右着国家经济发展的话语权，企业的生产力水平、创新能力一定程度上表征着中国的科技水平，构建并优化企业创新性评价体系是顺利实施创新发展战略的关键环节，对推进创新型国家的建设具有深远的意义。

第一节　企业创新的含义

党的十八大报告指出，要实施创新驱动发展战略，必须将科技创新摆在国家发展全局的核心位置，推动科技和经济紧密结合，加快建设国家创新体系，着力构建以企业为主体、市场为导向、产学研相结合的技术创新体系。要建设创新型国家，就要提高作为科技创新中坚力量的企业创新能力。有关企业创新方面的研究，本书选取创新型企业作为研究对象，通过对国内外学者创新型企业研究成果的梳理，总结出中国企业创新的概念和特征。

一、企业创新概念

（一）国外学者的相关研究

“企业创新”的概念源于“创新”，1912 年经济学家约瑟夫·熊彼特首次提出“创新”的概念，认为“创新”是建立一种新的生产函数，是一种生产要素和条件的“新的组合”，他强调创新必须能够创造新的价值，即创新不仅仅是一个技术或科学的概念，还是一个经济的范畴，抑或是二者相结合的范畴。随着创新概念的提出及“创新理论”的不断完善，很多学者开始研究企业的创新，包括企业技术创新、制度创新、文化创新、创新驱动等，国外也有很多研究成果从创新型企业的视角研究企业创新，为企业创新概念的界定奠定了理论基础。

著名管理学大师彼得·德鲁克（1973）认为，创新型企业实质上是一个创新型组织，就是把创新精神制度化从而创造出一种创新的习惯，它将一群人组织起来从事着富有生产性和持续性的创新，进而使变革成为规范。在这之后，很多学者从技术创新的角度对创新型企业进行了界定。如路易斯·列斐伏尔和伊丽莎白·列斐伏尔（1988）认为，创新型企业就是采用先进技术的企业。Pak 认为，创新型企业是指其成员系统组成一个联系紧密的整体，通过把创新作为日常工作的一部分来不断地完善和升级企业。Kumpe（1994）从当代企业的发展模式角度对创新型企业进行了界定，认为创新型企业具有激励创新的文化，有促进沟通和加速创新的组织结构，能够持续不断地寻求新的突破，并将性能、价格等方面突出的产品提供给市场。William L（2003）从成长性角度进行研究，将创新型企业界定为那些通过创新来改进业务流程、创造产品差异化和服务差异化，并在市场价值、市场占有率、营运能力等方面都要超过其竞争对手的企业。波尔图等（2005）从宏观角度进行的研究表明，创新型企业在资本来源、企业规模、出口导向和产业差异四个方面与一般企业有着明显的区别，创新型企业多集中于大型、外资比例较高、持续性出口的企业，以技术密集型和资本密集型为主。曼彻斯特商学院在各位学者研究成果的基础上，对创新型企业的概念进行了提炼和补充，最终将创新型企业定义为具有持续创新能力，能够在技术、管理、营销和执行等一系列创新行为，成功应对市场经济的机遇和挑战，从而获得持续性生存和发展的企业。

除了从创新型企业视角阐释，还有一些学者从不同角度对企业创新作了解释。比如，迈克尔·贝斯特（Michael Best，2001）从技术能力、市场机会角度对企业创新进行了界定，认为企业创新是以追求独特能力为目标，企业的成长过程是技术—市场动态过程，企业应通过技术创新不断提高技术水平，与市场机制接轨。玖·笛德（Joe Tidd，2004）认为，企业创新应体现在竞争力上，企业应能够利用创新差别化产品和服务改进业务流程，在成长率、创新能力上都远超竞争对手。① 布鲁斯·努斯鲍姆（2006）从创新力角度提出，企业创新过程中应拥有新的衡量标准与设计思维，应设计出满足消费者需求或具有超前意识的产品，具备独具特色的创新 DNA，并可以建立起不断发展的企业文化。② Karaguzulo 和 Brown 则从风险性角度对企业创新进行定义，认为企业在实施产品创新过程中应勇于承担创新风险。曼彻斯特商学院关于企业创新的界定则是综合了企业创新特征、创新行为、市场应对以及企业发展等方面的内容。还有部分学者通过与其他企业的比较来定义，如 Lumpkin 和 Dess 提出，以新产品和新市场的数量在同行业中进行比较，来确定企业创新能力。Kumpe Ted 和 Bolwijn 等人则将企业区分为效率型企业、质量型企业、柔性型企业和创新型企业，指出企业成功的关键在于创新能力，企业创新具有低成本、高质量、高柔性以及持续创新等特点。国际咨询与培训服务企业 KePner – Tregoe 的 CEO Andrew Graham 认为，企业创新必须依赖于创新思想提升产品开发、销售以及顾客服务，鼓励和支持突破性思维。另外，他还提出了衡量企业创新性的标准。

以上国外学者对创新型企业的看法和观点，主要是从组织性质、发展模式和成长性等角度对创新型企业进行了界定。综合来看，企业创新的主要特性有：通过创新实现组织变革、善于发现市场机会并成功应对市场挑战、比其他企业更具竞争力、承担较高的风险性等。从研究的角度和层次来说，国外学者对于创新型企业的界定已经相对成熟，与之相比，中国创新型企业的建设和发展还处于初创期。十六届五中全会后，科学技术部、国务院国资委和中华全国总工会决定联合开展创新型企业试点工作，国内学者对于创新型企业的研究才逐渐丰富起来。

（二）国内学者的相关研究

国内学者从创新型企业已经具备的能力和条件、自身发展目标、创造新价值和新产品开发、创新对象、创新所涵盖的时间和空间范围、创新理论与实务等不同角度对创新型企业的内涵进行了探讨，为企业创新指明了

---

① 玖·笛德，等. 创新管理［M］. 北京：清华大学出版社，2004.

② 布鲁斯·努斯鲍姆. 如何建立创新型企业［J］. 商业周刊，2005（8）.

方向，为企业成长奠定了基石。

1. 创新型企业已经具备的能力和条件

科技部副部长李学勇（2006）认为，创新型企业主要是指具有较强的国际竞争力，拥有企业知名品牌和自主知识产权，凭借技术创新、机制创新、管理创新和文化创新实现持续发展和成长的企业。胡卫敏（2007）认为，创新型企业在创新意识、创新战略、创新文化、创新机制、创新组织上都保持持续性，并以此作为提升企业竞争力的关键。①

从该视角展开研究的还有学者汪永飞、陈留平、陈爱民（2007），祝爱民、刘盈君、徐英杰（2008），赖流滨、张汉文（2008），胡珑瑛（2008）等。

2. 创新型企业自身发展目标

从自身发展目标角度研究创新型企业，主要是在确立指导思想的情况下采取不同的创新方法加快企业发展，典型代表有陈勇星、李军等。陈勇星、李国栋、谭浩俊（2007）认为，创新型企业是以创新思想为指导，以创新体系为基础，以知识产权化的技术和品牌为核心，以实现全面而持续的、自主创新为手段，以获取更多利润和取得不断发展为自身发展目标的新型企业。② 李军（2008）指出，创新型企业是通过技术、市场、管理、战略、制度、文化等方面系统的持续创新来提高企业核心竞争能力，并且获得持续性发展的新型企业。③

3. 创造新价值和新产品开发

张良（2000）强调，创新型企业是在技术变革的基础上，通过采用新技术开发新产品，创造新价值，从而形成新市场，演化新产业，实现新增长的企业。④ 万希（2006）认为，创新型企业是将持续创新作为企业发展的主导思想，以新产品的持续开发、产品功能以及工艺设备的持续改善为驱动的企业。⑤ 黄品奇、侯甦丽、李光泉（2002）将创新型企业定义为以

---

① 胡卫敏. 创新型企业评价体系研究［J］. 价值工程，2007（11）：36－39.

② 陈勇星，李国栋，谭浩俊. 创新型企业及其基本特征［J］. 江苏商论，2007（4）：108－109.

③ 李军. 创新型企业培育模式研究［D］. 吉林大学，2008.

④ 张良. 创新型企业发展的成功经验及其启示［J］. 华东理工大学学报（社会科学版），2000（3）.

⑤ 万希. 创新型企业的人力资源构成［J］. 科学管理研究，2006（6）.

创新为成长动力，以各种资源为支撑，能创造出新价值和开发出新产品的新型企业。① 刘立（2010）认为，创新型企业指的是善于发掘潜在市场和推动环境演化，具有动态创新能力，在此基础上能创造新价值，实现企业成长的柔性组织。② 田波、黄德春（2008）认为，创新型企业就是以产品创新为核心，以创造新价值为目的而获得生存与发展的企业。③

4. 创新对象

已有研究成果表明，创新型企业的创新对象涉及技术、管理、制度、文化、品牌、理念等诸多方面。冯海昱、黄德春（2007）认为，创新型企业的创新对象包括发挥不同作用的技术创新、管理创新和制度创新，创新型企业作为创新主体，要统筹处理三者之间的关系，促使三者有效协同与统一，提高创新效率，在企业发展过程中实现动态创新，增强企业竞争力，推动企业可持续发展。④ 科技部等三部委在对创新型企业的界定中，创新对象涉及面更广泛，涵盖了理念、文化、技术、品牌、体制机制、经营管理、创新等。

5. 创新所涵盖的空间和时间范围

从创新型企业所涵盖的空间和时间范围来看，创新型企业具有全员参与、资源全面利用、全面协同创新、创新贯穿企业成长全过程和企业自身、行业以及社会效益的全面实现等全面性特征。郑刚（2006）认为，创新型企业在时间、空间范围上都允许有足够的发展余地，通过整合人力、物力、资金、信息等一切资源，以达到文化、技术、制度、市场等方面的协同创新，可以使企业创新效益远远大于单独进行创新活动能取得的收益。⑤ 王文亮、韩坷、王亚伟（2007）指出，创新型企业是指以创新战略为指导，通过全面创新和持续创新，建立拥有自主知识产权的知名品牌，

---

① 黄品奇，侯甦丽，李光泉．知识经济时代的企业战略趋势［J］．领导决策信息，2002（48）．

② 刘立，曲晓飞．创新型企业：概念界定与范式阐释［J］．现代管理科学，2010（10）．

③ 田波．创新型企业评估理论与方法研究［D］．吉林大学，2008．

④ 冯海昱，黄德春．创新型企业内涵新探［J］．科技管理研究，2007（4）．

⑤ 郑刚．基于TIM视角的企业技术创新过程中各要素全面协同机制研究［D］．浙江大学，2006．

以实现自身发展、行业带动和社会经济增长的企业。[①] 魏巍（2008）认为，创新型企业是指以创新理念为指导，以技术创新为核心，以创新绩效为目的，以创新机制为保障，以全面动态创新作为激发企业持续发展的新型企业。[②] 陈春明、金大伟（2006）的定义体现了创新贯穿于企业活动的全范围和全过程的思想。[③]

对于创新型企业的解释众说纷纭，主要是从判断思路入手，很少对创新型企业有较为系统的研究和界定，例如段春瑞（2005）提出，创新型企业不仅要对现今的创新时代和将来的竞争态势有宏观的总体认识，还要树立企业自主创新的主体意识，准确把握企业自身在国家创新体系建设中的作用。夏冬、程家明（2005）认为，创新型企业的主导思想是持续创新，主导策略是原有工艺设备的不断改良、新产品的不断开发以及功能质量的不断完善。[④]

6. 创新理论与实务

随着相关研究成果的不断涌现，很多学者从理论和实务角度对创新型企业展开研究，这起源于2006年科技部等三部委准备开展的创新型企业试点工作。三部委在《关于开展创新型企业试点工作的通知》中给出了创新型企业的初步定义：是在技术创新、品牌创新、体制机制创新、经营管理创新、理念和文化创新等方面成效突出的企业，具有自主知识产权的核心技术、持续创新能力、行业带动性和自主品牌、较强的盈利能力和较高的管理水平、创新发展战略和文化。随后，以科技部等三部委开展创新型企业试点工作为契机，国内大量学者从理论和实务角度对创新型企业进行了重新界定。陈春明、金大伟（2006）认为，创新型企业是指以不断创新的观念和组织文化为指导，以良好的组织创新活动为支撑，以自主研发或消化、吸收、再创新为手段，以创新成果的转化利用为创新目标，以不断创新作为激发企业持续发展的核心竞争力的新型企业或企业集团。[⑤] 张

---

① 王文亮，韩珂，王亚伟．创新型企业持续创新能力分析与培育策略［J］．企业活力，2007（12）．

② 魏巍．创新型企业评价研究［D］．吉林大学，2008．

③ 陈春明，金大伟．我国创新型企业发展对策研究［J］．学习与探索，2006（5）．

④ 夏冬，程家明．创新型企业的产权激励：基于创新资源均衡的分析［J］．技术经济与管理研究，2005（5）．

⑤ 陈春明，金大伟．我国创新型企业发展对策研究［J］．学习与探索，2006（5）．

彦宁（2007）指出，建设创新型企业的核心是坚持以人为本的科学发展观，以科技自主创新作为企业发展的战略基点，激发全员创新精神，大力推进技术创新、管理创新、体制创新，全面增强企业自主创新能力，不断提高企业市场竞争力。

除了以上几种类型的定义外，也有学者通过定量的衡量标准来定义。如官建成、张爱军（2002）提出，可以从以下两个方面来判断创新型组织：一是组织是否具有核心创新能力；二是创新制度执行状况、创新投入产出水平。①

马永红、赵凌晨和刘拓等（2007）认为，创新型企业就是以拥有自主知识产权和自主品牌为特征，以企业为主体、以技术为核心，以市场为导向、以创新为动力，不断实现新的经济增长和较强的持续创新能力的企业。② 蔡齐祥（2007）认为，创新型企业是指可持续地通过创新取得经济增长与发展的企业。③ 胡珑瑛、蒋樟生（2008）认为，创新型企业是指掌握企业发展的核心技术，拥有自主知识产权和知名品牌，具有较强国际竞争力，依靠创新实现持续发展的企业。④ 祝爱民、刘盈君、徐英杰等（2008）认为，创新型企业是指拥有自主知识产权的核心技术、知名品牌，具有良好的创新管理和文化，整体技术水平在同行业居于先进地位，在市场竞争中具有优势和持续发展能力的企业。⑤ 向刚、李兴宽、章胜平等（2009）认为，创新型企业是指以自主创新战略为指导，具有强大而持久的创新动力，通过持续创新，建立拥有核心技术以及自主知识产权的知名品牌，以实现自身发展、行业带动和社会经济增长的企业。⑥ 刘耀（2009）认为，创新型企业是以创新为其核心价值观，以创新制度、创新机制和创新人才为基础，以实现全面的、持续的自主创新为手段，拥有自主知识产权和核心技术，以产生更大的创新效益和取得不断发展为目标的新型企

① 官建成，张爱军. 技术与组织的集成创新研究［J］. 中国软科学，2002（12）.

② 马永红，赵凌晨，刘拓. 创新型企业评价体系的构建研究［J］. 技术经济，2007（10）.

③ 蔡齐祥，张威，卢霞. 创新型企业评价标准研究的若干问题探讨［J］. 科技管理研究，2007（1）.

④ 胡珑瑛，蒋樟生. 基于 BP 神经网络的创新型企业评价研究［J］. 软科学，2008（2）.

⑤ 祝爱民，刘盈君，徐英杰. 创新型企业评价体系研究［J］. 科学学研究，2008（S2）.

⑥ 向刚，李兴宽，章胜平. 创新型企业评价体系研究［J］. 科技管理研究，2009（6）.

业。[①] 罗亚非、孟韬、张杰军等（2010）认为，创新型企业是拥有自主知识产权、知名品牌和良好的创新管理与文化，具有深厚的持续创新原动力，通过持续创新，能在获得国内、国际市场竞争优势和自身持续发展的前提下，带动行业发展和社会经济增长的企业。[②] 罗杰（2010）认为，创新型企业是具有明确的战略目标和强大的创新能动性，以良好的创新体系和创新资源条件为基础，以自主知识产权的技术和品牌为核心，通过全面自主创新取得显著绩效，实现持续发展良性循环的新型企业。郭韬（2010）认为，在任何方面有突出创新的企业都应当被视为创新型企业。[③]

纵览中国学者近几年来对创新型企业概念的探究，根据其共同之处可以把企业创新的概念界定为：企业创新立足于协调技术创新、制度创新和管理创新，突出持续创新，有自主知识产权和自主品牌，通过创新实现显著的创新绩效，推动行业和经济的发展。

二、企业创新特征

在经历了效率型企业、质量型企业和灵活型企业之后，当今主流的企业发展模式正在向创新型企业转变，创新型企业之所以能够应对经济全球化和日益激烈的国际竞争态势，是因为其具有很多突出的特征。本书选取创新型企业作为研究对象，总结企业创新的特征。

（一）国外学者对企业创新特征的相关研究

弗里曼（Freeman，1982）主要从研究开发能力、竞争力以及客户角度，对创新型企业的特征进行了分析，指出创新型企业应具有很强的研发能力；从事基础或相关研究；与竞争对手议价；拥有长期资助研发的规模条件；在同类企业中产品研制时间短；愿意冒险；创造性地锁定一个潜在市场；持续关注潜在市场、培养潜在客户；具备所需的企业家精神；与科学界顾客保持好的联系。[④]

① 刘耀．创新型企业发展模式及其实现持续创新机制研究［D］．南昌大学，2009.

② 罗亚非，孟韬，张杰军，张赤东．我国创新型试点企业创新能力差异分析［J］．科学学与科学技术管理，2010（12）.

③ 郭韬，史竹青．创新型企业研究综述［J］．科技进步与对策，2011（19）.

④ C. Freeman. The Economics of Industrial Innovation［M］. Mass：The MIT Press，1982.

Medina，Lavad 和 Cabrera（2005）通过对不同行业和不同规模的 4 个企业进行案例研究，总结了创新型企业具有战略灵活性、信息技术的交流与使用、战略联盟与合作等主要特征。

美国学者彼斯特和沃特曼认为，创新型企业具有如下特点：与顾客间联系密切；企业家和员工普遍具有创新意识；拥有自主权以及企业家精神；关注发掘生产率潜力中人的作用；凭借价值导向作用促进创新有效传递；紧密结合熟悉的业务；组织形式简单，集权与分权结合。

1995 年，欧洲委员会在《创新绿皮书》中指出，创新型企业的本质特征是具有独特的组织技能和战略技能。组织技能包括评价和控制风险的能力、部门间的内部合作、与利益相关者之间的外部合作以及对于组织变革的反应和适应程度；战略技能包括长远的眼光、预测市场发展趋势的能力以及信息收集整理的能力。

萨普诺利等人认为，持续创新性是组织的一个特征，真正的创新型组织是那种始终持续地展现创新行为的组织。早在 1982 年，英国著名的经济学家 Christopher Freeman 就总结出了创新成功企业的十大特征：一是具有较强的 R&D 能力；二是能够长期资助研究和开发活动；三是具有将研究开发与生产销售相协调的企业家精神；四是从事基础研究或者相近研究；五是能够与竞争对手讨价还价；六是掌握比对手更短的研制时间；七是敢于冒险；八是较早定位一个潜在市场；九是与客户保持密切的联系；十是培养潜在客户。美国学者 Peters 和 Waterman 总结出创新成功企业具有如下几个特点：具有自主权、重视人的作用、企业员工都具有创新倾向、通过价值驱动来传递创新、具有灵活的组织形式、结合熟悉的业务。可见这两位学者都更加注重人的主动作用和组织的辅助作用。

从国外学者的研究成果可以总结出，他们将企业创新的特征层次化、具体化，企业在创新的过程中，既要关注自主创新能力的提升，又要关注外界市场环境的变化，这对国内学者关于企业创新特征的研究具有一定的参考价值。

（二）国内学者对企业创新特征的相关研究

1. 宏观层面

国内学者对于企业创新特征的研究可以追溯到创新型企业特征的研

究，目前关于创新型企业特征的研究集中于宏观层面的较多。田波（2008）从综合素质角度提出，创新型企业的主要特征是：已经具有且仍不断提高的自身综合创新素质，包括核心创新能力，持续开发新技术、新产品、新市场的能力以及持续提高经济实力的能力；具有完善的创新体系；以持续创新为手段，不断提高企业经济效益，实现企业的可持续发展。① 胡珑瑛（2008）认为，创新型企业的特征不仅要有核心技术、核心能力，还要具有创新文化和创新发展战略。② 王文亮、王丹丹（2008）将创新型企业的特征归纳为：具有明确的创新战略；全面和持续的创新；主导产品拥有自主知识产权的知名品牌；具有较强的综合效益，自身发展良好；在行业发展中具有带动性。③ 向刚（2010）强调了创新动力的重要性，认为在创新型企业的特征中，持续创新的强大动力是重要环节。④ 陈坤（2011）认为，创新型企业的特征有四个方面：创新性是首要特征；系统性是显著特征；内生性是潜在特征；开放可连续性是衍生特征。其中，开放性是由创新性衍生而来的，可连续性则是由创新型企业动态内涵所决定的。⑤ 李兴宽（2010）将创新型企业特征分为三个层次：本质特征、基本特征和综合特征。本质特征即为持续创新；基本特征是时间持续性、效益持续增长性、企业持续发展性和绿色持续创新性；综合特征为创新实现过程是多类型多项目的动态集成过程。⑥ 张林（2012）提出了创新型企业的四个特性，分别是组织创新性、持续创新性、自主创新性和全面创新性，首次将组织创新性归入到创新型企业的特征中，体现了众学者对于创新型企业研究的不断深入。⑦

2. 微观层面

国内也有很多学者从微观层面即创新型企业自身研究其特征。中国软

---

① 田波．创新型企业评估理论与方法研究［D］．吉林大学，2008.

② 胡珑瑛，蒋樟生．基于BP神经网络的创新型企业评价研究［J］．软科学，2008（2）：116－118、127.

③ 王文亮，王丹丹．创新型企业的要素特征分析和评价指标设计［J］．科研管理，2008（S2）：223－226、228.

④ 向刚．企业持续创新［M］．北京：北京科学出版社，2006.

⑤ 陈坤．创新型企业创新路径选择和绩效评价研究［D］．中国科学技术大学，2011.

⑥ 李兴宽．基于持续创新动力、能力、绩效的创新型企业评价研究［D］．昆明理工大学，2010.

⑦ 张林．创新型企业绩效评价研究［D］．武汉理工大学，2012.

科学研究会副理事长刘吉（2007）从创新特点和企业的角度指出，创新型企业具有以下基本特征：一是有若干重大经济效益或社会影响的自主创新；二是全面的系统创新；三是可持续创新；四是高速发展的企业；五是具有巨大社会影响力和辐射力的企业。[①] 刘立（2006）认为，创新型企业的特点主要体现在：柔性（有机性）弹性边界、多元性（组织）、持久性、归核性、动态性、价值性、突破性（路径）、集成性等方面。[②] 胡卫敏（2007）提出，创新、可持续、系统、开放和内生是创新型企业的显著特征。[③] 蔡凡（2007）认为，创新型企业的特征是创新性、开发性、系统性、风险性、自主性、适应性。[④] 陈勇星、李国栋、谭浩俊（2007）认为，创新型企业的基本特征有：企业活动导向上的创新性；企业创新态度上的自主性；企业创新进程上的持续性；企业创新内容上的全面性；企业创新成果上的知识产权化；企业创新成果上的综合效益性。[⑤] 汪永飞、陈留平（2007）等认为，创新型企业有不同于常规企业的特征：智力资本化、资本风险化、管理信息化、收益超常化。[⑥] 赖流滨、张汉文（2008）指出，创新型企业应具有强烈的创新精神；雄厚的创新条件；系统的创新内容；巨大的创新风险；显著的创新成效；持续性创新等特征。[⑦]

学者们从不同视角对创新型企业的特征进行了梳理，由此，本书总结出企业创新具有的特征主要体现在持续动态创新、自主创新、产权化、风险性、效益性、全面性、价值性、突破性等方面。

二、企业创新评价

对于企业创新的评价研究，最重要的环节就是设计科学的企业创新性评价体系，要求评价维度要全面、系统，力求反映企业的本质特征，从而

---

① 刘吉．论创新型企业［J］．中国软科学，2007（2），4－7.

② 刘立．创新型企业及其成长研究［D］．东北财经大学，2006.

③ 胡卫敏．创新型企业的运作与发展研究［D］．武汉理工大学，2007.

④ 蔡凡．创新型企业的战略人力资源管理研究［D］．厦门大学，2007.

⑤ 陈勇星，李国栋，谭浩俊．创新型企业及其基本特征［J］．江苏商论，2007（4）：108－109.

⑥ 汪永飞，陈留平，陈爱民．创新型企业的评价体系及其评价模型［J］．统计与决策，2007（9）：81－82.

⑦ 赖流滨，张汉文．创新型企业的提出背景及内涵［J］．湖南财经高等专科学校学报，2008（6）：101－103.

能够使评价突出重点、提高效率，同时评价指标应当易取得、易度量，在可比的基础上尽量保持独立性。国内外学者对于企业创新性评价指标的设计呈现出多元化态势，一部分学者以企业单方面能力（比如创新能力、创新绩效）作为研究对象并构建评价体系；另一部分学者则从整体角度构建包含多方面、多角度的评价体系并对企业创新性进行评价。以下将从评价类型和评价指标两个方面对国内外学者的企业创新性评价研究进行整理和总结，以得到企业创新性评价的关键影响因素。

（一）企业创新评价类型

国内学者对于企业创新性评价体系的构建因研究方向和研究目的不同而呈现出多角度的态势，评价的侧重点也随之变动。其中，一部分学者以企业创新的某个方面为切入点，例如创新能力、创新绩效、创新动力等，并且仅对该方面进行详细的评价和研究；另一部分学者则将研究的重点集中在企业整体创新水平上，力图更加全面、准确、系统地对企业创新做出合理的评价。因此，基于评价对象的不同，我们将企业创新的评价类型划分为单类别评价和综合性评价。

1. 单类别评价

单类别评价以突出评价对象为特点，以企业创新的某个方面作为评价的切入点，国内外学者对企业创新的单类别评价主要集中于创新能力、创新绩效、创新动力三个方面。

创新能力评价方面，国内学者从不同的视角设计了评价体系维度。陈卫东（2007）、冯海昱（2007）、黄德春（2007）、刘耀（2008）、祝爱民（2009）等学者从创新的内涵出发，从技术创新、管理创新、制度创新和组织创新四个维度对创新能力进行了评价。胡卫敏（2007）、魏巍（2008）、李兴宽（2010）、赵文彦（2011）、罗亚非（2011）则以投入产出理论为基础，结合企业价值链过程，从创新投入能力、创新开发能力、创新生产能力、创新产出能力、创新营销能力五个维度对创新能力进行了评价。陈坤（2010）从创新理念、创新资源和创新机制三个维度对创新型企业进行了评价。

创新绩效评价方面，国内学者主要从宏观和微观两个角度进行了分析。赵文彦、曾月明（2011）从经济绩效、科技绩效、社会绩效和绿色环保绩效四个层面宏观反映了企业的创新绩效。[①] 武旭（2012）从创新投入、创新效益、创新基础和管理创新四个角度对创新绩效进行了评价。[②] 严凯旋（2012）从创新动力、创新资源、创新产出和绿色成长四个维度对创新型企业进行了评价。[③] 刘耀（2009）从财务、客户、内部流程、学习和创新四个维度对创新绩效进行了评价。[④] 朱学冬、陈雅兰（2010）从创新投入、创新业绩、创新管理和自主产权四个维度进行了评价。[⑤] 张林（2012）从财务状况、经营成果与发展、技术创新、知识管理创新、市场创新、制度创新、文化创新和业务流程八个维度详细地评价了创新型企业的创新能力。[⑥]

创新动力评价方面，向刚（2011）、陈晓丽（2010）、李扬州（2012）从企业家持续创新精神及意识、企业家及精英骨干员工激励机制、持续创新企业文化的建设三个维度对创新动力进行了评价。

2. 综合性评价

综合性评价以评价企业整体创新水平为特点，不拘泥于企业某个方面的创新效果，而是从宏观、系统的角度对创新型企业的各个方面进行综合评价，力图完整、全面、翔实地对企业的创新水平做出合理准确的评价。

李国栋等（2006）从治理结构创新、生产要素创新和管理模式创新三个方面对创新型企业进行了评价。[⑦] 汪永飞（2007）依据企业成长阶段特征，对创新型企业按照成长时期进行评价，其中，初创期主要考察企业的创新投入能力、研发能力、经济实力和管理能力，成长期主要考察企业的核心竞争力、可持续发展能力、技术创新开发能力、产出能力和管理创新

---

① 赵文彦，曾月明．创新型企业创新能力评价指标体系的构建与设计［J］．科技管理研究，2011（1）：14－17、9.

② 武旭．创新型（试点）企业的创新绩效测度研究［D］．合肥工业大学，2012.

③ 严凯旋．创新型企业创新绩效评价研究［D］．合肥工业大学，2012.

④ 刘耀．创新型企业发展模式及其实现持续创新机制研究［D］．南昌大学，2009.

⑤ 朱学冬，陈雅兰．创新型企业创新绩效评价研究——以福建省为例［J］．中国科技论坛，2010（9）：77－82、92.

⑥ 张林．创新型企业绩效评价研究［D］．武汉理工大学，2012.

⑦ 李国栋，刘瑞文，戴祖田．企业创新及评价指标体系框架设计［J］．商场现代化，2006（19）：169－170.

能力。[①] 王文亮（2008）从关键技术和自主知识产权、持续创新能力、行业带动性和自主品牌、盈利能力和管理水平、创新发展战略和文化等方面对创新型企业进行了评价。[②] 祝爱民、刘盈君、徐英杰（2008）认为，创新型企业的创新水平体现在创新能力、效益能力和发展能力。[③] 胡珑瑛（2008）提出，创新型企业的创新性着重体现于核心技术与知识产权、持续创新能力、市场影响力、社会责任等方面。[④] 向刚、李兴宽、章胜平（2009）则利用投入产出理论，把创新动力加入创新型企业评价指标体系，从科技创新投入、科技创新产出、创新动力、自主性四个方面对创新型企业进行了评价。[⑤]

本书对企业创新性评价体系的研究将从新旧动能转换视域采用综合性评价，即从企业的创新动力、创新能力、创新绩效、创新潜能等方面进行指标的梳理和评价，以期对企业的整体创新水平做出系统和全面的评价，为企业的自身检验和提升提供实践参考，为政府加强对企业的管理和引导提供对策参考。

（二）企业创新评价指标

评价指标是构建企业创新性评价体系的基本组成部分，是对企业创新影响因素的提炼和归纳，是对评价维度的进一步延伸和具体化。选取评价指标时，应当兼顾科学性、可操作性、独立性等原则，使评价指标既能全面反映企业创新的本质特征，又能提高评价的效率。

国内外学者在对企业创新进行评价研究的过程中，根据各自的侧重点构建起多样化的企业创新性评价体系，其中囊括了上百个具有参考意义的评价指标，丰富了企业创新的评价研究，为后续研究提供了重要参考。

---

① 汪永飞，陈留平，陈爱民．创新型企业的评价指标体系及其评价模型［J］．统计与决策，2007（9）：81－82.

② 王文亮，冯军政，王丹丹．企业持续创新影响因素的因子分析［J］．技术经济，2008（7）：24－28、38.

③ 祝爱民，刘盈君，徐英杰．创新型企业评价体系研究［J］．科学学研究，2008（S2）：578－582.

④ 胡珑瑛，蒋樟生．基于BP神经网络的创新型企业评价研究［J］．软科学，2008（2）：116－118、127.

⑤ 向刚，李兴宽，章胜平．创新型企业评价指标体系研究［J］．科技管理研究，2009（6）：122－124、130.

远德玉（2001）在研究技术创新能力时，选取企业的技术与市场机会选择能力、技术设计与开发能力、样品制造能力、中试能力、规模生产能力、销售与市场开拓能力、市场信息和反馈以及产品的更新能力等作为评价指标。[①] 吴运建、吴健中、周良毅等（1995）指出，企业创新型能力评价指标包括投入产出、知识的产生和交流、商业化、分类测度四个维度。[②] 高建（1998）在其所著的《我国企业技术创新分析》一书中系统全面地提出了基于阶段的测度法，明确地将技术创新过程划分为"创新投入—创新实施—创新产出"三阶段，将所有指标划入这三个阶段进行分析，对不能划入这三个阶段的因素归入非阶段因素予以分析。[③] 朱新轩、赵克、徐维东等（1996）运用创新决策能力、人员能力、组织能力、资金能力、设备能力和创新实际效果等指标构建企业技术创新评价指标体系，同时选取上海市国有大型工业企业进行实证检验。[④] 曹崇延、王淮学（1998）认为，技术创新能力实际上是企业整体的系统能力，并且以产品创新能力、生产技术创新能力以及管理技术创新能力为主体，协调发挥以实现经济利润的能力，将技术创新能力分为七个方面，即 R&D 能力、生产能力、组织管理能力、投入能力、营销能力、财务能力、产出能力，共有 40 个分指标。[⑤]

杨宏进（1998）在对技术创新进行研究时，构建了由 4 个一级指标（创新投入能力、创新实施能力、创新实现能力、创新管理能力）、8 个二级指标（财力投入、人力投入、研究研制能力、专职研发人员比例、市场销售能力、新产品效益、创新战略、创新机制）和 14 个三级指标（技术创新总费用、技术创新总费用/产品销售收入、技术开发人员、技术开发人员/职工总数、研究研制总费用、大专以上文化程度的专职开发人员/职工总数、专职销售人员/职工总数、新产品销售收入、新产品销售收入/产品销售收入、创新战略指标、发展机制指标、决策机制综合指标、激励机

---

① 远德玉，丁云龙．中小型企业技术创新的几个问题［J］．东北大学学报（社会科学版），2001（1）．

② 吴运建，吴健中，周良毅．企业技术创新能力测度综述［J］．科学学与科学技术管理，1995（10）：13－15、8．

③ 高建．中国企业技术创新分析［M］．北京：清华大学出版社，1998．

④ 朱新轩，赵克，徐维东．现代企业制度和技术创新［J］．技术经济与管理研究，1996（4）：61－63．

⑤ 曹崇延，王淮学．企业技术创新能力评价体系研究［J］．预测，1998（2）：67－69．

制综合指标、界面管理综合指标）构成的评价指标体系。[①] 郑春东（1999）等从创新资源投入、创新管理、创新倾向、研究开发能力、制造能力以及营销能力等方面提出了系统的企业技术创新能力评价体系。[②] 傅家骥在其《技术创新学》一书中将技术创新能力分解为创新资源投入能力、创新管理能力、创新倾向、研究开发能力、制造能力和营销能力六类能力要素，运用这六类能力要素作为评价指标建立了一个庞大的技术创新评估系统，除此之外，还把创新产出能力指标（收益性指标、技术性指标、竞争性指标）作为上述六项指标的补充。

目前，企业创新性的评价指标虽有一定的成效，但研究尚未成熟，特别是在选取二级和三级指标时，不同学者的研究结果差异较大。因此，构建一套综合、全面、有效的企业创新性评价体系是本书研究的重中之重。

（三）基于共识的核心指标研究

通过整理国内外学者建立的企业创新性评价体系发现，大部分是基于科学理论从技术创新的角度构建评价体系，导致指标的选取在很大程度上受个体理解的影响，甚至会存在个体理解间的分歧现象。随着相关研究成果的不断积累，相关研究的共识性交集也越来越明显，因此部分指标（核心因素）对企业创新的影响存在着显著共识。魏江（2015）等学者也持有类似观点。他们认为，尽管共识不等同于科学，但在缺乏权威指导和确切理论的前提下，这种基于共同认可来指导评价的做法能够影响和推进企业创新的研究。[③]

本书运用统计方法，将基于共识的企业创新影响因素提炼出来。统计原理如下：假设 N 个样本给出 n 个企业创新评价体系，其中评价指标 q 出现 m 次，则指标 q 出现的频数为 m，频率为 m/n。频数 m 越接近于 n 或者频率越接近 1，表明该指标共识性程度越高，越适宜作为企业创新的影响因素。本书选取 200 篇文献作为样本，筛选有效样本 138 篇，书中对三级指标进行了同质化处理并归类，统计出共识性指标出现的频数及频率，并

① 杨宏进. 企业技术创新能力评价指标的实证分析［J］. 统计研究，1998（1）：53－58.

② 郑春东，和金生，陈通. 企业技术创新能力评价研究［J］. 中国软科学，1999（10）：108－110.

③ 魏江，黄学. 高技术服务业创新能力评价指标体系研究［J］. 科研管理，2015（12）：9－18.

对统计结果进行了排序，频数及频率统计表如表 1. 1 所示。

表 1. 1 共识性指标频数与频率统计表

序号	影响因素	频数	频率（%）	序号	影响因素	频数	频率（%）
1	R&D 经费投入强度	76	55. 07	24	创新管理水平	41	29. 71
2	R&D 人员比例	76	55. 07	25	知识产权管理机制	41	29. 71
3	新产品销售收入占主营业务收入比重	74	53. 62	26	全员劳动生产率	39	28. 26
4	千名研发人员拥有的授权发明专利数	71	51. 45	27	自主创新项目比重	39	28. 26
5	企业拥有专有技术成果数量	67	48. 55	28	销售网络覆盖率	37	26. 81
6	R&D 成果转化率	66	47. 83	29	总资产周转率	36	26. 09
7	企业家创新精神	64	46. 38	30	与国内外技术资源合作程度	35	25. 36
8	新产品平均开发周期	61	44. 20	31	信息技术系统完备程度	35	25. 36
9	企业文化	59	42. 75	32	企业内部协调机制	33	23. 91
10	员工创新意识	59	42. 75	33	技术装备水平	32	23. 18
11	员工合理化建议采纳情况	58	42. 03	34	员工培训次数	30	21. 74
12	新产品利润率	56	40. 58	35	制度机制情况	30	21. 74
13	创新战略制定	54	39. 13	36	工人技术等级	27	19. 57
14	创新战略实施	54	39. 13	37	信息采集与管理能力	26	18. 84
15	研发人员整体素质	51	36. 96	38	员工参加创新活动积极性	24	17. 39
16	新产品成功率	50	36. 23	39	薪酬制度满意度	24	17. 39
17	信息技术平台建设	49	35. 51	40	Know - how 数量	23	16. 67
18	新产品市场占有率	47	34. 06	41	驰名品牌或商标数量	20	14. 49
19	创新奖励机制	47	34. 06	42	管理人员水平	18	13. 04
20	员工晋升机制	47	34. 06	43	顾客满意度	16	11. 59
21	市场研究投入强度	44	31. 88	44	产权明晰度	15	10. 87
22	组织适应程度	42	30. 43	45	参与制定技术标准数	14	10. 14
23	营销费用投入强度	41	29. 71	46	平均利税总额	14	10. 14

指标统计结果表明，有效样本中的三级指标共计 300 多个，表明现有企业创新评价指标较为发散化、多元化，其中相当多的指标出现频数较低甚至为零，但排序结果仍然展示出一个显著的共识性指标群，本书将频率达到 10% 以上的指标，称之为核心指标，共 46 个，这为后续企业创新评

价影响因素的选取提供了重要参考。

（四）企业创新评价方法相关研究述评

企业创新性评价体系是指由评价原则、评价指标、评价方法、评价标准以及评价组织等一系列与评价相关的环节所构成的有机整体。评价方法是对企业创新进行测评的手段和途径，选取什么样的评价方法可能会产生不同的评价结果。因此，根据样本特征选择适当的评价方法是对企业创新评价的关键所在。本书将通过比较常用评价方法的优缺点，为正确选择评价方法提供理论参考。

目前，对企业技术创新能力、创新绩效的评价，通常采取模糊综合评价法、主成分分析法、因子分析法、数据包络分析法（DEA）、逼近理想解排序法（TOPSIS）、灰色系统法、物元分析法等评价方法，表 1.2 对各个方法的定义和特点做了汇总。

表 1.2　综合评价方法

评价方法	定义	特点
模糊综合评价法	对于受到多种因素制约的事物或对象进行总体评价	定性描述和定量分析相结合，按很强、较强、一般和差 4 个等级，进行分析
主成分分析法	主成分分析也称为主分量分析，旨在利用降维思想，把多指标转化为少数几个综合指标	用较少的变量去解释原有资料中的大部分变异，并用以解释资料的综合性指标
因子分析法	构筑若干意义较为明确的公因子，以它们为框架分解原变量，以此考察原变量间的联系与区别	用少数几个因子去描述许多指标或因素之间的联系，以较少的几个因子反映原资料的大部分信息
数据包络分析法（DEA）	通过明确地考虑多种投入的运用和多种产出的产生，比较提供相似服务的多个服务单位之间的效率	通过比较特定单位的效率和相同服务的类似单位的效率，使服务单位的效率最大化
逼近理想解排序法（TOPSIS）	根据有限个评价对象与理想化目标的接近程度进行排序的方法	提高了多目标决策分析的科学性、准确性和可操作性
灰色系统法	利用已知信息来确定未知信息，使系统由“灰”变“白”	研究对象是“部分信息已知，部分信息未知”的贫信息、小样本、不确定性的系统
物元分析法	通过物元变换和可拓子集域的计算，得到给定问题的相容度，从而进行判断和评价	判断评价对象的指标是否存在不相容性和可变性的问题

企业创新评价有很多种方法，考虑到企业创新评价的繁杂性，一般应当根据具体评价对象建立评价体系，选择一些特定的或适当的综合考评方式。对于不同企业创新的评价方法，其原理和推广方式均不一样，通过对比分析可以总结归纳以下几种方式的优缺点及应用范围。

1. 模糊综合评价法

模糊综合评价法的基本原理是利用隶属函数（MF），把人类的直觉确认为非常具体的系数（模糊综合考评矩阵），并将约束条件用量化的方式表示，进行数学上的解答。优点表现为：能够有效克服传统数学方法里“唯一解”的弊端，结果分为很强、较强、一般和差 4 个等级。将很多不确定性因素向确定性因素转化，具备良好的可扩充性，并体现了现代管理学中“柔性管理”的理念。其缺点是必须准确给出各个经济效益指标的模糊隶属度函数，而隶属函数的估计通常比较困难，会受到主观因素的影响；除此之外，对于指标间相互关联造成的信息重复也无法有效解决。该方法比较适用于对定性和主观指标进行评价。

2. 主成分分析法

主成分分析法的优点主要表现在：在综合评价函数中，以各个主成分的贡献率为权数，能够反映出该主成分包含的信息量的比例，从而有效地克服了人为给定权数的主观性。与此同时，该方法还能够起到降维的作用，既抓住问题的实质又简化了系统结构。其缺点是对样本的要求很高，在实际操作过程中可能会出现一些异常现象。

3. 因子分析法

因子分析法是对原始变量有关矩阵或协方差阵内部架构研究，找出隐藏在原来变量中的相同因子。该方法可以考察出影响企业评价的因子因素，具有普遍性、可比性、客观合理性的优点。缺点是因子负荷符号交叉使得函数意义不明确，需要很多的统计分析，没有反映现实发展水平，只能对定量指标进行分析，无法处理定性指标，同时，在样本数据较大的情况下，很难发现个别异常的数据。

4. 数据包络分析法（DEA）

数据包络分析法是以相对效率做基准，按多指标投入和多指标产出，对同种单位相对有效性进行比较，是基于一种标准来确定相对有效生产的前沿面。其优点在于适用于多投入、多产出的复杂系统，对指标量纲没有过多的要求。该方法得到的结果更具有客观性，因为无须事先确定指标的权重，避免了人为赋予权重的主观性。同时，该方法侧重分析被评价单元在众多单元下的有效生产前沿，使得结果更具优越性。其缺点是评价结果可能会出现多个有效结果，无法做进一步的比较。

5. 逼近理想解排序法（TOPSIS）

TOPSIS 是从各被评估方案与理想解和负理想解的距离来排列方案的优劣次序。几何意义明确，计算操作明了，但未充分考虑各指标间的关联，可以进行一般性系统考评。

6. 灰色系统法

灰色系统法指的是由被评事物的各项指标值组成的序列，如用 P 个指标 X_1，X_2，…，X_p（经加权）对 n 个样本进行考评，无量纲化后形成矩阵，构造出最优样本信息，计算各样本与最优样本的关联程度，则关联程度越大就越好。该方法的优点是可以利用已知信息确定未知信息，样本不需要服从任何分布，所需数据不多，误差较少，局限性在于精确度较低。

7. 物元分析法

物元分析法的数学基础是可拓展集合论，用相关联函数来表示元素和集合的可变化属性，再通过物元变换和可拓子集域的算法，求出给定问题的相容情况，最终用于判断和评价。物元分析法可以解决评价对象的指标存在不相容性和可变化性导致的问题。

第二节　企业成长的历程

中国企业尤其是创新型企业、新兴技术企业创造的巨大经济效益推动了中国经济的迅速发展，在市场中产生举足轻重的社会影响力，成为市场不可或缺的经济主体。中国的自主创新道路建设和创新型国家的建设，需要数以万计的拥有自主知识产权的科技创新项目以及一大批具有核心竞争力的企业。中国作为经济发展大国，在经济新常态背景下继续把持续提高企业自主创新能力作为经济迅速发展的重要助推力，深化国有企业改革，大批创建并政策扶持创新型企业、中小微创新创业企业。目前为止，国家级创新型试点企业、双创企业发展迅速，各类企业的发展加快了经济结构转型升级、新旧动能转换的步伐，然而值得关注的是，对于中国企业的发展状况及运营绩效，虽已有较成熟的评价体系研究成果，但在国内经济下行阶段从新旧动能转换视域研究企业创新性评价体系的尚不多见。如何在当前新旧动能转换视域下评价企业创新以了解其成长轨迹，探究其成长路径，具有一定的理论和现实意义。

一、企业成长的竞争格局

（一）发达国家掀起了创新发展的狂潮

面对日益激烈的国际竞争，发达国家为了维持自身的优势地位，纷纷出台了国家科技发展中长期发展战略。英国、美国、日本、韩国等经济发达国家，为了应对发展中国家不断崛起带来的挑战，不约而同地开始实施创新发展战略，并将建设成为创新型国家作为发展目标。在全球范围内，世界各国为了加快经济发展步伐，将创新作为推动经济发展的法宝，创新型国家建设的浪潮在世界各地此起彼伏。

1993 年，英国率先提出了建设创新型国家的宏伟目标。为了进一步落实国家科技发展战略，英国政府先后出台了《卓越与机遇——面向 21 世纪的科学与创新政策》《21 世纪科学与创新战略》《高端逐鹿——英国政府科学与创新政策评论报告》《创新国家》等白皮书，持续构建创新体系，不断增强国家创新力。

美国在克林顿时期，通过出台《科学与国家利益》《技术与国家利益》等重要报告，高度重视科学技术对经济发展的推动作用，将美国经济发展推向了前所未有的“黄金时代”。进入 21 世纪后，美国政府通过出台《创新美国：在挑战和变革的世界中达到繁荣》《迎击风暴——为了更辉煌的经济未来而激活并调动美国》《美国竞争力计划——在创新中领导世界》等报告，提出要通过不断创新，增强美国的国际竞争力。2015 年，美国制定了包括三大创新要素和三大战略举措的创新战略，希望通过三大战略进一步激活三大创新要素，以创造一个良好的创新生态系统。美国的军工企业大肆发展，全球最大的十大军工企业中，美国占7家，其中洛马、通用、雷神、波音收入均是百亿刀级；全球前百军工企业中，美国占一半。

日本为了实现经济复苏，先后出台了《科学技术基本计划》《第三期科技基本计划》《创新25》等战略规划，确立了日本创新立国的基本方针，通过大力实施科技、制度、人才创新工程，实现经济持续增长，将日本建设成为创新型国家。

韩国为了应对种种危机，2013年初，首次提出了“创造经济”的创新发展思路，将科技与信息通信技术（ICT）广泛应用到各个产业领域上，促进各行各业的交叉融合，推动新产业发展，创造新的就业机会，以使更多劳动力得到更好的安置。

（二）中国大力实施创新发展战略

随着科技创新和知识经济的发展，中国产业结构发生了显著的变化，逐渐完成了从劳动密集型向技术密集型产业发展方式的过渡，这势必会对企业的组织结构、经营管理方式和综合绩效提出更多的新要求，这需要企业持续不断地改进运营模式，打造与产业结构调整、生产方式转变相匹配的核心竞争力，以适应日趋激烈的国内外竞争环境。为此，中国政府大力实施创新发展战略，《国家中长期科学和技术发展规划纲要（2006—2020年）》明确指出，到2020年，将中国建设成为创新型国家，全社会研究开发投入占国内生产总值的比重提高到2.5%以上，力争科技进步贡献率达到60%以上，对外技术依存度降低到30%以下，本国人均发明专利年度授权量和国际科学论文被引用数均进入世界前5位。①

党的十七大报告指出，加快建设国家创新体系，支持基础研究、前沿技术研究、社会公益性技术研究，加快建立以企业为主体、市场为导向、产学研相结合的技术创新体系，引导和支持创新要素向企业集聚，促进科技成果向现实生产力转化。深化科技管理体制改革，优化科技资源配置，完善鼓励技术创新和科技成果产业化的法制保障、政策体系、激励机制、市场环境。党的十八大报告明确指出，中国要实施创新驱动发展战略，加快建设国家创新体系，着力构建以企业为主体、市场为导向、产学研相结

① 王为正．高等师范院校创新发展之探究［J］．学术交流，2010（12）：200－202.

合的技术创新体系。十八届三中全会指出，建立产学研协同创新机制，强化企业在技术创新中的主体地位，发挥大型企业的创新骨干作用，激发中小企业创新活力，推进应用型技术研发机构市场化、企业化改革，建设国家创新体系。党的十九大报告指出，发展是解决中国一切问题的基础和关键，发展必须是科学发展，必须坚定不移贯彻创新、协调、绿色、开放、共享的发展理念。一系列国家创新发展战略的实施，持续强化了企业尤其是创新型企业、新兴技术企业的主体地位。

十八大以来的五年，中国经济建设取得巨大成就，经济保持中高速增长，经济结构不断优化，数字经济等新兴产业蓬勃发展，高铁、公路、桥梁、港口、机场等基础设施建设快速推进。创新驱动发展战略大力实施，创新型国家建设成果丰硕，天宫、蛟龙、天眼、悟空、墨子、大飞机等重大科技成果相继问世。南海岛礁建设积极推进。如此成就的取得离不开国家大力扶持新一代创新创业企业，新一代企业的发展左右着中国经济发展的话语权。中国企业的影响因素有哪些？如何对企业进行评价？企业其成长路径何在等问题是本书的研究重点。

二、中国企业成长的历程

新旧动能转换视域下中国企业逐渐从传统企业向新兴企业转型，企业的发展历经创新型企业、双创企业、新兴技术企业等不同阶段。

（一）创新型企业是创新发展战略的主力军

创新型企业建设是技术创新工程的一个重要部分，全国试点工作从2006年开始实施，截至2011年，全国已经有542家创新型（试点）企业，专利发明9万多项，占全国大中型工业企业专利数量的62.7%；R&D经费支出3939.8亿元，占全国大中型工业企业相关支出的78.3%；利润总额1.4万亿元，占全国大中型工业企业利润总额的34.8%。在资源投入方面，创新型企业主要以研发创新为导向，不断优化资源配置，力争从创新力、国际竞争力和创新动力等方面在同行业中处于领先地位，起到模范带头作用。截至2012年，全国已确定五批创新型企业，达到563家，标志着创新型企业建设在中国已初具规模。科技部、国资委和全国总工会三部门正式确定开展创新型企业试点工作的目的是要探索不同类型企业创新发展的有效模式，引导和带动一批创新型企业走向自主创新之路。企业从研发能力建设、研发投入、创新队伍、创新管理和机制等方面开展试点工作，各具特色，但各方面具体要达到什么标准还有待进一步研究。

对于国家而言，创新型企业的建设是创新型国家建设的基础和关键所在。创新型企业将成为中国企业的主导，成为提高社会生产力、增强国家综合国力的主要力量。创新型企业的绩效是社会关注的焦点，设计并应用科学的方法对创新型企业绩效进行评价，促进其绩效的提高对于整个创新型企业的发展至关重要。

（二）双创企业是建设创新型国家的中坚力量

著名管理学家迈克尔·波特教授（M. E. Porter）提出，真正的竞争发生在企业之间，而非国家之间。就职于剑桥大学的经济学家修诺伦（Hugh. norn）也提出类似的观点，即一个国家的大型企业、集团的国际竞争力和创新能力能够在一定程度上表征国家的经济实力。建设创新型国家，必须要有一大批具有持续创新能力、掌握核心技术、取得显著创新绩效的创新创业企业。当前，世界500强企业的技术创新、技术转化和R&D投入分别占整体企业的73%、64%和81%。截至2013年，中国共有95家企业跻身世界500强行列，占比19%；上榜企业总收入5.2万亿美元，占比17.5%。统计数据显示，中国大型企业正在向以科技创新为增值点的目标发展，不断强化自主创新力，科技成果转化率呈逐年提高的趋势。其中90%以上是中小型创新创业企业，因此创新型国家的建设中，中小型创新创业企业的创新力需要引起足够的重视。

（三）建设成新兴技术企业是企业自身发展的必经阶段

纵观世界经济发展与国际环境变化的大趋势，中国企业既要加速工业化的升级，又要迎接信息化的挑战；既要继续市场化的进程，又要面临全球化的影响；既要不断完善自身管理，又要抵挡跨国企业的冲击。企业发展正处于顾客全球化、管理多样化和竞争国际化的多重形势中。然而中国大部分企业创新意识淡薄，创新活动参与少，创新人才匮乏，难以在创新体系中发挥优势。自身存在的问题和外界的各种挑战，迫使中国企业亟须调整发展模式，以科技创新增强自主创新能力，实现企业可持续发展。因此，创建并评价新兴技术企业，不仅是建设创新型国家的需要，更是企业未来发展过程中的必经之路。

第三节 企业创新与新旧动能转换

一、新旧动能转换的提出背景

为全面贯彻党的十九大精神，山东省按照《国家发展改革委关于印发山东新旧动能转换综合试验区建设总体方案的通知》（发改地区〔2018〕67 号）要求，制定了《山东省新旧动能转换重大工程实施规划》（以下简称《规划》）。

《规划》总结了山东省的基础现状，指出党的十八大以来，全省积极适应经济发展新常态，综合实力迈上了新台阶。地区生产总值 2017 年居全国第 3 位，固定资产投资、社会消费品零售总额分别居全国第 1 位、第 2 位。传统动能改造取得新进展，新经济发展实现新突破，创新创业迸发新活力，改革开放增创新优势，生态建设取得新成效。《规划》分析了新旧动能转换给山东省带来的机遇与挑战，山东省既具备领先发展的基础和优势，也面临转型发展的风险和困惑，全省上下应积极适应新形势新变化新要求，强化危机意识、树立战略思维、增强改革创新本领。

山东财经大学张志元教授分析了山东新旧动能转换到底需要转换什么的问题，梳理出六点思考：一是转换发展方式；二是转换体制机制；三是转换营商环境；四是转换人才培养和引进机制；五是转换开放模式；六是转换区域发展格局。山东的经济总量全国排名第 3，但在互联网百强企业中，山东仅有两个，分别是排名 67 位的山东开创集团股份有限公司和排名 99 位的山东广电新媒体有限责任公司，与经济发展状况无法匹配，究其原因是山东省仍未脱离政府主导模式，在市场经济下，这种模式严重束缚了山东经济的发展，导致山东中小企业发展滞后。所以，山东新旧动能转换首先需要在思想观念上取得突破。僵化的体制机制无法为新型企业服务，山东的“官本位”思想制约着中小微企业的发展，山东政府应真正做到“放管服”，需要在体制机制上有所突破。新旧动能转换，需要大量各领域的尖端人才。山东发达的基础教育提供了大量的应试人才，但是落后或者说官僚气息浓厚的高等教育无法为山东经济发展、新旧动能转换提供真正的尖端人才，山东吸引人才魅力不够，山东新旧动能转换必须在吸引人才上取得突破。“一带一路”是目前国家战略布局，山东在招商引资上要用世界眼光，全球视野，招一批技术含量高，发展空间大的企业，以期在招商引资上取得突破。山东作为老牌工业强省，在传统产业具有优势，但资源密集型与劳动力密集型已经不能为经济发展提供更多动力，必须加快新旧动能转换，从要素驱动向创新驱动转换，山东的科技研发能力相对于广东、浙江、江苏等省份严重不足，要想在各省竞争中取得进步，必须在科技研发上取得突破。国有企业是山东的骨骼，产业升级要发挥国企的优势，将要素型的企业向创新型企业、科技型企业转变。要推动企业转型升级，丰富产品线，培育发展新功能，推动高质量发展。新旧动能的转换，需要大量资金，必须高度依靠金融业的支持，而山东的金融发展极其落后，注册地在山东的私募基金管理人仅占全国的2.8%，相当于浙江的1/4、江苏的2/3；管理基金规模仅占全国的1.4%，相当于浙江的1/5、江苏的1/3。境内上市企业和“新三板”挂牌企业数只相当于江苏的1/2、广东的1/3，山东需要在金融创新上取得突破，重点解决金融供给不足问题。没有上市公司，就意味着企业规模不够大，融资成本不够低，没有大企业的引领与低廉的融资成本，山东的经济发展步履维艰。为此，山东新旧动能转换还需要在上市公司方面取得突破。

二、企业创新与新旧动能转换之间的关系

企业创新与新旧动能转换之间是相互促进的作用关系。企业创新推动新旧动能转换的现实转变，新旧动能转换使企业得到持续发展的动力。推动新旧动能转换是实现供给侧结构性改革的具体抓手，新旧动能转换是实现生态经济文明发展的重要推动力，加快新旧动能转换，推动经济创新持续领先发展。

企业创新推动新旧动能转换。“创新驱动、转型发展”的一种重要体现就是新旧动能转换，是调整经济结构、转变发展方式的重要内容，也是积极应对经济新常态、推进供给侧结构性改革的必要途径。企业是创新的主体，企业创新是新旧动能转换的“力量源泉”，实现企业的创新发展有助于完成企业的传统发展模式的转型，向创新型企业的方向发展，推动社

会的新旧动能转换。

加快新旧动能转换是实现企业持续发展的动力。以山东省为例，加快新旧动能转换，产业是关键和主导力量。山东坚持增量崛起与存量变革并举，下大力气巩固重点支柱产业领先地位，努力打造若干万亿级产业集群，重点在高端装备制造业、高端化工产业、能源原材料产业等十大产业率先突破，带动全省产业结构和布局的深刻变化，构建起全省新动能的主导力量。通过加快新旧动能转换，可以实现发展动力的转变。山东依靠重工业使经济得到发展的同时给环境也带来了巨大的压力，通过加快转变新旧动能转换的方法为发展注入新的活力。

本章小结

本章在界定企业创新概念、总结企业创新特征、梳理企业创新评价的基础上，分析了企业成长宏观竞争格局和中国企业的成长历程，简单介绍了新旧动能转换的提出背景，阐析了企业创新与新旧动能转换之间的关系。

[第二章]

企业创新与成长的理论研究

大力发展创新型企业、双创企业及新兴技术企业是全面提高中国自主创新能力的重要措施，是构建创新型国家的必然要求，是实现伟大中国梦的必经之路。当前，中国创新型企业、双创企业及新兴技术企业仍处于起步发展阶段，无论是在概念界定方面还是在评价研究方面都未形成较为系统成熟的理论。因此，本书基于现有研究成果，阐析中国企业发展现状并对其进行系统的评价，从三个方面对企业创新性评价体系研究的相关理论进行整理总结，分别是创新及生态经济理论、企业成长及生命周期理论、评价理论，为企业创新性评价体系的研究机理奠定基础。

第一节　创新及生态经济理论

本书主要结合已有研究成果，对涉及的创新理论和生态经济理论进行阐述，并综述各理论对企业成长的影响，为下一阶段的系统评价研究奠定理论基础。

一、创新理论

（一）创新的内涵

“创新”在英文中的释义为“Innovate”，该词来源于拉丁语，其原始含义为更新、改变、创造新的事物。马克思将创新看作是社会进程中的推动力，认为科学技术在经济生活中有着举足轻重的作用。西方经济学中，最先引用“创新”一词的学者是约瑟夫·熊彼特，其在《经济发展理论》中提出，创新是生产条件与生产要素的全新组合，包括新的生产方式、新的供给来源、新的产品等，它是影响经济增长的内生变量。① 我国经济学家厉以宁表示，创新在经济学范畴内是指经济主体在体制上或手段上进行改革以期获得潜在的利润。② 冯之浚认为，创新不是一个孤立的活动，而是从新思想的萌芽到产品的研究、开发、生产和市场化的一系列活动，其囊括了技术的创造、转换和应用。③

（二）熊彼特的创新理论

最早提出“创新”概念的学者约瑟夫·熊彼特在其著作《经济发展理论》中指出，“创新”是基于生产函数的变动而建立起的一种新的函数关系。1939 年，熊彼特又在其著作《商业周期》中对“创新”的概念和内涵进行了补充和完善，形成了系统的“创新理论”。熊彼特认为，创新是将前所未有的关于生产条件和生产要素的“新组合”引入到生产体系中，形成一种新的生产函数。其具体囊括五个方面的内容：一是选择原材料的新来源或者是采用新的原材料；二是引进新的生产方式或者新的技术；三是开发新的产品或者增加新的性能；四是开辟新的市场；五是构建新的组织形式。除此之外，熊彼特还提出，经济发展是由创新所引发的一种关于经济生活的变动；创新需要企业家来组织实现；创新是衡量企业家的重要标准等观点。④ 纵观熊彼特的创新理论可以发现，他给出了创新理论的整体框架，但缺少对技术创新、市场创新、管理创新等细化方面的分析研究。尽管如此，他的创新观点仍然为现代创新理论的形成和发展奠定了坚实的理论基础，对之后的研究起到了引导和启发的作用。

在熊彼特的创新理论之后，大量的学者沿袭熊彼特的思路对创新理论进行了更深入的研究。其中最主要的几个研究方向是：技术创新研究、管理创新研究、制度创新研究以及持续创新研究。学者们分别从技术的变革、管理的完善、制度的建设及创新可持续性角度，对创新理论进行了填充和延伸，使现代创新理论更加完整和全面。

---

① 约瑟夫·熊彼特. 经济发展理论［M］. 北京：商务印书馆，1990.

② 厉以宁. 收入分配制度改革应以初次分配改革为重点［J］. 经济研究，2013（3）.

③ 冯之浚. 国家创新系统的理论与政策［M］. 山东：山东教育出版社，1999.

④ 彼得·德鲁克. 创业精神与创新——变革时代的管理原则与实践［M］. 北京：工人出版社，1989.

（三）技术创新理论

20世纪60年代后，在熊彼特创新理论的基础上，诞生了一批被誉为"新熊彼特学派"的学者，他们在原有的理论基础之上，扩大了对技术创新的研究深度，开创性地提出了有关技术创新的概念模型、影响要素、研究机理等，搭建起技术创新的理论框架。1962年，学者伊诺斯首先引入了技术创新的概念，其在《石油工业的发明与创新》中将技术创新定义为多种行为作用的综合性结果，这些行为包括制定计划、建立组织、选择发明、开辟市场、投入资本以及招募工人等。[①] 美国学者曼斯菲尔德（E. Mansfield）提出了技术模仿论，从技术的推广和扩散角度对技术创新理论进行了补充，他认为创新是一种技术的首次使用或实际采用。不仅如此，曼斯菲尔德还将技术创新与技术样品或发明创造进行了区别，辨析了技术创新与单纯模仿之间的互联关系。[②] 1973年，弗里曼（C. Freeman）在《工业创新中的成功与失败》中提出，技术创新是从技术工艺到最终商业化的完整过程，其结果是新技术的转化应用及新产品的市场实现。他认为技术创新的重点是要实现最终产品的商业化，并以商业化作为衡量技术创新绩效的标准。[③] 除此之外，国外还有许多学者也对技术创新进行了多角度的探索和研究，例如卡曼（M. I. Kamien）和施瓦茨（N. I. Schwarts）阐明了技术创新与市场结构的关系，林恩（G. Lynn）解释了创新时序过程等。

国内有关企业技术创新的研究，从20世纪80年代中期开始主要集中在技术创新能力上，主要代表人物有许庆瑞、傅家骥、魏江等。

许庆瑞（1986）从技术创新的内容来分析，由于技术创新"一般包括产品创新、工艺创新、设备创新、材料创新、生产组织与管理创新，一个行业的材料可以看作是另一个行业的产品""生产组织与管理也可以看作是'绝妙'的工艺"，所以技术创新主要是指产品创新、工艺创新。[④]

1998年，清华大学教授傅家骥在其著作《技术创新学》中对技术创新

---

① 傅家骥．技术创新管理［M］．北京：清华大学出版社，1998.

② 张凤海，侯铁珊．技术创新理论述评［J］．东北大学学报（社会科学版），2008（2）.

③ Freeman C. Technology Policy and Economic Performance：Lessons from Japan［M］．London：Pinter Publishers，1987.

④ 许庆瑞．研究与发展管理［M］．北京：高等教育出版社，1986.

做出了如下定义：技术创新是企业家抓住市场的潜在盈利机会，以获取商业利益为目标，重新组织生产条件和要素，建立起效能更强、效率更高和费用更低的生产经营系统，从而推出新的产品、新的生产（工艺）方法、开辟新的市场、获得新的原材料或半成品供给来源或建立企业的新的组织，它是包括科技、组织、商业和金融等一系列活动的综合过程。①

魏江、寒午（1998）界定了企业技术创新能力，给出了企业技术创新能力的要素和结构框架，并研究了企业技术创新能力和企业核心能力之间的关联性。②

技术创新是企业增强竞争力的重要手段。企业通过实施技术创新战略，不断提升产品的附加价值，能够更加快速、有效地抓住市场机会，满足顾客需求，提高企业的市场效益，显著改善企业的绩效；企业可以依托自身雄厚的研发能力，不断对产品进行升级换代，增加产品种类，提高产品质量，通过差异化的产品，不断给顾客带来惊喜；企业可以通过优化生产工艺和流程，提高劳动生产率，不断发挥规模效应，通过低成本战略不断扩大市场占有率，在激烈的市场竞争中立于不败之地；企业可以通过不断优化商业模式，不断强化服务创新能力，为顾客带来更多的附加值，提升顾客的忠诚度，进一步增强企业核心竞争力。

（四）管理创新理论

20 世纪 50 年代，管理大师彼得·德鲁克开创性地将创新的概念引入管理领域，从而发展成为管理创新理论。德鲁克认为，创新赋予了资源新的创造价值的能力。他将创新归纳为两种类型：一是技术创新，即通过技术的革新使资源得到新的应用从而创造出新的经济价值；二是管理创新，即通过管理方式和管理机构的革新，使资源在优化配置中取得最大的社会价值。③ 我国学者芮明杰（1998）认为，管理创新是对生产要素的重新整合，通过对管理思想、管理方式等的创新，提高资源管理效率，降低内部

① 傅家骥. 技术创新学 [M]. 北京：清华大学出版社，1998.

② 魏江，寒午. 企业技术创新能力的界定及其与核心能力的关联 [J]. 科研管理，1998 (6).

③ 彼得·德鲁克. 创业精神与创新——变革时代的管理原则与实践 [M]. 北京：工人出版社，1989.

管理费用，从而实现企业目标并履行社会责任。①

企业的发展与成长离不开卓越的管理能力。具备企业家精神的企业领导，能够具备与时俱进、勇往直前的开拓意识，通过推出更优越的产品、敏锐的市场洞察力、果断的机会把握能力，不断提升企业的创新能力；能否具备良好的战略管理能力，对企业发展至关重要，企业只有通过合理的市场定位，明晰未来发展的方向和目标，才能在激烈的市场竞争中立于不败之地；创新型企业能够及时洞察社会发展趋势和潮流，通过运用先进的科技手段，依托大数据进行科学决策，借鉴互联网思维进行管理创新，能够更有效地把握时代脉搏，实现企业的基业长青。

（五）制度创新理论

20 世纪 70 年代后，以兰斯·戴维斯（Lance Davis）和道格拉斯·诺斯（Douglas North）为代表的一些学者综合制度理论与创新理论，开拓性地提出了制度创新理论，其以制度变革与企业绩效的关系作为主要的研究内容。② 诺斯（1990）认为，制度创新是一种变革，该变革是使创新者获得追加利益的现存制度安排，由于创新的预期净收益大于预期成本，制度才会被创新，但是在现存的制度安排下这些收益是无法实现的，要获得预期的收益，通过人为的、主动的变革现存制度中的阻碍因素是必要的。制度创新学派还认为：制度创新决定了技术创新，同时经济的发展受到制度创新的约束，制度的优质选择促进了技术创新。③ 我国学者常修泽（2012）认为，从狭义的方面来看，制度创新重点研究企业产权制度问题，就是组织创新；从广义的方面来看，制度创新涵盖狭义制度创新、技术创新、市场创新和管理创新四个方面内容，总之，企业制度创新是整个企业创新体系的重要组成部分。④

良好的制度是企业发展的保障。企业只有建立现代产权制度，明晰产权，才能从根本上调动企业员工和领导们的积极性，激发企业发展的内在

① 芮明杰．现代企业管理创新［M］．山西经济出版社，1998.

② 科斯，阿尔钦，诺斯．财产权利与制度变迁——产权学派与新制度学派译文集［M］．上海：上海人民出版社，2004.

③ North，D. Institutions，Institutional Change and Economic［M］. Cambrige：Cambrige University Press，1990.

④ 常修泽．包容性体制创新的内涵［J］．学术界，2012（10）.

活力，不断优化企业绩效；此外，合理有效的激励和约束机制对企业的发展至关重要。特别是如何提高企业核心管理人员和创新型人才的积极性，不断激发他们的创新性，对企业的可持续发展意义深远；企业需要不断探索合理的组织结构，实行更加扁平化的矩阵制组织结构，充分利用企业的优秀人才，给予科研人员足够信任的充分授权，能够不断激发企业创新的活力。

（六）合作创新理论

我国学者傅家骥（1998）认为，合作创新是企业之间或企业、大学和科研机构之间的一种联合创新行为。合作创新通常以资源共享或优势互补为前提，以合作伙伴的共同利益为基础，在创新的过程中合作各方共同投入，共同运作，共担风险，共享收益。合作创新具有明确的合作规则、目标和期限。合作创新一般集中在高新技术产业中，以合作为主要形式进行研究开发。[①] 郭晓川（1998）指出，合作创新是指多个企业或者经常还包括部分科研机构和大学所形成的技术合作契约关系，由多个企业共同投入资源参与到一个创新过程中，针对共同的创新成果再进行后续的差异化创新，它是一种反复交易的行为。[②] 罗炜（2002）从广义和狭义两个角度进一步分析了合作创新的内涵和外延。汪忠、黄瑞华（2006）指出，合作创新不仅是当前企业降低风险和创新成本的重要战略，而且也是企业获取外部知识和能力的重要途径。[③] 国外学者较少采用"合作创新"这一概念，而是使用研发合作（R&D Cooperation）、合作研究（Cooperative Research）、共同研究开发等概念。

伴随着经济全球化和世界一体化进程的不断加快，企业之间的竞争日趋激烈。创新型企业要想抓住稍纵即逝的市场机会，必然要通过与其他企业之间进行合作，通过资源共享、优势互补，加快技术创新步伐，快速响应市场需求；企业成长过程中可以沿着整条产业链，同产业链上游和下游的相关企业加强协作，通过整合产业链的创新资源，有效提升企业创新能

---

① 傅家骥．技术创新学［M］．北京：清华大学出版社，1998.

② 郭晓川，潘润平．产品创新战略的动态性分析［J］．研究与发展管理，2006（1）：1－5、12.

③ 汪忠，黄瑞华．合作创新企业间技术知识转移中知识破损问题研究［J］．科研管理，2006（2）：95－101.

力；企业还可以通过与国内外的大型企业进行合作，有效获取国内外的创新资源，充分运用竞合的理念，借鉴国外的先进技术和成果，不断缩短研发周期，从而提升中国企业在动态环境中的适应能力；企业应该不断强化与高校、科研院所的合作，充分利用产学研战略联盟，在政府的支持和推动下，依托高校和科研院所的人才和智力资源，不断攻克技术难关，有效实现产学研的无缝对接，发挥不同创新主体之间的协同效应，尽快实现关键领域技术创新的重大突破，有效提升企业的国际竞争力。

（七）持续创新理论

自熊彼特首次提出创新理论以来，经过20多年国内外学者持续对创新的研究，该理论不断发展并逐渐完善。1999年，由欧洲联盟资助立项的分项目“21世纪持续性技术创新政策研究”从两个方面解释了持续创新的定义，一是在创新过程或产出中具有持续性目标的创新；二是在创新过程或产出中具有改善环境质量目标的创新。1991年11月，日本著名知识管理专家野中郁次郎，在《哈佛商业评论》上发表的《知识创新型企业》一文中指出，持续创新是知识创新型企业的核心任务。依照野中的观点，创新在本质上就是一个连续不断的过程，企业和企业中的每一个成员都在这个过程中不断更新。在创新型企业中，创新不仅仅是研发、销售或战略规划部门所特有的活动，而且是整个企业的一种生存方式和行为方式。1994年，我国技术创新研究著名学者远德玉教授提出，持续创新是技术创新型企业的木质，并提出了技术创新型企业的评价体系。[①] 在远德玉的“技术创新型企业”理论的前提下，夏保华（2012）对企业持续技术创新的本质、动因、结构及管理等问题进行了系统的研究。[②] 基于对中国企业创新实践的分析，向刚（2011）教授提出了企业持续创新的重要性及基本概念，并同时指出：企业创新难在持续，但也贵在持续；单一的技术创新项目不足以使企业摆脱困境，也不能使企业获得经济效益的持续增长及持续发展；持续不断地创新是企业持续发展的唯一出路，也是企业不断获得利

① 远德玉，董中保，常向东．企业技术创新能力的综合评价和动态分析方法［J］．科学管理研究，1994（2）：50－52.

② 夏保华．论企业原始技术创新［J］．科学学研究，2012（6）：923－929.

润的可靠途径。①

持续创新能力是企业的重要特征之一。加大人力、财力、知识等资源的投入力度，是企业持续创新能力的源泉；企业必须密切结合市场需求，不断加大科研成果转化力度，提高企业自身的盈利能力，为企业持续创新提供可靠保障；政府应该为企业提供良好的外部环境，尤其是需要加大知识产权保护力度，切实保护企业的创新成果，进而从根本上调动企业创新的积极性；政府还可以通过实施财政和税收政策，激励企业的持续创新行为；通过金融机构、风险投资等中介组织，为企业持续创新提供资金保障；高校、科研院所等知识和人才密集的组织，应该不断为企业输送创新型人才，为增强企业持续创新能力提供智力保障。

二、生态经济理论

加快企业发展首当其冲的问题就是要明确未来发展的方向，必须要制定良好的发展战略。面对日趋复杂、多变、动态的外部环境，企业应该明晰外部环境的机遇和挑战，尽量回避外部环境带来的挑战，努力把握机遇，加快企业成长步伐。而创新型企业的成长，不能仅仅依靠企业的一己之力，还要依靠自己所处的生态系统。企业生态系统与自然生态系统类似，是在一定地域范围内由参与技术创新和扩散的企业、大学和科研机构组成，并形成一个有市场中介服务组织广泛介入和政府适当参与的为创造、储备和转让知识、技能及新产品而相互作用的创新网络系统。②

（一）生态经济概念的提出

人类社会生存和发展的基础是经济发展。自18世纪以来，人类开始走向工业化，经济发展给人类带来丰硕成果的同时，也给人类带来始料未及的严重后果，因此，人与自然的冲突日益加剧。自20世纪60年代起，人口数量急剧膨胀、资源需求增加以及开采过度等现象，造成了资源破坏、能源危机和生态环境退化等恶果，严重制约了经济的发展，人类与自然、

① 向刚，熊觅，李兴宽，陈晓丽．创新型企业持续创新绩效评价研究［J］．科技进步与对策，2011（8）：119－123.

② 惠兴杰，李晓慧，罗国锋，李鑫．创新型企业生态系统及其关键要素——基于企业生态理论［J］．华东经济管理，2014（12）.

生态与经济的不协调现象逐渐出现。生态退化和环境污染问题的不断加剧，使传统经济增长方式受到世界范围的质疑。生态经济的概念和可持续发展的思想在该背景下应运而生。20 世纪 60 年代后期，美国经济学家肯尼斯·鲍尔丁在他的一篇重要论文《一门新兴科学——生态经济学》中提出了“生态经济学”的概念。从此，生态经济与可持续发展一起成为学者共同关注的重大热点，该热点在全球范围内迅速展开研究。1974 年，美国著名思想家莱斯特·R. 布朗针对世界环境问题，开始创办世界观察研究所，并出版了一系列掀起全球环境运动高潮的“环境警示丛书”。21 世纪初，布朗又开始对全球经济问题进行观察，创办了全球政策研究所并担任所长，出版了《生态经济——有利于地球的经济构想》，该书以提供环境上可持续发展、从目前经济模式转向生态经济的途径为宗旨，同时评估我们是否不断地朝着这个方向发展。这标志着世界范围内以生态经济为导向的发展理念和发展模式愈发深入人心。

生态经济是人类在当前条件下能够较为有效克服经济发展与人口增加、资源约束、环境污染及生态退化等一系列严峻问题而选择的一种理想化的经济形态和经济模式。它不是以经济发展为唯一目标，也不是单纯地追求当前人类社会福利的经济模式、经济形态，而是强调在保持经济发展的同时，要保证代际公平，维护生态系统的可持续性、完整性和容纳性，从根本上摒弃只向自然索取，破坏生态平衡的错误观念和做法。从广义上说，生态经济涉及生态、经济、社会三大系统层面，是地球生态圈内人类经济活动的总和，是以社会经济发展和生态环境建设为核心，遵循经济规律和生态学原理，建立人与自然和谐共处的生态社区，实现经济、社会、生态等效益的可持续发展。从狭义上说，生态经济是一系列经济行为的总和，是人类为加强生态保护而采取的策略和措施。

面对日益严峻的资源和环境约束，社会对创新的需求与日俱增。企业通过发挥自身的比较优势，将创新作为生产过程的重要投入资源，不断转变经济增长方式，降低资源消耗，提高资源利用效率，从而不断减少污染物排放，更好地实现人与自然的和谐发展。此外，企业还应该不断加大技术创新力度，特别是针对当前社会发展过程中日益严重的环境污染问题，依托高新技术，通过科技的力量，加大环境污染治理力度，尽快实现资源、环境、经济的协调发展。企业在开展创新活动之前，应该不断强化生态环境理念，将创新活动可能带来的环境问题在规划设计阶段进行综合考虑主，动实施生态创新战略，积极承担社会责任，通过优化企业产品结构，为顾客提供生态绿色产品，增强消费者的信任感，不断塑造企业的良好社会形象，进而有效提升企业的竞争力。

（二）企业生态理论

自然生态系统是由生物群落与其环境在一定的时间和空间范围内组成的整体，[①] 系统内各成员借助能量流动、物质循环和信息传递而相互联系、影响、依存，形成自组织的复合体。1996 年，美国著名战略管理学家詹姆斯·穆尔（James Moore）出版了专著《竞争的衰亡》，其中他类比自然生态系统，首次提出了“商业生态系统”这一全新的概念，[②] 打破了传统的以行业划分为前提的战略理论的限制，力求“共同进化”。其主要观点包括四点：一是商业生态系统是以组织和个人的相互作用为基础的经济联合体；二是企业不应把自己看作是单个的企业，而应把自己看作是一个包括供应商、主要生产者、竞争者和其他利益相关者等在内的企业生态系统的成员；三是从现代生态学的角度透视整个商业活动，用生态学新解商业运作，并用系统论反思竞争的含义；四是商业活动中的共同进化是一个比竞争或合作更为重要的概念。穆尔站在企业生态系统均衡演化的层面上，把商业活动分为开拓、扩展、领导和更新四个阶段。商业生态系统在作者理论中的组成部分是非常丰富的，他建议高层经理人员经常从顾客、市场、产品、过程、组织、风险承担者、政府与社会七个方面来考虑商业生态系统和自身所处的位置；系统内的公司通过竞争可以将毫不相关的贡献者联系起来，创造一种崭新的商业模式。

企业可以像生物一样，它的生存也是要直接或间接地依赖同在一个生态系统内的企业或组织，企业生态系统是一个动态复杂系统。[③] 企业生态系统必须不断与环境进行物质、能量与信息交流，才能维持整个系统的正常运行，同时创新型企业、孵化器、大学和科研机构之间必须协同工作，

① 尚玉昌，蔡晓明．普通生态学［M］．北京：北京大学出版社，1992.

② 詹姆斯·穆尔．竞争的衰亡：商业生态系统时代的领导与战略［M］．梁俊，等，译．北京：北京出版社，1999.

③ 胡斌，章仁俊．企业生态系统的动态演化机制［J］．财经科学，2008（9）.

以使整个商业生态系统获得稳定和利益的提升。

（三）企业发展理论

企业生态发展过程中，应该根据企业自身所拥有的资源和发展阶段，通过与其他竞争对手的比较，明确企业所拥有的优势和劣势，不断扬长避短，从成本领先、差异化和专一化战略三种重要战略类型中，选取合适的发展战略，在激烈的市场竞争中，找到一片自由飞翔的蓝天。企业应该通过加强合作，不断利用外部资源，通过多种形式的合作，发挥协同效应，练好内功，不断提升企业的核心竞争力；运用系统的思维方式，关注企业的利益相关者，运用现代化的科技手段，依托大数据和互联网思维，不断创新商业模式，实现企业跨越式发展。这是基于传统战略管理理论和投入产出理论之上的。

1. 传统战略管理理论

安东尼、安索夫和安德鲁斯在 20 世纪 60 年代初先后出版了《战略与结构》《公司战略》《商业政策：原理与案例》三部著作，标志着战略管理理论的诞生。1970 年，以奎因和明茨伯格为代表的环境适应学派，将研究的重点变为企业的外部环境，认为企业应该不断根据外部环境的变化对企业发展战略进行调整。

1980 年初，迈克尔·波特提出了著名的竞争战略理论。他认为，企业在市场竞争中，首先应该选择好行业，进入什么行业对企业未来的发展和盈利影响深远；然后选择好自身企业在该行业的相对位置，找准自己的定位。波特认为，决定一个行业吸引力大小的关键取决于五种力量：现有竞争者、供应商、替代品企业、潜在进入者和购买者。这五种力量的综合作用和影响决定了该行业的吸引力。他还对战略模式进行了深入分析和总结，最终总结出了著名的通用战略，即成本领先、差异化和专一化战略。他还提出了价值链模型，指出企业价值的获取主要来自基本活动和辅助性活动，其中基本活动包括进料后勤、生产、出货后勤、销售和售后服务，辅助性活动包括企业的基础设施（包括计划、财务部门等）、人力资源管理、研究与开发和采购。企业价值来源于价值链上的“战略环节”。

1990 年，普拉哈拉德和哈默在《哈佛商业评论》发表了《企业核心能力》，标志着核心能力战略学派的形成。该理论的理论假设是：假定企业具有不同的资源（包括知识、技术等），形成了独特的能力，资源不能在企业间自由流动，对于某企业独有的资源，其他企业无法得到或复制，企业利用这些资源的独特方式是企业形成竞争优势的基础。该理论强调的是企业内部条件对于保持竞争优势以及获取超额利润的决定性作用。

2. 投入产出理论

20 世纪 30 年代，投入产出理论是由美国经济学家、哈佛大学教授瓦西里·列昂惕夫（W. Leontief）在前人研究的基础上提出和编制的。列昂惕夫为研究美国的经济结构，从 1931 年开始研究投入产出技术，并编制投入产出表。1936 年，他在《经济学和统计学评论》上发表了“美国经济制度中投入产出数量关系”，标志着投入产出技术的诞生。1953 年，列昂惕夫与他人合作，共同出版了《美国经济结构研究》一书。基于这些论著，列昂惕夫提出了关于投入产出表的概念及其编制方法、基本原理和科学理论。由于列昂惕夫在投入产出技术方面的卓越贡献，他于 1973 年获得了第五届诺贝尔经济学奖。

投入产出法主要内容是编制棋盘式的投入产出表，以及建立相应的线性代数方程体系，构成一个模拟现实的国民经济结构和社会产品再生产过程的经济数学模型，综合分析和确定国民经济各部门间错综复杂的联系和再生产的重要比例关系。投入产出法从应用范围上看，可分为全国性、地方性、专业性、大型企业、一般企业等形式。它是一种特殊的经济计量模型，预测各部门的投入量和产出量，被广泛应用于国民经济研究。

投入产出技术是在第二次世界大战后开始得到各国政府和经济学界的重视。各国政府为加强对经济的控制和干预，需要一种比较科学的经济计量方法，投入产出技术应运而生。20 世纪 50 年代以来，政府编制和应用投入产出表逐渐在世界各国应用。《1987 年全国投入产出表》的编制成功，使投入产出技术在中国经济预测、环境保护、政策模拟、经济结构调整和可持续发展等宏观经济领域获得了广泛的运用，并取得了十分积极的效果。例如，在 1990 年，国家为适度启动经济增长，依据投入产出理论，做出有计划地增加 400 亿元投资的重大决策。不仅在粮食、煤炭、电信涨价和国家提高职工工资以启动消费的论证中，用到了投入产出表，在中韩、中日贸易摩擦时，也用到投入产出表测算摩擦对中国经济的影响程度。

企业的成长离不开大量创新资源的投入。企业开展技术创新活动，往往需要有大量研发资金的投入，企业的研发资金投入首先来源于企业自身，此外，还可以通过银行贷款、风险投资等多种方式来加大资金投入力度。政府为了提高企业从事创新活动的积极性，往往会出台相关的财政、税收等优惠政策。多种渠道、多种方式的创新资金投入，能够有效保障企业的创新活动。创新型人才也是企业发展的宝贵财富，企业只有集聚大量高素质、勇于进取、甘于奉献的研发人才，才能为企业发展提供足够的创新人力资源，才能实现创新型企业的持续发展。企业领导层是否具备企业家精神，对企业的发展具有十分深远的影响。一个企业的领导具备企业家精神，就会带动整个企业勇于开拓、敢于冒险，不断挑战自我，在企业内部形成良好的企业氛围，并逐步形成创新型的企业文化，进而为企业发展提供不竭动力。

企业不仅要加大创新资源的投入力度，更应该提高创新资源的利用效率，不断优化配置资源，提升创新成果的产出水平。企业一方面要提高专利等知识成果的产出水平，特别是要不断提高发明专利的比重；另一方面，还应该不断提升创新成果的转化率。通过不断增加新产品，提高新产品的市场竞争力，逐步增加新产品产值，提高企业的财务绩效，增强企业核心竞争力。

三、创新及生态经济理论述评

从创新概念的提出，到创新理论的形成，经历了技术创新理论、管理创新理论、制度创新理论、合作创新理论和持续创新理论的发展过程，对企业的发展与成长有一定的促进作用。企业创新理论完整系统地阐述了企业创新的各种形式，企业进行各种创新的原因，影响企业创新能力大小的因素，这些对于评价体系的建立提供了理论依据。

1. 企业创新理论为评价指标的选取提供了理论依据

评价体系要完整、真实地反映企业的创新能力，要求设置的指标必须针对企业创新能力的本质，企业创新理论分析了企业创新能力的构成，能够为选取评价指标提供理论依据。

2. 企业创新理论为设置评价指标权重提供了理论依据

不同因素对企业创新能力的影响大小是不同的，企业创新理论通过对各种因素作用的研究为设置评价指标权重提供了指导。如在对指标赋权时，通常采用的是专家打分法，专家为指标赋权的依据就是企业创新理论和实践经验。

3. 企业创新理论为指标分类提供了理论依据

影响企业创新能力的因素有很多，各种因素错综复杂，需要设置的指标也会很多，合理地将指标进行分类变得很重要。企业创新理论是从技术、管理和制度三方面对企业创新进行的研究，可以为指标的分类提供理论依据。

另外，企业创新理论的发展推动了评价体系的不断完善。经济社会的发展时刻要求企业不断地进行创新，以适应经济环境和科技的变化。因此，企业的各种经营方法、组织形式、管理方法也在不断变化。而企业创新理论正是研究和反映企业各种变革的理论，甚至企业创新理论为企业管理者进行创新活动提供了方向和帮助，企业创新理论同样在不断变化。所以，评价体系的建立要结合当今前沿的企业创新理论，合理科学、同时前瞻性地设立评价指标，反映现代经济条件下企业创新的发展方向，为企业管理者提供新思路、新观点，充分发掘企业的创新能力，推进企业健康发展。

基于企业生态理论，构建企业生态系统模型，对于企业的成长起到支撑作用。惠兴杰等对企业生态系统及其关键要素的研究中梳理出三类关键要素：主体要素、功能要素和环境要素。孵化器、大学和科研机构、上下游企业以及为企业提供金融支持的相关机构作为主体要素，它们需要紧密协作，以使整个商业生态系统获得稳定和利益的提升；两大功能要素——人才和资本，是主体要素获取创新能量的源头；良好的地理环境和社会环境是创新型企业生态系统中的关键环境要素。

第二节 企业成长及生命周期理论

一、企业成长理论

企业成长是指企业规模扩大和素质提高的动态过程，包括量的扩张和质的提高过程。企业成长理论是对企业成长过程中出现的问题及其规律性的研究，源于对大规模生产规律的认识。

企业成长理论经过规模经济理论的阶段，直到英国约翰霍普金斯大学的 Penrose 教授于 1959 年发表《企业成长理论》，才真正奠定了这一理论的基础。其后，企业成长理论一直受到经济和经营学界的重视，并且相继出现了不少研究成果。具有代表性的有：赖本斯坦的《成长之路模型》(1960 年)；马里斯的《经营者资本主义的资本理论》(1964 年)；安瑟夫的《成长战略研究》(1965 年)；斯塔巴克的《组织成长动机研究》(1965 年)；鲍摩尔的《企业行为、价值和成长》(1967 年)；钱德勒、李皮特、戈瑞纳等人的《成长阶段研究》(1962 年、1967 年、1972 年)。

Marshall 在著作《经济学原理》中最早将企业类比为生命有机体，运用树木的生长规律来分析企业成长问题。1959 年，Penrose 的著作《企业成长理论》构建了“企业资源—企业能力—企业成长”的研究范式，成为企业成长理论的奠基之作。Penrose 的企业成长理论产生了深远的影响。Penrose 认为，企业拥有的资源状况是决定企业能力的基础。企业内部物质资源所能提供的服务及其质量，依赖于人力资源的知识拥有量，二者共同创造每个企业特有的“主观”生产机会。组织学习和知识积累会提高企业的资源积累率，资源及其服务的积累又为组织学习创造了一个基础。Penrose 特别强调团队作业的经验积累，认为它是企业内部合作与协调的基础，可看作是企业的组织资本。正因为如此，随着时间推移而形成的管理团队是企业最有价值的资源之一，这些资源决定了企业的管理能力。Penrose 还把企业内部的未利用资源作为企业创新能力的重要来源，她认为企业内部资源的利用存在着永不平衡性，因此总是存在未利用资源，从而创新也就是企业的内生过程。企业能力决定了企业成长的速度、方式和界限。企业能力的关键是管理能力，它是限制企业成长率的基本因素，现在通常把管理对企业成长的关键性约束作用称为“彭罗斯效应”。管理资源不可能通过市场交易而获得，它是管理团队的专业化经验和能力。管理活动就是试图最有效地利用企业拥有的资源，管理经验和管理能力决定了企业所有其他资源所能提供的生产性服务的数量和质量，最终制约企业成长的速度。企业能力特别是管理能力状况与企业多元化成长的可能性高度正相关。Penrose 同时强调了创新能力对企业成长的重要性，她认为产品创新和组织创新均是企业成长的推动因素，企业成长的重要一环是发现潜在的成长机会，二者均取决于创新能力。1982 年，Nelson 和 Winter 从演化经济学的角度对企业成长理论进行了研究，采用生物类比的方式，通过组织惯例、搜寻、选择环境实现企业成长。1990 年，Chandler 发现企业可通过追求规模经济和范围经济来不断扩大企业规模。我国学者杨杜、赵晓、吴翰、卢锐等也结合中国国情开展了企业成长理论的研究。

二、企业生命周期理论

（一）企业生命周期理论的发展

企业是有生命力的主体，它不仅以盈利为目的，并且存在一个相对稳定的生命周期，与外界不断地进行资源和信息的交换。随着企业经营规模不断扩大，企业组织机构不断增加，企业也面临着挑战。企业经历从低级到高级，由幼稚到成熟的生命阶段，构成企业完整生命变化过程。19 世纪以来，生命周期逐渐被人们所认识，并且分别从不同角度对企业的产生、成长及衰亡过程进行研究。其发展历程归纳为以下几个阶段：

1. 萌芽阶段（20 世纪 50—60 年代）

20 世纪 50 年代，Haire（1959）首次应用“生命周期”观点来研究企业问题，Haire 认为，组织的成长就像有机体一样，符合生物学中的成长曲线，从诞生、成长、成熟、衰退直至死亡，存在着显而易见的周期现象，并指出企业管理的水平成为制约企业发展的瓶颈因素。

2. 系统研究阶段（20 世纪 60—70 年代）

Chandler（1962）指出，公司的发展会出现四个平稳上升的连续阶段。这四个阶段始于企业的初始扩张和资源积累阶段；接着通过集权化的职能结构使资源配置合理化；然后走向多元化，充分利用资源不断开发新产品和占领新市场；最后，多分布结构是这种演变的顶点，它可以确保已经多样化的资源得到更有效的利用。每个阶段中，企业的战略与结构这两个关键要素都会出现差异。

Greiner（1972）研究了企业组织演化过程，认为企业生命周期可视为若干个演进阶段，每一个阶段都是由一个革命性危机引发的，并且每一个危机的出现都标志着前一个阶段的结束。具体而言，随着企业从产生到成熟以及企业规模的不断扩大，企业将经历五个发展阶段，即通过创造性获得增长阶段、通过指导与控制获得增长阶段、通过授权获得增长阶段、通过协调获得增长阶段以及通过合作获得增长阶段。

3. 模型描述阶段（20 世纪 70—80 年代）

邱吉尔、刘易斯（1983）从企业规模和管理因素两层次描述企业发展特征，并提出五阶段成长模型，即创业、生存、发展、起飞和成熟阶段。葛雷纳（1985）认为，企业通过变革不断地发展，提出了企业五阶段成长模型：创业、指导、分权、协调和合作阶段，认为企业的每个成长阶段都由前期演进和后期的变革组成，而这些变革直接关系到企业的持续成长问题。美国管理学家伊查克·爱迪思博士（Adizes）1989 年出版了《企业生命周期》一书，从此奠定了其在这个领域的核心地位。他认为，企业的成长与老化同生物体一样都是通过灵活性和可控性这两大因素之间的关系来表现的，按照这两个因素，企业的生命周期可以划分为三个阶段、十个时期，分别是由孕育期、婴儿期、学步期构成的孕育阶段，由青春期、盛年期和稳定期构成的成长阶段，以及由贵族期、官僚化早期、官僚期和死亡期四个时期组成的老化阶段。

4. 改进修正阶段（20 世纪末）

陈佳贵（1995）将企业生命周期分为孕育期、求生存期、高速成长期、成熟期、衰退期和蜕变期。以往的企业生命周期研究都以衰退期为终点，而陈佳贵则在企业衰退期后增加了蜕变期作为企业生命周期的终点。[①]李业（2000）提出企业生命周期的修正模型，将生命周期依次分为孕育期、初创期、成长期、成熟期和衰退期。[②]

5. 延伸拓展阶段（21 世纪初期）

延伸拓展阶段从企业生命周期转向企业寿命研究，美国波士顿咨询公司在《幸福》杂志中对世界 500 强企业的研究显示：20 世纪 50 年代世界 500 强企业，有一半企业在 20 世纪 90 年代退出世界 500 强企业行列；20

① 陈佳贵．关于企业生命周期与企业蜕变的探讨［J］．中国工业经济，1995（5）：5－13.
② 李业．企业生命周期的修正模型及思考［J］．南方经济，2000（2）：7－50.

世纪70年代《幸福》杂志上所列的世界500强企业，有近三分之一的企业在20世纪90年代退出了世界500强行列。

（二）企业生命周期各阶段的特征

随着企业生命周期理论的不断推广和发展，将企业生命周期发展阶段简化为初创期、成长期、成熟期和衰退期。各个时期企业所表现的特征存在差异性，如表2.1所示。

表2.1 企业生命周期不同阶段的特征比较

特征	初创期	成长期	成熟期	衰退期
企业规模、实力	小，弱	扩大	进一步扩大	比较强大
市场份额	小	增加	趋于稳定	稳定
组织结构	简单	复杂化，不规范	更为复杂	
经营风险	高	一般	一般	降低
创新能力	较强	强	有所降低	减弱

1. 初创期特征

初创期企业规模小，实力弱，资金不充足，组织结构简单，市场份额小，新产品开发及企业未来现金流量都具有较高的不确定性，企业面临消费需求转移、行业技术发展都可能会造成企业生产经营活动失败，因此经营风险高，但在此阶段企业运行灵活，员工受创业理念的激励，极具开拓进取精神，企业经营主要依靠创业者个人的魅力。

2. 成长期特征

企业经过初创期发展，产品市场份额扩大，产品逐渐被市场接受，生产规模扩大，发展速度加快，企业迅速打开空间市场，快速扩张，管理和组织结构复杂化。现代科技不断发展进步，产品不断更新换代，企业只有不断推出新产品，才能在市场中立足。此阶段公司治理结构、组织与激励制度等极不规范，极易引发企业衰退。因此，需要不断完善企业管理制度、更新未来发展规划，提高企业对市场的应变能力，保证企业快速成长。

3. 成熟期特征

成熟期的企业销售额、现金流量保持稳定，经营风险下降、管理制度趋于完善，管理和组织结构更为复杂，产品普遍被消费者接受，有稳定的市场占有率。但由于竞争者、技术进步、市场趋于饱和等因素会导致产品差异逐渐缩小，增长速度减慢，因此，在此阶段培养和形成企业战略管理能力，开拓利润增长点更为重要。

4. 衰退期特征

衰退期的企业管理制度更为完善，企业具备强大的规模和实力，但由于市场竞争加剧，企业创新能力减弱，产品会逐渐被市场所淘汰，新产品却又很难推出，企业业务发生萎缩，竞争力下降。因此，在衰退期需要对企业的核心生产和竞争能力进行适当提升，进一步促使企业进行较大的战略调整或转型。

三、企业成长及生命周期理论述评

创新型企业、双创企业和新兴技术企业的成长均遵循“创新资源—创新能力”的成长范式。只要投入了足够的创新资源，通过良好的企业管理机制，企业的创新能力才能不断增强，才能不断激发企业的创新潜力，逐步改善企业的创新绩效，增强企业的核心竞争力。要加快企业成长步伐，最应该做的就是要不断加大创新资源投入力度，优化创新资源结构，提升创新资源的质量，尽快将创新资源转化为创新能力，通过创新能力的不断增强，形成良好的正反馈机制，不断吸引创新资源，形成创新资源集聚的“滚雪球效应”。此外，企业在成长进程中，应该密切关注市场发展趋势，洞悉潜在市场需求，及时开展技术创新活动，不断推出新产品，不断满足市场需求，培育企业发展的动态适应能力，形成企业的核心竞争力。

新兴企业和传统企业一样，具有一个“由弱变强、由小变大”的动态演化过程。企业的成长一般都需要经过孕育期、成长期、成熟期和衰退期四个阶段，新兴企业刚开始形成雏形时，尽管自身具备一定的创新能力，但往往未能转化为较强的竞争能力，面对复杂的外部环境，往往风险性较高。在成长期，企业由于不断加大创新资源的投入力度，创新能力不断增强，抵御风险的能力与日俱增，这一段时期往往是新兴企业发展速度较快的时期。进入成熟期后，企业的创新能力显著增强，创新成果的产出不断增加，创新成果的转化率逐步提高，企业的盈利能力与日俱增，企业的核心竞争力不断增强，此时，企业往往具备较强的竞争力。企业如果不能进行持续创新，可能会被其他竞争对手的突破性创新成果打得措手不及，一旦不能有效应对，企业就可能面临灭顶之灾，不断走向衰退。

第三节　评价理论及方法

一、评价理论

（一）系统理论

系统思想源远流长，作为一门科学的系统论，人们公认是理论生物学家 L. V. 贝塔朗菲创立的。他在 1932 年提出“开放系统理论”的思想，1937 年提出了一般系统论原理，奠定了这门科学的理论基础。1968 年，他发表的专著《一般系统理论：基础、发展和应用》确立了这门科学的学术地位，该书被公认为这门学科的代表作。

系统论认为，整体性、关联性、等级结构性、动态平衡性以及时序性等性质是所有系统共同的基本特征。这些既是系统所具有的基本思想观点，也是系统方法的基本原则，表现了系统论是反映客观规律的科学理论，具有科学方法论的含义，反映了系统论这门科学的特点。

系统论的核心思想是系统的整体观念。贝塔朗菲强调，任何系统都是一个有机的整体，它不是各个部分的机械组合或简单加和，系统的整体功能是各要素在孤立状态下所没有的新质。同时认为，系统中各要素不是孤立地存在着，每个要素在系统中都处于一定的位置上，起着特定的作用。要素之间相互关联，构成了一个不可分割的整体，要素是整体中的要素，如果将要素从系统整体中割离出来，它将失去要素的作用。

系统论的基本思想方法，就是把研究和处理的对象，当作一个系统，分析系统的结构和功能，研究系统、要素、环境三者的相互关系和变动的规律性，并用系统观点看问题，世界上任何事物都可以看成是一个系统，系统是普遍存在的。

当今社会加速发展的趋势，科学技术的整体化趋势以及科学、技术、生产一体化趋势必将继续推动系统理论与应用的成熟化与系统化。20 世纪 70 年代的大系统理论从内部子系统数量较少的简单系统扩展到子系统数达几十、上百的大系统，通过在大系统分析、大系统综合、模型化等方面的研究，试图得出认识、控制和优化一类规模庞大、结构复杂、功能综合的系统的方法。1982 年，我国的邓聚龙教授提出了“灰色系统理论”，对信息不完全的灰色系统寻找其演化规律，最终达到使系统淡化或白化的目标，为解决社会、经济、管理等领域的实际问题提供了更为实用而灵活的求解思路。[①] 钱学森、于景元于 1990 年初深化大系统理论，首次提出了开放的复杂巨系统的概念，把作为研究对象的系统规模及复杂度又提到一个新的高度。从大系统、灰色系统到开放性复杂巨系统都是从系统论满足应用需要的角度出发所进行的广度扩展，面临的主要问题是如何通过应用不断予以充实和完善。

（二）评价及评价理论

评价就是对客体对象价值地位的认识。如今，评价已经渗透到社会生活的方方面面，比如消费者满意度评价、城镇化水平评价、教育评价等。评价具有诊断、导向以及激励的作用，对事物进行科学合理的评价，可以有效把握其薄弱环节，从而为其进一步的发展指明方向。也正是因为这些优势，使得评价理论逐渐发展成为一门新兴的学科。

根据评价方式的不同，可以分为主观评价和客观评价。在评价过程中通过人的感觉器官从客体获取有效信息，然后做出对客体价值的主诉评判，这就是主观评价，实际上主观评价是个体根据自身经验对客体所做的价值评估。而客观评价中，客体有效信息的获取不是通过人而是通过仪器，分析这些信息后得到对客体价值的评判。主观评价和客观评价都是评价事物的手段，它们之间的主要区别在于是否由人来主诉评判。

“第三方评价”是近年来比较流行的一个术语，它最早起源于 15 世纪的欧洲，当时是为了保证产品的质量，后来又逐渐延伸到服务领域以及政治领域。这一概念传入中国大约在 2000 年左右，并在之后的短短几年里获

① 常绍舜．系统科学方法概论［M］．北京：中国政法大学出版社，2004：105.

得了很快的发展。在国内，第三方评价的概念首先是由以包国宪教授为首的兰州大学中国地方政府绩效评价中心课题组提出的，把独立于政府及其部门之外的外部评价作为第三方评价，由第三方组织按照专门规范和程序进行专业化评判。第三方评价具有独特的优势，主要表现在以下两个方面：一是独立性。评价主体独立于被评价的对象之外，能不受干扰地独立进行评价，有利于做出客观评价；二是客观公正性。评价的独立性使得评价过程公开透明，评价结果客观公正。第三方评价作为一种客观公正、专业科学的外部评价方式，近年来，在中国的应用日益广泛，主要应用于政府绩效评价、干部考核评价、客户满意度评价等方面。

二、评价方法

评价方法的选择是评价过程中极为重要的一环，明确各种综合评价方法的优缺点以及应用范围，对于企业创新性评价体系的构建以及指标权重的赋予至关重要。鉴于本书的特点，在评价体系的构建、指标权重赋予以及评价过程中，综合运用了网络分析法和物元分析法等方法。

（一）常见评价方法

常见的评价方法主要有层次分析法、网络分析法、主成分分析法、因子分析法、模糊综合评判法等，近年来运用网络分析法构建评价体系并赋予指标权重的较多，相较于层次分析法，该方法主要考虑了同层元素间相互影响而非独立的特点，应用范围较广。

1. 层次分析法（AHP）

层次分析法（Analytic Hierarchy Process－AHP）① 是美国运筹学家匹茨堡大学教授萨蒂（T. L. Saaty）于20世纪70年代初应用网络系统理论和多目标综合评价方法提出的一种层次权重决策分析方法。② 这种方法的特点是在对复杂的决策问题的本质、影响因素及其内在关系等进行深入分析的基础上，利用较少的定量信息使决策的思维过程数学化，从而为多目标、

① 许树柏. 层次分析法原理［M］. 天津：天津大学出版社，1988：56－58.

② T. L. Saaty. Modeling Unstructured Decision Problems－the Theory of Analytical Hierarchies［J］. Mathematics and Computers in Simulation，1978：120－121.

多准则或无结构特性的复杂决策问题提供简便的决策方法，是对难于完全定量的复杂系统做出决策的模型和方法。①②

AHP 自 1982 年被介绍到中国以来，以其定性与定量相结合处理各种决策因素的特点，以及其系统灵活简洁的优点，迅速地在社会经济各个领域内，如工程计划、资源分配、方案排序、政策制定、冲突问题、性能评价、能源系统分析、城市规划、经济管理、科研评价等领域，得到了广泛的重视和应用。③

（1） AHP 的基本思想

首先根据问题的性质和要求，提出一个总的目标，然后将问题按层次分解，对同一层次的诸因素通过两两比较的方法确定出相对于上一层目标和各自的权系数。这样层层分析下去，直到最后一层，即可给出所有因素（或方案）相对于总目标而言的按重要性（或偏好）程度的一个排序。若记 B_k 为第 K 层次上所有因素相对于上一层有关因素的权向量按列组成的矩阵，则第 K 层次的组合权系数向量 W_k 满足：$W_k = B_1 B_2 \cdots B_{k-1} B_k$。④

（2） 建立数学模型

根据企业创新性评价体系层次结构模型，运用 AHP 方法确定各指标权重，即运用专家咨询法，视被评价者的综合表现对其分别确定各指标的分值，可得到企业创新性评价数学模型。

$$V - RW^T - \begin{bmatrix} r_{11} r_{12} \cdots r_{1n} \\ r_{21} r_{22} \cdots r_{2n} \\ \vdots \\ r_{m1} r_{m2} \cdots r_{mn} \end{bmatrix} \begin{bmatrix} w_1 \\ w_2 \\ \vdots \\ w_n \end{bmatrix} \tag{2.1}$$

式 2.1 中 m 为评价对象个数；n 为评价指标个数；R 为企业创新性评价单指标的评价矩阵，$R = (r_{ij})_{m \times n}$，$r_{ij}$为第 i 个评价对象的第 j 个评价指标的分值；$W = (w_j)_{1 \times n}$，w_j 为第 j 个指标的权重；V 为企业创新性评价矩阵，

① Irfan Ertu ğrul and Nilsen Karakaşo ğlu. Comparison of fuzzy AHP and fuzzy TOPSIS methods for facility location selection [J]. The International Journal of Advanced Manufacturing Technology, 2008: 7-8.

② Ching-Fu Chen. Applying the Analytical Hierarchy Process (AHP) Approach to Convention Site Selection [J]. Journal of Travel Research, 2006: 27.

③ 李光红，杨晨. 高层次人才评价体系研究 [J]. 科技进步与对策，2007 (4).

④ 申志东. 运用层次分析法构建国有企业绩效评价体系 [J]. 审计研究，2012 (2).

$V=(V_i)_{m\times 1}$，$V_i = \sum_{j=1}^{n} r_{ij}w_j$ 表示第 i 个评价对象的综合评价值。

（3）构造判断矩阵，确定指标权重

根据企业创新性评价体系层次结构模型，采用1~9标度法综合专家群体咨询意见构造各层的判断矩阵。由于判断矩阵建立在对系统中各指标的细致对比上，克服了专家赋权的随意性。[①]

（4）层次单排序及其一致性检验

采用方根法或和积法等计算各判断矩阵的最大特征根 λ_{max} 及其对应的特征向量，对特征向量作归一化处理，确定层次单排序权向量 W。由于客观事物的复杂性和人们认识事物的多样性以及可能产生的片面性，为了保证应用层次分析结论的准确，还必须计算各判断矩阵的一致性指标 $CI=\frac{\lambda_{max}-n}{n-1}$,然后再查取相应随机一致性指标 RI，再计算判断矩阵一致性检验系数 CR，判断其一致性 $CR=CI/RI$，计算出 CR，若 $CR\leqslant 0.10$，则认为判断矩阵具有满意的一致性，其特征向量元素表示层次单排序的权重基本合理；否则就需要调整判断矩阵，直到获得满意的一致性指标为止。

（5）层次总排序及其一致性检验

利用同一层次所有的层次单排序结果，综合出对于最高层次相对重要性的权重值。若层次较多，可以以最低层的权重值分别乘以上一层次的权重值，如此由下而上逐层顺序进行，即可得到各层次各因素的相对于总目标的权重。同时对层次排序结果要进行一致性检验。由于对专家所做出的主观判断进行了科学的数学处理，消除了指标赋权中的纯主观评价。通过检验，保证了权数的精确度和可靠度。[②]

2. 网络分析法（ANP）

网络分析法（Analytic Network Process - ANP）是1996年由美国匹兹堡大学的T. L. Saaty教授提出的一种新的实用决策方法，该方法是在层次分析法AHP的基础上发展而形成的，适应于非独立的递阶层次结构。[③] 对于反馈系统的排序方法，T. L. Saaty教授在创立AHP时已经提到。国内许多

---

① 李光红，孙丽丽．高校学生创新能力管理绩效评价研究［J］．山东社会科学，2011（2）．
② 李光红、杨晨．高层次人才评价体系研究［J］．科技进步与对策，2007（4）．
③ T. L. Saaty. The Analytic Hierarchy Process［M］．McGraw Hill，1980：209.

学者诸如许树柏（原天津大学教授）和王莲芬（中国人民大学教授）也都曾对反馈系统的排序方法、超矩阵排序方法进行过详细阐述，对超矩阵极限相对排序向量的求解，王莲芬还提出了一种新算法——原点位移算法，代替了过去计算极限排序矩阵的烦琐算法。[①] 但真正形成一种完善理论体系的，尚属 T. L. Saaty 的网络分析法。

（1）ANP 结构分析

ANP 中的网络结构可以用两种形式来表示：一种是图形形式；一种是矩阵形式。图形形式定性地表示组成网络的各个成分之间的相互影响关系以及反馈关系，而矩阵形式定量地表示彼此相互影响，或者反馈的程度，或者大小。

ANP 系统共分为两个部分：控制层与网络层。结构图如图 2.1 所示。

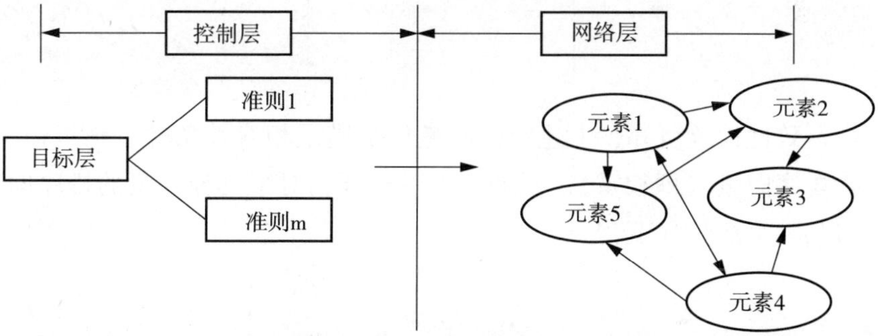

图 2.1 ANP 基本结构图

在确定权重时，AHP 仅仅是两两元素对上层元素的比较，而 ANP 则综合考虑不同层次元素之间的信息反馈和同层元素之间的相互依存关系，因此比 AHP 复杂得多。

（2）优势度确定

ANP 中被比较元素之间可能相互依存而非独立，所以元素之间的比较将以两种方式进行：

直接优势度：两个元素对于给定准则的重要程度进行比较。

间接优势度：两个元素在给出准则下对第三个元素（称为“次准则”）

---

① 王莲芬，许树柏．层次分析法引论［M］．北京：中国人民大学出版社，1990：52.

的影响程度进行比较。①②

（3）ANP 结构的超矩阵与加权超矩阵构造

设 ANP 的控制层中有 m 个元素，记为 $p_1, p_2, \cdots, p_m$，网络层中有 N 个元素组，记为 $C_1, C_2, \cdots, C_N$，其中 C_i 中有 n_i 个元素，记为 $e_{i1}, e_{i2}, \cdots, e_{in_i}, i=1, \cdots, N$。构造判断矩阵时，以控制层元素 $p_s(s=1, \cdots, m)$ 为准则，C_j 中的元素 $e_{jl}(l=1, 2, \cdots, n_j)$ 为次准则，C_i 中的元素 e_{in_i} 按其对 e_{jl} 的重要度进行间接优势度比较。③

e_{jl}	$e_{i1}, e_{i2}, \cdots, e_{in_i}$	归一化特征向量
e_{i1}		w_{i1}
e_{i2}		w_{i2}
$\vdots$		$\vdots$
e_{in_i}		w_{in_i}

由一致性检验可知，上述特征向量如果满足相容性条件，则可作为网络元素排序向量（即权重）。同理，可以得到相对于其他元素的排序向量，由此得到一个矩阵如下：④

$$W_{ij}=\begin{pmatrix} w_{i1}^{(j1)} & w_{i1}^{(j2)} & \cdots & w_{i1}^{(jn_j)} \\ w_{i2}^{(j1)} & w_{i2}^{(j2)} & \cdots & w_{i2}^{(jn_j)} \\ \vdots & & & \\ w_{in_i}^{(j1)} & w_{in_i}^{(j2)} & \cdots & w_{in_i}^{(jn_j)} \end{pmatrix} \tag{2.2}$$

矩阵列向量代表元素 $e_{i1}, e_{i2}, \cdots, e_{in_i}$ 对 C_i 中元素 $e_{j1}, e_{j2}, \cdots, e_{jn_j}$ 的重要度排序向量。若 C_j 中元素不受 C_i 中元素影响，则 $W_{ij}=0$。把所有网络层

① T. L. Saaty. How to Make a Decision, The Analytic Hierarchy Process [J]. European Journal of Operational Research, 1990: 9-10.

② Metin Celik, I. Deha Er and A. Fahri Ozok. Application of Fuzzy Extended AHP Methodology on Shipping Registry Selection [J]. The Case of Turkish Maritime Industry, 2009: 59.

③ 王莲芬，许树柏．层次分析法引论［M］．北京：中国人民大学出版社，1990：88.

④ 尹建海．企业管理人员人力资本投资难货币化收益评价研究——基于网络层次分析法（ANP）的评价研究［J］．山东社会科学，2008（3）.

元素的相互影响排序向量组合起来，得到一个控制元素 p_s 下的超矩阵：①②

$$W=\begin{array}{c|c} \begin{array}{c} 1 \\ \vdots \\ n_1 \\ 1 \\ \vdots \\ n_2 \\ \vdots \\ 1 \\ \vdots \\ n_N \end{array} & \begin{pmatrix} W_{11} & W_{12} & \cdots & W_{1N} \\ W_{21} & W_{22} & \cdots & W_{2N} \\ \vdots & & & \\ W_{N1} & W_{N2} & \cdots & W_{NN} \end{pmatrix} \end{array} \tag{2.3}$$

式（2.3）中，矩阵 W 中每一元素都是一个矩阵，列和为 1。但却不是归一化矩阵，因此，以控制元素 p_s 为准则，对其下的各组元素对准则 C_j（$j=1$，2，…，N）的重要性进行比较，得到归一化排序向量：

C_j	C_1，C_2，…，C_N	归一化特征向量
C_1		a_{1j}
C_2		a_{2j}
⋮		⋮
C_N		a_{Nj}

得到一个新矩阵为：

$$A=\begin{pmatrix} a_{11}a_{12}\cdots a_{1N} \\ \vdots \\ a_{N1}a_{N2}\cdots a_{NN} \end{pmatrix} \tag{2.4}$$

把矩阵 A 与 W 相乘即可得到加权超矩阵：

$$\overline{W}=a_{ij}W_{ij},i=1,2,\cdots,N,j=1,2,\cdots,N \tag{2.5}$$

① 许树柏. 层次分析法原理［M］. 天津：天津大学出版社，1988：66.

② Ufuk Cebeci. Fuzzy AHP – Based Decision Support System for Selecting ERP Systems in Textile Industry by Using Balanced Scorecard［J］. Expert Systems With Applications，2009：55.

加权超矩阵的元素就是网络系统中各元素的权重。

（4）极限相对排序向量计算

网络分析中，为了反映元素之间的依存关系，需要对超矩阵 $\overline{W}$ 做一个稳定处理，即计算极限相对排序向量，计算公式见式（2.6）。[①]

$$\lim_{k\to\infty}(1/N)\sum_{k=1}^{N}\overline{W}^{k} \tag{2.6}$$

上极限值如果收敛且唯一，则 $\overline{W}^{\infty}$ 的第 j 列就是 p_s 下网络层各元素对于元素 j 的极限相对排序向量。

3. AHP 与 ANP 的比较

AHP 与 ANP 面对的都是无结构和半结构的决策问题，都是社会经济科技系统无法用数学模型进行精确描述的复杂性问题，这是 AHP 与 ANP 的共同特点。ANP 的理论支撑是 AHP，是由 AHP 发展而来的，而 AHP 又是 ANP 的一个特例。

AHP 处理的层次结构，是元素内部独立的递阶层次结构，AHP 简单易用，其缜密的理论基础决定了它能解决各种实际问题。而在实际的决策问题中，系统的元素更多地不是呈递阶层次结构形式，而是网络结构形式。网络系统中的某个元素集都可能相互影响，即系统中的每个元素都可能影响其他元素，系统中的每个元素又都可能受其他元素的影响和支配，呈现这种特征的决策层次结构，就用网络分析法来求解。

ANP 的网络层次结构相对于 AHP 的递阶层次结构来讲，显然更为复杂，既存在递阶层次结构，又存在内部循环相互支配的层次结构，而且层次结构内部还存在依赖性和反馈性。它与 AHP 的异同点如表 2.2 所示。

表 2.2　AHP 与 ANP 异同点对比表

	层次分析法 AHP	网络分析法 ANP
方法	分层的方式来解决复杂问题；采取定性定量相结合的方法	分层的方式来解决复杂问题；采取定性定量相结合的方法
算法基本思想	总—分—总	总—分—总；网络分析
结构关系	递阶层次结构，一般分为目标层、准则层和方案层；结构比较简单	网络结构，一般分为控制层和网络层；结构相对复杂

① 许树柏. 层次分析法原理［M］. 天津：天津大学出版社，1988：31.

续表

	层次分析法 AHP	网络分析法 ANP
元素关系	层次内部元素独立，一个元素隶属于一个层次；同一层次中任意两个元素不存在支配和从属的关系；不相邻层次的元素不存在支配关系	系统中任意元素或元素集可以相互影响
层次关系	相互独立	层次结构内部存在依存性和反馈性

（二）BP 神经网络法

BP 神经网络分析法（Back Propagation Neural Network）是 Rumelhart① 等设计的一种基于误差反向传播算法的多层前向反馈式神经网络，由输入层、中间层（隐含层）、输出层组成（如图 2.2），中间层可扩展为多层，具有一定的遗传学和学习能力，在机械、电子、人工智能、企业财务预警等领域应用较广。BP 网络能学习和存储大量的输入—输出模式映射关系，学习规则是使用最速下降法，通过反向传播来不断调整网络的权值和阈值，使网络的误差平方和最小。当一对学习模式提供给网络后，各神经元获得网路的输入响应，产生连接权值（权重），然后按较小希望输出与实际输出误差的方向，从输出层经中间层逐层修正各连接权值，回到输入层。此过程循环往复，直到网络的全局误差趋向给定的极小值，即完成学习过程。②

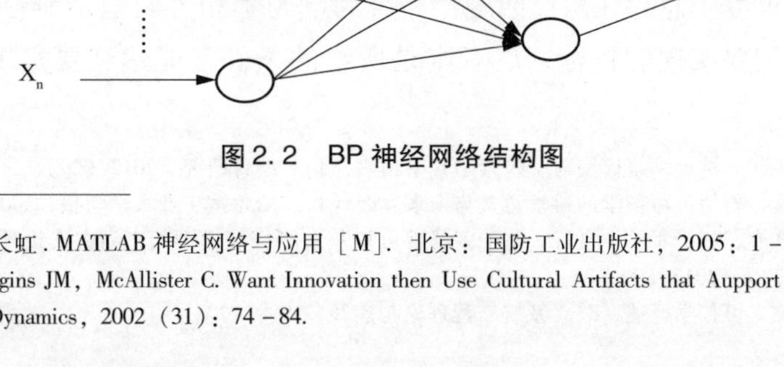

图 2.2 BP 神经网络结构图

① 董长虹. MATLAB 神经网络与应用［M］. 北京：国防工业出版社，2005：1－3.

② Higgins JM, McAllister C. Want Innovation then Use Cultural Artifacts that Aupport it［J］. Organizational Dynamics, 2002（31）：74－84.

神经网络分析具有自适应、自组织性、容错性等优秀品质，善于从近似的、不确定的，甚至相互矛盾的知识环境中做出决策，可以避开人为计取权重值和计算相关系数等环节。其主要优点在于其具有更大的灵活性，无须对模型的具体形式做出假设，并且可以自动识别解释变量间的交互项；但其缺点在于模拟过程是一个黑箱，估计参数不能得到直观的解释。①

（三）物元分析法

物元分析是思维科学、系统科学、数学三者的交叉边缘学科，是一门在经典数学、模糊数学基础上发展起来而又有别于它们的新兴学科，主要研究解决不相容问题的规律和方法，其研究的中心是“出点子、想办法”的规律、理论和方法。② 它的数学工具是基于可拓集合基础上的可拓数学，其逻辑基础是形式逻辑与辩证逻辑的结合，是描述人脑思维出点子、想办法解决不相容问题的工具，它带有很浓的人工智能色彩。③ 物元分析着重于应用，既可以用在“硬”科学方面，又可以用在“软”科学方面。

物元分析由我国学者、广东工学院蔡文副教授创立。1983 年发表了论文《可拓集合和不相容问题》，标志着物元分析的诞生。从此物元分析引起国内外许多专家、学者、教授的兴趣和关注。④ 中国模糊数学学会副理事长汪培庄教授指出：“它提出了一门介于数学和实验科学之间的新学科。”各大报刊在这方面也相继作了介绍，增强了其在国内外的知名度。美国经济学家、诺贝尔奖获得者西蒙（Heibeit Simon）教授也给蔡文致来贺信说：“我发现您对问题的论述是很有意思的，而且您的例子也是很有用的。”物元分析发展迅速、应用广泛，蔡文教授被国际会议多次邀请去介绍他的工作，所著《物元分析》一书，已由广东高教出版社出版。其研究成果被传播到美国、日本等地，日本著名的智能计算机专家山川烈教授申请加入了“广东物元分析研究中心”。

现实世界中总存在两类问题：相容问题与不相容问题，前者是所给的条件能达到要实现的目标，后者则是所给的条件不能达到要实现的目标，

① 孟生旺．神经网络模型与车险索赔频率预测［J］．统计研究，2012（29）．

② 蔡文，石勇．可拓学的科学意义与未来发展［J］．哈尔滨工业大学学报，2006（38）．

③ 王体春，杨爱军，卜良峰．基于多属性可拓灰关联决策模型的产品方案设计［J］．系统工程理论与实践，2013（9）．

④ 蔡文．可拓学概述［J］．系统工程理论与实践，1998（1）．

而要实现目标，就必须在现有条件下出点子、想办法，而物元分析正是研究求解不相容问题的规律与方法的理论。[①] 其突出的特点是“物元”概念的创立以及物元变换理论的构建，这为解决不相容问题提供了便利，“物元”是能够表征质和量有机结合的新概念，而不相容问题的求解必须同时考虑质和量，对质和量进行变换。[②]

物元分析作为专门研究如何处理难题的人脑思维的一种模型，将参与人工智能及与人工智能相关的学科，也要参与诸如军事决策、经济计划、企业管理、过程控制等这些大量出现不相容问题的部门中去。[③④] 研究表明，物元分析在很多领域已取得了较好的应用成果：用可拓决策方法对水资源进行评价；基于可拓物元法对创意企业的创造力进行评价；[⑤] 基于物元模型对包容性人力资源管理效能进行评价等。[⑥] 运用物元分析法对不相容问题进行评价的主要步骤包括：①根据实际问题确定物元与同征物元；②确定经典域、节域和待评物元；③计算距和关联度；④根据关联度确定物元评价类别。

三、评价理论及方法述评

从目前的研究现状来看，企业创新性的评价思路基本都是以“构建评价体系—确定权重—方法选择—综合评价”的思路开展的。通过对企业创新性的评价研究，明确企业的发展水平和存在的问题，为制定企业发展战略奠定坚实基础，有利于推动企业的持续、健康、可持续发展。首先，应该运用系统的思维方式，从企业的复杂系统构成出发，从内部和外部两个角度入手，构建一套全面、完整的评价体系，客观反映企业创新的基本构成；其次，鉴于创新型企业、双创企业及新兴技术企业是一种新型的企业

① 郭伟，柳晨静，潘芳．基于可拓工程法的区域发展差异综合评判［J］．统计与决策，2013（15）．

② 钟齐．基于物元模型的企业信用等级可拓学评价方法及应用［J］．统计与决策，2013（7）．

③ 王永林．关于可拓评价中几种关联函数的分析［J］．计算机工程应用，2010（12）．

④ 周泰，叶怀珍．基于模糊物元欧式贴近度的区域物流能力量化模型［J］．系统工程，2008（6）．

⑤ 陈亚丽，黄涛珍，张燕．基于可拓物元法的创意企业创造力综合评价［J］．华东经济管理，2013（2）．

⑥ 高宏．基于物元模型的包容性人力资源管理效能评价［J］．系统管理学报，2013（1）．

形态，应该着眼于企业自身的特色，提炼出企业自身所特有的相关指标，明确企业的特质；再次，由于企业的形成不是一蹴而就的，往往需要一个动态的演化过程，因此，关于企业创新性的评价应该既要关注眼前，更要放眼长远，用动态的眼光来客观评价企业；最后，应该理论结合实际，采用科学、合理的评价方法，客观地评价企业的发展水平，探明企业发展过程中的瓶颈所在，明确企业未来发展的方向和突破口。

层次分析法、网络分析法、BP 神经网络、模糊综合评价等方法均能构建评价体系和确定各指标权重。层次分析法基于比较元素间相互独立；网络分析法避免了层次分析法的局限性，能够对相关元素进行两两比较；BP 神经网络具有自适应能力，但模拟过程是个黑箱，估计参数难以得到直观解释；模糊综合评价在含有较多主观因素评价时有一定的优势。对企业进行评价，涉及指标较多，并且各指标之间具有相关性，考虑到数据获取可操作性，本书选取网络分析法构建评价体系，并赋予各评价指标以权重，结合物元分析法评价企业创新的有效性，锁定关键影响因素；提出企业成长路径建设性建议。

本章小结

本章主要探究了与企业创新成长相关的理论和理论述评。其中涉及的主要理论包括创新理论及生态经济理论，企业成长及生命周期理论，评价理论与方法。其中评价理论基于系统理论的研究，主要有主观评价和客观评价；评价方法常用的有层次分析法、专家评价赋值法、网络分析法、多级模糊综合评价法、物元分析法等，本章主要介绍了层次分析法(AHP)、网络分析法(ANP)、BP 神经网络法和物元分析法。相关理论的研究为后续研究奠定了坚实的理论基础。

[第三章]

新旧动能转换与企业成长机理阐析

新旧动能转换是社会经济发展的客观规律，其本质与供给侧结构性改革一脉相承，即注重发展社会生产力，提高生产的质量和效益。人类社会经过“原始社会—农业社会—工业社会—信息社会”的不断发展过程，表现出新旧动能不断迭代更替的发展过程。如今，经过 30 多年高速增长之后，中国经济发展进入“新常态”，经济增长动力、资源要素条件等都发生了较大变化，长期积累的结构性矛盾凸显，经济下行压力较大。新常态本质上就是由于传统的经济发展动能正在衰竭，需要寻找和培育新动能，实现经济发展的新旧动能有序转换。

第一节　实施新旧动能转换的内涵与路径

十八届五中全会提出“创新、协调、绿色、开放、共享”的新发展理念。李克强总理指出，推动经济结构转型升级必须加快新旧动能转换，新动能覆盖一二三产业，重点是以技术创新为引领，以新技术、新产业、新业态、新模式为核心，以知识、技术、信息、数据等新生产要素为支撑，体现了新生产力发展趋势，是实体经济发展升级的强大动力。[①] 新的发展理念，就是针对过去资源消耗型的旧动能，提出要培育经济发展的新动能，因此新动能充分体现了新发展理念的要求。培育新动能、实现新旧动能转换，不仅是落实中央提出的新发展理念和中央的战略部署，从实现经济发展阶段跨越的角度看，更是一件影响中国经济发展战略全局的大事。

---

① 李克强．落实新发展理念要求　加快新旧动能转换　持续推进经济结构转型升级［EB/OL］．http：//www.cpcnews.cn.

一、实施新旧动能转换的战略意义

需求矛盾的存在与传统资源优势改变预示着必须进行新旧动能有序转换。十九大报告指出，新的社会矛盾已经转变为“人民日益增长的美好生活需要和不平衡不充分的发展之间的矛盾”。传统人口红利资源优势的逐步减弱，进行创新发展、加快新旧动能转换成为推动经济发展的重要推动力。

第三次科学技术革命和第四次工业革命对经济发展带来机遇与挑战。中国的“新四大发明”——高铁、网购、支付宝、共享单车的快速发展，说明中国的影响力和经济实力在不断提高，这是科学技术革命和第四次工业革命带来的发展机遇。与此同时，以高投入、高消耗、高污染的传统发展模式受到威胁，正确处理经济发展与工业革命的关系，是促进经济持续发展的重要方面。

生态文明对经济发展模式转变的迫切要求。第四次工业革命——绿色工业革命，其特征和实质是大幅提高资源生产率，经济增长与不可再生资源要素全面脱钩，与二氧化碳等温室气体排放脱钩。在这样的情况下，传统的经济发展模式——以牺牲环境换取发展的模式是不被经济发展所允许且无法适应新的环境，转变经济发展模式迫在眉睫。生态文明建设是中国特色社会主义事业的重要内容，关系人民福祉，关乎民族未来，事关“两个一百年”奋斗目标和中华民族伟大复兴中国梦的实现。实现生态文明的健康可持续发展，转变经济发展模式、推动新旧动能转换迫在眉睫。

金融高杠杆给中国经济带来的巨大潜在威胁倒逼加快新旧动能的转换。改革开放后中国的经济得到了持续快速的发展，但由于对要素和投资的过度依赖，导致大量的政府债务、快速扩张的金融信贷以及投机性购买房地产的大幅增加使个人债务快速增长，三者共同作用形成金融高杠杆，使中国经济未来发展受到了很大的威胁，去杠杆，防风险，成为中国经济的头等大事。依靠扩张投资来实现经济发展的方式已经不再适用，通过提高资源使用效率和投资效率来实现经济的转型升级，加快新旧动能转换是必然选择。

经济新常态背景下，人口红利消失，生产要素成本升高，经济发展模式由劳动密集型转向集约型、可持续发展型，今后中国经济要想继续保持平稳较快增长，在新旧动能转换的关键时期，解决技术短缺尤为重要。技术创新的关键在于充分确立企业的主体地位，提升企业的核心竞争力，企业的创新与成长影响着创新型国家建设的步伐，左右着中国的话语权。

二、实施新旧动能转换的内涵

新旧动能转换的基本内涵是通过大力发展新技术、新产业、新模式、新业态为代表的新经济，改造提升传统动能的同时，加快培育壮大新动能，实现新旧动能的接续平稳转换，保持经济持续稳定健康发展。新旧动能转换的基本任务是：通过培育发展新动能，以信息经济、网络经济、分享经济、生物经济、绿色经济、创意经济和智能制造经济等为阶段性重点的新兴经济业态，逐步成为经济增长的新引擎；新兴经济业态进一步渗透到传统产业，制造业新模式、农业新业态、服务业新领域得到拓展深化，提升传统产业的产品和服务在全球价值链中的地位，使传统动能焕发新活力；新旧动能实现平稳接续、协同发力、此消彼长，主要依靠资源配置效率和全要素生产率的大幅提升，实现实体经济发展质量和核心竞争力显著提高，新的经济发展动力得到强化，新的经济结构和增长格局逐步形成。①

新旧动能转换是“新动能”对“旧动能”替代的过程，主要包含微观、中观和宏观三个层次的含义：② 第一，微观视角下，新旧动能转换应该是要素组合方式、要素利用效率、生产技术水平的组合所创造的增长方式的综合改变，从一种较低的平衡增长路径跃升至较高的平衡增长路径的动态过程。第二，中观视角下，新旧动能转换是地区、城乡、产业从非均衡增长向均衡增长转变的动态过程。第三，宏观视角下，新旧动能转换是整个社会由高速度增长向高质量发展转变的动态过程。

新旧动能转换具备三个特性：第一，新旧动能转换是质变的过程。新旧动能转换并不是技术、生产方式量变，而是社会整体生产技术的更新迭代、生产理念的重塑过程，是前期量变累积到一定水平和程度后所发生的质变过程。第二，新旧动能转换属于非平衡增长的过程。新旧动能转换包

---

① 余东华. 以“创”促“转”：新常态下如何推动新旧动能转换［J］. 天津社会科学，2018（1）：105－111.

② 杨蕙馨，焦勇. 新旧动能转换的理论探索与实践研判［J］. 经济与管理研究，2018，39（7）：16－28.

含三个阶段——转换前、转换中和转换后，其中转换前和转换后都会再次走上平衡增长路径，但是在转换的过程中，属于非平衡的变革过程。第三，从发展的角度看，新旧动能转换是高水平的平衡增长路径对低水平平衡增长路径的替代。新旧动能转换之后，社会的生产力水平得到大幅提升，生产理念也实现飞跃，带来更高水平的生产能力。

新旧动能转换的目的是实现更高水平的平衡增长路径、更加均衡的增长和高质量的发展，那么必然经历较为痛苦的转换过程。第一，较低的平衡增长路径中，旧动能效率稳步提升，此时旧动能由于长时间被掌握所形成的高技术效率特征，仍然在经济增长中发挥重要的促进作用；新动能仍然处于孕育发展阶段，并且新动能形成初期虽然具有较高的技术水平，但是技术效率并不高，所以综合来看对全要素生产率的促进作用可能会低于旧动能所带来的作用。从社会发展来看，新动能并不能大规模替代旧动能。第二，新动能逐步替代旧动能的发展阶段。随着新动能的不断发展，“干中学”、知识积累、经验诀窍的掌握，能够促进新动能生产效率的快速提升，新动能能够带来较高的全要素生产率的提升，促进经济高质量发展。在过渡到这一阶段时，旧动能将会逐步退出，新动能逐渐成为促进经济增长的重要力量。第三，达到较高平衡增长路径的发展阶段。随着新动能应用到经济社会的各方面，新动能已经成为主流，进而进入较高的平衡增长路径中。第四，新旧动能转换并不是一蹴而就、一劳永逸，而是需要持续的动态调整过程。新的一轮更为先进的新技术、新产业、新业态、新模式逐渐孕育，带来新一轮的新旧动能转换过程。

三、实施新旧动能转换的路径

鉴于此，对企业创新性影响因素及成长路径进行研究，构建企业创新性评价概念模型，围绕企业生命周期论对企业创新性进行动态评价，具有重要的理论实践价值。

（一）企业体制机制创新引领新旧动能转换

1. 加强顶层设计，实施“一把手创新工程负责制”

基于深化创新型国家建设的现实需要，以及创新内在规律性决定创新的高投入、高风险性，加强顶层设计，实施政府部门一把手的组织、协调和监督，将有助于创新投入的加大、创新人才培育的引进、创新平台的搭建、创新重大项目的决策实施、创新氛围的形成以及创新体制机制的改革等工作的开展。同时，加强“一把手创新工程”考核激励监督制度建设，辅以科学的“重大创新工程项目决策失误免责制”，强力推进创新型企业、双创企业及新兴技术企业建设，引领新旧动能转换。

2. 深化科技供给侧改革

建立科技供给有效性投入机制，通过财政拨款、政府制定融资担保、税收优惠、政府采购等优惠政策加大对企业、高校和研究机构的 R&D 投入，提高企业科技人员人均 R&D 经费支出，刺激全国 R&D 投入总量及投入强度，增强规模以上大中型工业企业和民营企业创新活力，实现与创新需求有效对接。建立科技供给有效性评价制度，建立区分各类创新成果的商业价值与学术价值评价评级标准，明确有效、可转化的科教成果，并给予相应的创新投入。建立科技供给有效性提升机制，建立科技成果项目库和信息发布系统，促进科技成果转化，及时动态发布符合产业转型升级方向、投资规模与产业带动作用大的科技成果包，建立网上技术供给市场与技术创新需求服务平台。拓宽成果转化渠道，加强科技成果从“所有方”向“使用方”流动的承载体建设；完善成果转化平台基地，以高新区为依托，建立一个集产业、资金、研发、转化、孵化、中试、生产、信息、咨询为一体的成果交易、转移、产业化基地，为科研成果向现实生产力转化提供核心支撑平台。

3. 优化创新管理体制机制

充分发挥创新型科技创新领导小组职能，梳理现有创新管理体制机制，整合现有分散于各大部门的创新政策，形成系统统一的“1 + X”创新政策体系。[①] 制定创新型企业科技创新年度计划，协调组织落实各项创新计划、创新活动。增强各企业科技管理机构的实力，明确科技创新职能职责；优化科技管理人才队伍，提升创新管理服务能力。建立政策制度评价更新机制，及时评价现有政策的时效性、针对性和可操作性；及时发现政策盲区，以保障创新活动有章可循。建立省内创新多方协调机制，

① 侯仁勇．“创新湖北”建设的成就及建议［N］．湖北日报，2017 - 06 - 18.

打破条块分割，拆除部门之间的合作障碍，建立健全“开放、流动、联合、竞争”的运作机制，促进科研院所、高校和企业科研机构之间多种形式的联合，促进知识流动、人才培养和科技资源共享。建立专利管理机制和保护制度，增强创新人才创新成果的获得感。

(二) 新兴技术企业加强产业集聚促进新旧动能转换

1. 培育壮大新兴产业

围绕新兴信息产业、智能制造、节能环保、新能源、生物健康等领域，跨区域科学布局战略性新兴产业，完善产业链，形成上下游联动、分工合理的特色产业带和产业集群，促进产业结构转型升级、新旧动能转换，形成新兴技术企业建设新动能。推进“核心创新区域研发、中试—异地制造”模式，发挥核心技术企业在战略性新兴产业领域的研发、设计、中试优势，并引导国内外战略性新兴产业类制造企业在全国范围内合理布局，在全国各城市、各市县合理分工建设产业集群、产业化基地，做大做强战略性新兴产业。

2. 培育新兴技术企业创新主体

政府大力引导民间资本、创新要素向新兴技术企业集聚，通过对新兴技术企业专利发明、技术改造、技术创新中心建设和人才引进等的税收减免、直接补贴等优惠政策，推进“政、产、学、研、金、用”协同创新，营造新兴技术企业生态环境，培育更多新兴技术企业创新主体，提升新兴技术企业 R&D 能力，加快推进产业转型升级，促进新旧动能转换。支持中小微企业申报技术创新项目、专利、驰名商标等，组织实施一批中小微企业自主创新和转型升级项目，引导企业向“专、精、特、新”方向发展。鼓励高等院校、科研院所、重点实验室、企业（工程）技术中心、成果转化服务中心等组成网络化服务体系，对中小企业开放科技资源并提供技术支持。①

3. 引进培育创新人才

大力引进科技人才、推进培育新兴技术企业家人才和领军型企业家人

---

① 侯仁勇. “创新湖北”建设的成就及建议 [N]. 湖北日报，2017－06－18.

才、留住高层次人才和高学历人才。实施“千人创新创业人才计划”，对符合标准人才发放“千人创新创业人才计划”人才服务绿卡，享受项目奖励、解决配偶安置、子女就学问题，优先申报专业技术职称、优先推荐申报省政府特殊津贴等优惠政策。多出台具有吸引力的突破性人才政策，优化人才测评方式、健全人才激励保障机制，强化知识产权保护，引进并留住高层次、高学历人才，对于海外高层次人才，设立新兴技术企业引进海外人才专项资金给予资助。同时积极实施人才引进计划，对于高层次人才税收享受国家优惠政策，提供落户、安家补贴，给予生活保障，解决后顾之忧。

（三）企业创新能力提升加快新旧动能转换

1. 全面推进各类创新平台建设

一是搭建协同创新平台。建设专门的产业承接基地和产业协作飞地，鼓励文化事业单位开设分支与机构；二是搭建科技创新平台。政府牵头，企业与高校共同参与建设产业技术研究院，加速成果转化，以农业发展为依托的市县设置农业科技集成与示范基地，同时鼓励规模以上企业产学研结合建设企业创新平台；三是搭建资源共享平台，为创新型企业提供信息查询、管理咨询、创业辅导等服务，开展精准创新。

2. 全面建立新兴技术企业研究中心

依托高校、科研院所，整合创新人才资源，加强对新兴技术企业政治、经济、文化、社会全方位综合研究。以政策研究咨询为主要任务，进行数据收集、整理、保存和传播工作，建立全面、准确、动态的研究信息系统，并定期发布某一新兴技术企业的研究发展报告，及时发现发展中的问题，动态调整新兴技术企业创新计划与行动，服务新兴技术企业创新发展。

3. 全面推进园区校区联动

充分发挥中关村科技园区、上海市张江高科技园区、武汉东湖高新区等国家级高新区、开发区的引领作用，构建要素聚集、资源共享、产业上下游高效衔接、互利共赢的园区链。

（1）加快高新区一区多园建设

高新区可通过产业协作、品牌共享、技术输出、管理模式输出等方式加强示范带动作用。扩大示范区的辐射效应，将可复制、可推广的先行先试试点政策推广到各市县科技园区，建立“园外园”，加强产业、技术、人才对周边区域输出。

（2）实现区—区、区—园对接

本着“长期合作、产业相近、优势互补、资源共享、互惠互利”的原则，国家级高新区、开发区与本市或其他县市的高新区、园区进行对接，建立双向结对机制，实现双方共同繁荣发展。

（3）推进环高校产业带建设

各市县根据区高校资源状况推进环高校产业带建设，统筹环高校科教资源，实行开发区式管理，享受开发区的各项扶持、优惠政策，鼓励高校创新团队成立学科型公司和创意工作室；在产业带内设立“一站式”创业管家服务中心，为创业企业提供全程服务，打造“无障碍创业”环境，将环高校产业带建设成为自主创新核心区、科学发展模式示范区。

第二节　新旧动能转换的阶段性与经济发展变化

新旧动能转换本质上是通过创新加快旧动能向新动能转换的步伐，促进经济稳步发展。新旧动能转换具有一定的阶段性，不同阶段经济增长方式不同，产业结构也存在着差异。党的十八大以来，中国经济发展呈现新常态，以新发展理念为引领，深化供给侧结构性改革，产业结构实现转型升级，经济社会实现持续健康发展。

一、新旧动能转换阶段性划分

中国经济增长阶段的不同以及各阶段约束条件的变化，使生产要素的配置发生了变动，影响产业结构转型升级，导致新旧动能转换。从本质上讲，新旧动能转换与产业结构转型升级相互促进、相互支撑，二者共同促进经济发展方式稳步健康发展。国内学者从旧动能阶段、新旧动能转换阶段和新动能阶段三个方面对中国新旧动能转换进行了划分。

（一）旧动能阶段

旧动能主要指的是传统产业和传统经济模式，传统产业又被称为传统行业，主要指劳动力密集型的、以制造加工为主的行业，如制鞋、制衣服、光学、机械、制造业等行业。发展劳动密集型产业是中国国情的客观要求，是中国经济发展不可逾越的阶段。该时期经济增长方式主要借助于丰富的农村剩余劳动力资源，立足于“生产要素成本低”这一基本国情和比较优势，造就了以传统产业为主体的产业结构。改革开放以来，发展劳动密集型产业已与新经济发展方式以及产业结构转型升级的要求不相吻合，向新旧动能转换阶段过渡实属必然。

（二）新旧动能转换阶段

新旧动能转换阶段的主要体现是经济发展方式由旧动能向新动能转换的过渡。原来的劳动密集型产业已不能满足新经济的发展，对资源使用效率和方式的关注是该阶段经济增长方式的主要研究内容，随着传统产业向新兴产业的过渡，政府亦强调要把经济工作的重心转移到提高经济效益的轨道上来，经济增长方式也应从粗放型经营转变为集约型经营。为了促进产业结构转型升级，经济学界提出要变“消耗型”增长模式为“效率型”增长模式，变“速度型”增长模式为“结构型”增长模式、实现从“数量型”经济向“质量型”经济的转变。经济新常态下培育壮大新兴产业，改变经济发展方式，调整产业结构，更加有利于中国经济的快速稳步发展。

（三）新动能阶段

新动能阶段的特征体现在技术供给由引进吸收向自主创新转换，大力推动高端制造、生物医药、绿色低碳、数字创意、新能源、新能源汽车等战略性新兴产业发展，利用新技术、新模式、新业态改造升级传统产业。该阶段必须优化创新生态环境，完善创新体制机制，深化科技创新供给侧改革，推动“大众创业，万众创新”，激励勇于创新的企业家精神，实现资源优化再配置，加速产业结构转型升级，发挥经济体制改革牵引作用，推动经济社会持续健康发展。

二、新旧动能阶段性特征

改革开放以来，中国经济体制持续改革，对外开放不断深入，经济发展速度由高速向中高速转化，经济发展进入新常态，下行压力加大。目前，中国经济仍处于增速换挡、经济转型、深化供给侧结构性改革的阶段，在此阶段最重要的任务是要加快培育新动能，实现新旧动能有序转换。新旧动能转换不同阶段，经济发展方式呈现出不同的阶段性特征。

（一）经济增长方式转换

旧动能阶段的传统经济增长方式主要得益于充裕的劳动力资源和低廉的生产要素成本，但随着经济的迅速发展，市场供需格局也发生了转变，一般性消费品和生产资料普遍供不应求的时代基本结束，全面买方市场格局初步形成，经济增长方式也随之转变。首先，经济增长方式从以数量扩张为特征的粗放型增长转变为以质量效益为特征的集约型增长方式；其次，政府宏观调控目标从有效控制物价、抑制需求膨胀和限制投资转向促进经济增长、扩大消费需求、创造就业机会和保持社会稳定。① 最后，产业结构调整从协调比例关系转向促进产业结构优化和升级。

（二）产业结构发生改变

随着经济结构优化升级，三次产业结构从旧动能阶段的“二三一”结构转变成现阶段的“三二一”结构，发生了战略性改变。许多产业内部结构也发生了质的改变，如传统制造业致力于通过降低环境污染、减少能源消耗等方式实现产品层次提升和产业结构转型升级。新旧动能转换阶段战略性新兴产业发展迅速，低能耗、高附加值产品应运而生，较强竞争力企业规模不断扩大。

（三）工业化进程演进

从反映工业化阶段演进的人均收入水平、三大产业产值结构和就业结构的变化来看，21 世纪初中国工业化进程已跨越初级阶段，进入中级阶段。现阶段，中国主要通过推进工业结构升级来带动工业增长质量和提高国际竞争力，加快传统产业的技术改造和新兴产业的发展，推进城市化、市场化与工业化的协调发展，大力提高第三产业产值占国内生产总值的比

---

① 余斌．中国经济发展的阶段性特征与经济增长前景［J］．经济研究参考，2003（1）．

重，以进一步推进工业强国的建设。[①]

三、新旧动能转换前后经济发展变化

（一）资源要素优势的改变

过去几十年，在旧动能的引领下，中国经济增长模式可以概括为资源消耗性、劳动密集型、环境污染型、大量投资型、中低端产品大量出口型、房地产拉动型和改革促进型，即中国几十年来经济增长主要得益于显著的人口红利和其他自然资源投入、大量投资、大量中低端产品出口、大量房地产投资和改革拉动的。该时期中国经济高速增长，靠的是富裕的农村剩余劳动力和低廉的生产要素成本，当然，也有技术进步的巨大贡献。该时期中国经济发展依靠旧动能的现状，依赖于中国经济发展的阶段性和约束条件，中国拥有世界上最多的人口，但是技术落后、教育落后，只能大量利用劳动力，依靠大量资源投入，当然也只能发展中低端产业，大量出口中低端产品，这些必然导致能量消耗和环境污染。这一时期所有的增长和发展的原动力均来源于“改革”，包括观念创新和体制改革，尤其是经济体制改革。

近年来，新技术、新产业、新业态、新模式的“新动能”不断涌现，在需求方面，消费者消费结构的转变促进了主要包括服务业的第三产业的发展，刺激了国民生产总值的明显提升。这一转变间接地改变了国内资源市场的配置方式及效率，从而引起了资源需求数量和相对价格的变化。

（二）需求结构和水平以及对供给结构和水平要求的变化

在十九大报告中，习近平总书记指出，中国特色社会主义进入新时代，我国社会的主要矛盾已经转化为人民日益增长的美好生活需要和不平衡不充分的发展之间的矛盾。中国经济如今处于全面建成小康社会的最后阶段——攻坚期。这一关键时期消费结构的变化十分明显，主要表现在消费者对物质文化需求得到满足，更加注重追求精神、健康、文化方面的生活追求，这一需求结构的改变，促使消费对经济增长的拉动力在逐步增强，新的消费热点向休闲旅游、健康养老、文化教育转移。

---

① 余斌．中国经济发展的阶段性特征［N］．中国经济时报，2002-04-27.

在中国经济进入发展新常态的背景下，经济增长速度由高速增长转化为了中高速增长，为了适应消费者消费结构的变化，如今落后的供给结构和水平已将开始向增加供给的质量和效益转变，即加快供给侧结构性改革，满足消费者对健康精神和美好生活的追求。这一变化是消费和供给结构相辅相成共同促进的过程。

（三）经济增长空间的明显扩展

在经济转型期，中国经济国内、国际增长的空间都在不断扩大。一方面，国内增长空间的扩大主要表现在：中心部地区经济发展平稳增长，缩小了与东部地区的发展差距。中西部地区经济增长速率的提高主要依靠正在形成的新的增长极或活跃区域，在国家的支持下，中西部市场需求较之前有明显的增长，激发了中西部地区经济的活力，对经济稳健增长有良好的经济意义。另一方面，国际经济增长空间的扩大主要表现在：中国特色社会主义进入新时代的基本国情下，中国科学技术和经济的发展取得了世界瞩目的成就，明显拓宽了经济和科技的发展视野。中国政府和企业关注的不仅仅局限在中国市场，而是越来越以全球的视野来协调市场的发展，旨在促进全球经济的复苏和平稳增长，进一步带动国内经济的优化发展。

（四）机遇和挑战的转变

面对世界经济复苏乏力，国内经济发展进入新常态，传统产业对经济增长的促进作用处于相对乏力状态，为了适应新的经济政策，有效稳健地促进经济增长要依靠科技的创新，这一追求已经成为人们的共识。如今的世界正处于重大科技革命时代，第四次工业革命的来临促使新机遇、新挑战的产生。从世界经济的角度来看，新科技革命的到来会引导世界各国工业格局更加顺应时代发展的要求。在这一经济转变的关键时期，只有抓住机遇，把握时机，注重科技的发明与应用，中国经济才会出现质的飞跃。所以，中国要在这强有力的国际经济背景下，更加注重创新创业，紧随世界科技革命的步伐，才会走在世界的前列。

（五）对生态文明的不断追求引发经济增长模式的改进

在第十八届中央委员会第五次全体会议提出的五大发展理念中，“绿色”发展理念引起了中国政府和企业的重视。在中国传统的产业中，重工业比重大，致使传统经济增长模式的主要着力点与“绿色”发展理念相违背。“绿色”发展理念通过实现经济长久稳健发展与生态文明建设相融合。习近平总书记针对生态文明建设提出了“两山论”，这说明了中央是高度重视绿色协调发展，也加强了对生态文明建设的信念追求。

为了适应现阶段人们对生态环境的要求，在新阶段，我们必须从根源上改变以生态环境破坏为代价的经济发展模式，大力实施绿色协调发展，推进生产方式和生产要素从源头上的改革，极力寻找符合“绿色”发展理念的新动能。

（六）中国经济巨大潜在压力的变化

中国经济发展总体上是稳中有进，人口和经济总量大，产业体系相对健全且稳定性好。但由于在过去的市场经济发展中，传统企业对要素驱动和投资驱动过度依赖致使政府处于资不抵债的局面；房地产市场的迅速发展使得投机性购房大幅提升，增加了个人信贷的比例。为了满足人们的各种投资需求，中国金融信贷的扩张速度和规模也在不断扩大。这些原因导致了金融市场上的高杠杆现象，这一现象的存在使得中国经济持续长久发展的历程面临更大的风险。面临这一风险，中国倡导以去杠杆、防风险的方式追求经济的可持续发展。因此，过去以大规模扩张性投资为主要手段的经济发展方式将逐渐被淘汰，同时政府将实行稳健的经济政策，在发展中寻求有效的发展途径，通过创新产业来提高劳动要素生产率和资源的利用率，从而实现中国经济的转型升级。

第三节　新旧动能转换与企业成长机理阐析

一、创新与成长关系模型

熊彼特在1912年首次提出了创新的概念。所谓“创新”，就是建立一种新的生产函数，把从来没有过的关于生产要素和生产条件的新组合引入生产体系。熊彼特将创新视为经济增长的内生因素，认为创新和发展并非从外部强加而来，而是内部自行发生的变化。这实际上强调了创新的本源驱动和核心地位，创新学说开始逐渐向企业成长研究领域渗透。

创新是一个系统性概念，根据创新对象的不同，可分为技术创新、知识创新、组织创新、制度创新等。技术创新是指企业应用创新的知识、新技术和新工艺，开发生产新的产品、提供新的服务。技术创新又包括产品创新及工艺创新；知识创新是指通过科学研究，包括基础研究和应用研究，获得新的基础科学和技术科学知识的过程，知识创新和技术创新是企业创新的主要方面，两者间存在着复杂的交互作用；组织创新是企业组织和管理手段创新，包括组织形式的多元化，管理手段和工具的现代化以及已有资源的整合等；制度创新是指通过在现有的产权、分配等制度间做出协调以降低交易成本的制度安排。①

作为现代经济活动的微观主体，企业的成长是宏观经济的具体表现，是整个宏观经济发展的缩影，对于保持经济稳定增长、提供充分的就业岗位、进行自主创新和实现经济发展方式的转变具有至关重要的作用。创新理论认为，未来的垄断租金吸引着企业进行创新，企业通过创新来改变市场结构，使企业拥有一定的市场垄断权利，垄断租金又推动厂商进一步创新。工艺创新可以提高劳动生产率，产品创新能使企业及时应对市场的变化。因此，创新可以帮助企业及时把握市场机遇，有效提升成长绩效。

总体而言，技术创新对企业成长的驱动力既与产业的技术特性有关，又与企业的生命周期密切相关。

二、新旧动能转换与企业成长机理

企业创新能力的提升能够提高企业的核心竞争力，是新旧动能转换的关键驱动力，同时在创新的每个环节，都有知识、技术、信息、数据等新生产要素的不断投入，形成一个动态的整体，在经济循序渐进发展中实现新旧动能转换。在资源枯竭的约束力、环境负效应的压力下，各企业为了在效益追逐和竞争中占据优势，不得不主动创新，寻求技术进步，因此新旧动能转换的根本落脚点在于创新驱动。②

---

① 汪建，赵驰，周勤．基于创新驱动的企业成长研究综述［J］．江苏社会科学，2012（4）：69－74.

② 王伟，孙雷．区域创新系统与产业转型耦合协调度分析——以铜陵市为例［J］．地理科学，2016，36（2）：204－212.

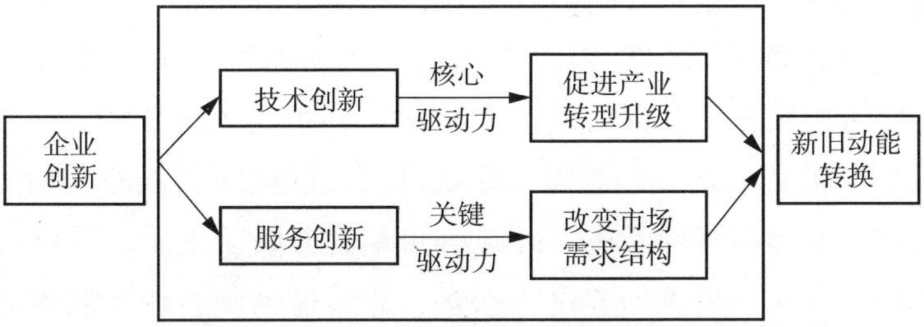

图 3.1 企业新旧动能转换创新动力源

（一）技术创新对新旧动能转换的影响

技术进步对新旧动能转换具有至关重要的作用。当外生制度一定时，经济增长主要依靠生产要素的投入和技术进步。随着自然资源的减少和人口红利的消失，技术进步成为推动经济增长的主要动力。传统产业与新兴产业的交替过程，实际上就是依靠技术进步改造旧动能和培育新动能，在新旧动能此消彼长的过程中调整产业结构，促进经济可持续发展。中国近30多年的高速经济增长，主要依靠投入要素数量的增加驱动，实现经济总量的扩张；当前资源和环境约束日益突出，技术创新对经济增长的作用日益明显。因此，要加快实施创新驱动发展战略，要求企业加大技术研发投入力度，攻克技术发展瓶颈和难关，再以新技术大力改造传统产业，积极培育新的增长动力，最终实现经济质量和效益的提升①。

（二）服务创新对新旧动能转换的影响

随着经济全球化进程的推进和网络信息技术的快速发展，市场竞争变得日益激烈和残酷，消费者需求逐渐向个性化、多样化转变。单纯的生产活动和传统的生产销售方式已经难以满足消费者的需求。企业作为市场的主体，在拉动市场需求、促进经济增长方面处于至关重要的地位，必须不断提高自主创新意识。

服务创新是企业升级传统动能转换的动力源泉之一。尽管传统产能相对成熟且拥有较大市场份额，但企业要看到市场趋势，在产业发展过程和

① 孙丽文，米慧欣，李少帅．创新驱动新旧动能转换的作用机制研究［J/OL］．河北工业大学学报（社会科学版）：1－16［2018－09－16］

市场竞争中随时关注消费者的需求变化，并预测未来消费者需求的可能变化，只有这样才能抓住机遇，发现商机。比如海尔，不仅致力于产品创新，也高度重视家电服务创新，以至在上一个时代的30年中，海尔服务就是“好服务”的代名词。随着海尔集团进入互联网时代战略转型阶段，海尔服务也在加速向互联网靠拢，以诚信和专业为撬动支点，践行“企业平台化、用户个性化、员工创客化”探索，并通过创新智能互联服务、推出海尔服务APP等战略措施实现了家电服务模式上的全面领先。因此，要充分释放企业创新潜力，打造高技术含量、高附加值的优势产品，主动顺应并占领市场，力求服务创新实现新旧动能转换。

本章小结

本章首先介绍了新旧动能转换的战略意义、内涵和路径；然后分析了中国新旧动能转换阶段与经济发展变化情况；最后从企业技术创新和服务创新的视角，对新旧动能转换与企业成长机理进行阐析。

「第四章」

企业创新性影响因素甄别

甄别企业创新性影响因素是构建企业创新性评价体系的关键。本章首先对国内外企业创新性评价体系进行比较研究，分析国内外企业创新性的发展状况，然后针对企业创新性具有的特点设计调查问卷，采取随机抽样法选取调查样本对调查问卷进行施测，对调查问卷的结构、调查结果分别进行效度检验和信度检验，根据实地调查结果确定出28种企业创新性的主要影响因素。

第一节　企业创新性评价体系对比研究

一、国外企业创新性评价体系研究

（一）国外企业创新性评价研究

关于企业创新性评价，国外学者大多从技术创新、组织创新、制度创新等方面展开研究，典型学者有 Tornatzky，Fleisher，Drucker，Meyer 和 Goes 等。Tornatzky 和 Fleisher（1990）认为，企业创新性的影响因素主要有三个方面，在他们联合提出的“技术—组织—环境”理论（Technology – Organization – Environment，TOE）中指出，技术因素、组织因素和环境因素是三大企业创新性影响因素。其中，技术因素包括企业内部现有技术和外部市场上仍未被企业引进适用的技术以及企业内外部技术的对比，通过对比企业创新性能够弥补自身技术缺陷，并以此不断提升其核心竞争力。组织因素指的是传统上组织的一些与资源利用和采纳相关的特征，包括组织范围及规模、管理组织特性、人力资源情况、管理结构及集权化程度、其他组织内部可利用的相关资源等。环境因素主要是指该组织开展业务或活动所处的宏观环境，包括企业所在的宏观行业环境情况、竞争强度和分析、政府环境和社会环境等。① 他们认为企业的发展既受内部技术、组织驱动力的影响，又受外部宏观经济环境牵引力的影响。Drucker 从知识管理视角研究企业创新，认为企业创新是一项系统工程，创新过程存在规律性，是一种系统化的管理过程，而管理过程的关键是企业知识识别能力、获取能力、吸收能力和转化能力的提升，新时代的企业应具备获取并发掘创新机会的能力，通过学习不断吸收新知识并转化为自身有用的知识信息。Meyer 和 Goes 则主要从组织创新方面对企业创新进行了研究，他强调组织创新过程是创新技术在组织中经历评估、决策、采纳、实施，并使创新同化于组织中的过程，创新技术被组织同化取决于创新技术本身属性、创新技术与原有技术间的相互关联度以及两者间相互关系等三个基本前提条件。由此大致看出，国外关于企业创新的研究历经宏观环境创新、中观行业组织创新、微观企业内部技术创新等层面。

（二）欧美国家企业创新性评价体系研究现状分析

1. 欧洲创新记分牌

欧洲企业创新性评价体系主要通过欧洲创新记分牌进行评价，欧洲创新记分牌（European Innovation Scoreboard，EIS）由欧盟推出，旨在对欧盟国家、其他欧洲国家和区域邻国的创新绩效进行比较分析，它评估了欧盟各成员国的相对优势和弱势，利用国家创新系统，帮助各成员国确定它们需要解决的领域。② 欧盟通过创新调查搜集整理创新记分牌数据，运用科学方法构建 EIS 评价指标体系，包括人力资源，新知识创造，知识转移和应用，创新收益、产出和市场 4 个一级指标；工科毕业生比例、受过高等教育人口比例等 22 个二级指标，具体如表 4.1 所示。

---

① 朱丽献，李兆友．企业技术创新采纳的国外研究述评［J］．东北大学学报（社会科学版），2008（11）．

② 廖玲．我国创新型企业评价指标体系研究［D］．重庆大学，2011.

表 4.1 EIS 评价体系构成①

一级指标	二级指标
人力资源	工科毕业生比例（20～29 岁） 受过高等教育人口比例（25～64 岁） 长期学习人口比例（25～64 岁）中高技术和高技术制造业的就业人口占全部劳动力比例 高技术服务就业占全部劳动力比例
新知识创造	政府 R&D 支出占 GDP 比例 企业 R&D 支出占 GDP 比例 每百万人 EPO 高技术专利申请数 每百万人美国专利局高技术专利授权数 每百万人 EPO 专利申请数 每百万人美国专利局专利授权数
知识转移和应用	自主创新中小企业占全部中小企业比例 合作创新中小企业占全部中小企业比例 创新支出占销售收入比例 运用非技术变革中小企业占全部中小企业比例
创新收益、产出和市场	高技术风险投资比例 早期风险资本占 GDP 比例 市场新产品销售收入占全部销售收入比例 企业新产品但非市场新品销售收入占全部销售收入比例 互联网便利性 ICT 支出占 GDP 比例 制造业附加值占高技术部门比例

资料来源：根据《21 世纪创新工作组报告》整理。

欧盟将上述 EIS 评价指标体系合成“综合创新指数”（Summary Innovation Index，SII），用以评价各成员国的创新绩效。评价过程中发现，欧美国家与亚洲（日本）创新绩效的主要差距体现在三个指标上：专利数、企业 R&D 支出、受过高等教育人口比例，即主要是人力资源和新知识创造方面的差距。2005 年，欧盟与联合研究中心（Joint Research Centre，JRC）密切合作，进行 EIS 第五次修订，EIS 评价指标体系中的二级指标由 22 个增加至 26 个，一级指标由原来的四类增加为五类。欧盟创新记分牌涵盖瑞典、丹麦、芬兰等 25 个成员国，瑞典是欧盟创新领导者，立陶宛、马耳他、英国、荷兰和奥地利是增长最快的欧盟国家。全球比较，欧盟的

① 欧盟成员国．欧洲创新记分牌 EIS，2004.

创新绩效正赶上加拿大和美国，但领先于韩国和日本。在欧洲，创新记分牌最新版本于2016年7月14日发布，欧盟成员国数量增加到28个。

《2017欧洲创新记分牌》研究报告对以前的研究框架做了重大调整，以便使创新维度与政策变化相一致，此版报告从4个方面、10个维度、27个指标对欧盟28国的创新表现做了梳理和分析。其中“4个方面”包括“框架条件”（企业外部创新绩效的主要驱动因素）、“投资”（公私研发创新投入）、“创新活动”（企业层面的创新活动）与“影响力”（企业创新效果）；“10个维度”指的是“人力资源”“财政与支持”“创新者”“就业影响”等；“27项指标”涵盖“新博士毕业生数量”“受高等教育人数在总人口中的占比”“终生学习”等。通过整理将各分项表现合成后计算出了欧盟整体与各成员的综合创新指数，并依据SII将欧盟成员从高到低依次划分为创新领导者、强力创新者、中等创新者和适度创新者。

（1）EIS研究方法和步骤

2005年EIS方法论报告提出了EIS的研究方法，包含修订欧盟创新记分牌中的创新指标和SII以及由其得到的国家排序结果的稳健性分析两大主题，又细分成5个主题和12个步骤。①

第一个主题是概念框架的识别，包括1－2两个步骤：指标识别和指标确定；第二个主题是评价指标的选择，包括3－5三个步骤：指标相关性统计分析、主要因素和指标决定、指标评估和形成；第三个主题是数据的前期处理，包括6－8三个步骤：完整数据库获取、技术标准化探索、权重方案探究；第四个主题是综合创新指数评估和稳健性分析，包括9－10两个步骤，其中步骤9是运用不同权重方案和规范化技术计算SII，步骤10研究了采用单一归因方法对创新指标进行趋势分析；第五个主题是结论，包括11－12两个步骤，总结了稳健性分析的主要发现和2005年EIS的现有结论。

（2）欧盟创新记分牌评价体系②及评价

根据EIS研究方法和计算步骤筛选出反映创新活动的26个指标，欧盟理事会将这26个指标分成创新驱动因素、知识创造、企业创新、技术应用

① 丁明磊．国家创新能力的评价指标与国际比较研究［D］．大连理工大学，2007．

② 赵莉晓．欧洲创新记分牌（EIS）2007报告概述及其启示［J］．科学学研究，2008，26（S2）：532－537．

和知识产权五类，并把这五类指标编为创新投入和产出两个部分。创新投入包括前三类指标，创新产出部分包含技术应用和知识产权两类指标。创新驱动因素主要考察与创新相关的人力资本与基础设施；知识创造主要衡量研发活动的投入情况；作为知识经济成功的关键因素，企业创新则是通过分析参与创新的企业数量与企业创新投入强度，以及信息通信技术（ICT）投资情况反映企业在创新活动中的投入；技术应用主要考察企业采用高技术带来的新价值，此外还将参与高技术生产活动的人员纳入考察范围，从企业活动和劳动力方面考察创新带来的价值增加；知识产权主要考察专利、商标、外观设计的人均占有量。①

欧盟根据以上指标计算各成员国的 SII，由 SII 的高低将欧盟各成员国分成四类，领先国家、中间国家、追赶国家和落后国家。评价结果显示：领先国家主要包括瑞士、芬兰、瑞典、丹麦、德国、美国和日本，它们的 SII 值较高；法国、卢森堡、爱尔兰、英国、荷兰、比利时、奥地利、挪威、意大利和冰岛属于中间国家，其 SII 值大多居于平均水平，但有些国家的 SII 增长率很高，有跻身领先国家的潜质；追赶国家主要包括斯洛文尼亚、匈牙利、葡萄牙、捷克、立陶宛、拉脱维亚、希腊、塞浦路斯和马耳他等国家，它们的 SII 低于中间国家，但 SII 增长率明显较高，创新潜力较大；爱沙尼亚、西班牙、保加利亚、波兰、斯洛文尼亚、罗马尼亚和土耳其被归类落后国家，其 SII 值最低，应加大创新投入强度，不断增加创新产出。

2. 美国《21 世纪创新工作组报告》

美国企业创新性评价体系的形成来源于《21 世纪创新工作组报告》，该报告由美国竞争力委员会在国家创新峰会上发布，报告中提出“国家创新生态”新概念，认为国家创新系统建设既要关注创新能力和投入要素等硬资源，又要关注政策和市场影响力等软资源。即建设创新型国家过程中，需要运用定量方法对与创新绩效相关的公共政策等因素进行评价，同时需要选取宏观经济条件、国家优先领域、市场准入、产业竞争结构、标准、股票市场评估等相应的定性指标进行评价。国家创新峰会最后确定“国家创新生态”评价体系包括创新投入要素、创新执行要素、公共政策

---

① 周勇，冯丛丛．欧洲创新记分牌及对我们的启示［J］．创新科技，2006（11）．

环境、创新基础设施、创新产出绩效及消费者价值和产业、国家创新产出和成果 6 个一级指标和企业知识、企业资本、人力资源等 29 个二级指标，如表 4.2 所示。①

表 4.2 《21 世纪创新工作组报告》"国家创新生态"评价体系

一级指标	二级指标
创新投入要素	企业知识、企业资本和人力资源
创新执行要素	设计、生产、组织文化、产业化障碍
公共政策环境	研发政策、财税政策、知识产权保护、技术转移政策、人力资源政策、政府采购政策、市场准入
创新基础设施	研究机构、教育机构、资本市场、信息基础设施、区域创新集群
创新产出绩效及消费者价值和产业	企业财务绩效、知识和能力等无形的产业，产品、服务、工艺
国家创新产出和成果	创新对 GDP 增长的贡献、劳动和全要素生产率、部门贸易余额、公司创新收入、市场份额

资料来源：根据《21 世纪创新工作组报告》整理。

《21 世纪创新工作组报告》中主要构建了"国家创新生态"评价体系，评价体系的构成为企业创新性评价提供了框架参考。该评价体系在理论方法上也有重大创新，并有五个明确的政策含义：为政策制定者与社会公众提供有关国家创新系统运行绩效的信息；测度企业创新战略和公共政策目标的进展和结果；引导各方关注重大创新趋势和发展机会；支撑 R&D 预算和创新政策的成本测算及评价；推动创新政策的立法舆论。②

（三）亚洲国家企业创新性评价体系研究现状分析

1. 亚太经合组织（APEC）的知识经济状态指数（KSI）

关于亚洲国家企业创新性评价体系研究也是基于国家创新体系的研究，典型的是知识经济状态指数（Knowledge Economy State Index，KSI）

① 廖玲．我国创新型企业评价指标体系研究——以重庆为例［D］．重庆大学，2011.

② 胡晓瑾，解学梅．基于协同理念的区域技术创新能力评价指标体系研究［J］．科技进步与对策，2010，27（2）：101－104.

的提出，该指数于2000年由亚太经济合作组织经济委员会完成，用于评价APEC各成员国的知识经济状态，以此反映它们的创新能力。知识经济状态指数包括企业环境、信息与通信技术基础设施、人力资源发展和创新体系四个方面，APEC又将知识流动划分为知识获取、知识创造、知识传播和知识应用四个阶段，评价体系基于KSI包括的四个方面与知识流动的四个阶段发布的知识经济指标，共选取24个详细指标作为国家创新体系评价指标，形成了一个以供APEC各个成员国进行知识经济状态比较研究的框架。运用该评价体系对APEC各成员国进行知识经济测评，测评结果将21个经济体分为四大类，完全发达的经济体、高绩效的亚洲经济体、高增长的亚洲经济体和拉丁美洲经济体，使各成员国更清晰了解自己的知识经济现状及潜力，为各经济体的知识经济发展提供政策制定、行动纲领和协同合作方面的建议。

由于数据的主要来源是世界银行的公开报告、瑞士洛桑国际管理发展学院（International Institute for Management Development，IMD）的世界竞争力年鉴与OECN的报告，APEC的知识经济状态指数KSI也存在一些需要改善的地方。另外，该评价体系没有形成合成指数。

2. 韩国《技术创新能力评价指标》

相对于欧美的企业创新性评价体系研究主要基于国家创新体系的研究，韩国直接着手于中小企业的创新评价体系研究，形成了《技术创新能力评价指标》，是由韩国中小企业厅根据OECD的《奥斯陆手册》开发出的，该评价指标由企业的“技术创新系统评价”和“企业具有的单项技术的竞争力评价”构成，有效地帮助和激励以技术创新为核心竞争力的中小企业发展。该技术创新评价体系包括四大类指标：技术创新能力、技术产业化能力、技术创新经营能力、技术创新成果，涵盖了企业的投入、生产、经营和最终成果，是一个相对较完整的创新评价体系。其中每一大类指标还包括若干二级、三级指标，本书统计出包含一级和二级指标的韩国技术创新能力评价体系如表4.3所示。①

① 廖玲．我国创新型企业评价指标体系研究——以重庆市为例［D］．重庆大学，2011.

表 4.3 韩国技术创新评价体系

一级指标	二级指标
技术创新能力	R&D 活动指标、技术创新体系 技术创新管理、技术积累能力
技术产业化能力	技术产品化能力、技术生产化能力 新产品营销能力 技术产业化管理能力
技术创新经营能力	经营创新能力 适应变化能力 营销管理能力
技术创新成果	技术竞争力提高程度企业综合 经济效益技术创新累计成果

资料来源：根据《21 世纪创新工作组报告》整理。

这些由国际研究机构、各国政府和专家学者构建的评价体系从国家创新评价体系到企业创新评价体系各有其优缺点，虽然尚没有形成一个能够完全涵盖企业创新能力的评价体系，但在已有的研究成果中，关于企业创新评价体系已存在几个基本共识和理论基础，为后续企业创新性评价体系的研究提供了理论参考与实践借鉴。

一是创新能力共识。创新能力是一个国家经济实力的体现，如果一个国家拥有先进的技术设备和高技能人才，就更易于提升其创新能力，从而促进国家的宏观经济发展。因此，创新能力常用劳动力的素质、教育水平来衡量。二是从创新投入和创新产出两个方面评价创新能力，因为这些指标数据易获取，具有可比性，且可以用货币衡量，运用层次分析法、网络分析法或数据包络分析法均可以针对评价体系中的指标对企业创新性进行评价。三是从外部环境创新和内部技术创新两个方面进行评价，外部环境创新主要表现在国家创新生态系统构建或企业创新生态环境营造；内部技术创新主要是国家或企业内部的技术创新、模式创新、组织创新、制度创新、管理创新等。

已有国外创新评价体系存在的局限性主要体现在诸系列评价体系未必适合于单个经济体，尤其是具有多民族特征和复杂国情的中国，所以对中国或中国企业创新性进行评价时，除了参考国外创新评价指标外，还应添加符合中国特点的指标，使之更好地服务于中国的政府决策和市场需要。

二、国内企业创新性评价体系研究

（一）国内企业创新性发展状况分析

自2006年科技部、国资委和中华全国总工会（简称“三部门”）启动创新型企业建设以来，全国各地按照三部门的工作部署，结合各自特点相继组织开展本地区的创新型企业试点工作，共开展了首批、第二批至第五批创新型企业试点工作，取得明显成效。各地区以创新型企业建设作为区域创新体系的重要抓手，积极贯彻创新型国家建设精神，以“大众创业、万众创新”为契机，加快各自经济发展速度，为国家经济增速换挡、提质增效做出了卓越贡献。关于企业创新性评价体系的研究大多从创新型企业评价体系构建入手，全国只有黑龙江省、北京市和江苏省在创新型企业评价体系构建方面走在了前列，考虑到创新型企业建设相关资料获取的难度较大，本书以开展了创新型企业试点工作的31个省市为例，初步统计中国创新型企业建设情况，以期获取构建企业创新性评价体系的素材。

据不完全统计，目前，北京市（中关科技园区）、天津市、河北省、陕西省、山西省、辽宁省、内蒙古自治区、吉林省、黑龙江省、上海市、浙江省、江苏省、安徽省、福建省、江西省、山东省、河南省、湖北省、湖南省、广东省、广西壮族自治区、海南省、重庆市、四川省、云南省、贵州省、西藏自治区、甘肃省、青海省、宁夏回族自治区、新疆维吾尔自治区31个省（区、市）开展了本地区创新型企业试点工作。通过对已开展本地区创新型企业试点工作的31个省（区、市）的不完全统计，共有2760家企业被选择确定为省（区、市）级创新型试点企业，通过评价命名的创新型企业达到676家，如表4.4所示。

表4.4 各地区开展的本地区创新型企业（试点）建设情况

地区	已认定创新型企业数	地区	已认定创新型企业数
北京	85	湖北	17
天津	17	湖南	16
河北	12	广东	39
山西	16	广西	9
辽宁	30	海南	10
内蒙古	11	重庆	17

续表

地区	已认定创新型企业数	地区	已认定创新型企业数
吉林	15	四川	26
黑龙江	17	云南	13
上海	34	贵州	11
江苏	31	西藏	7
浙江	44	陕西	12
安徽	32	甘肃	12
福建	29	青海	11
江西	14	宁夏	10
山东	45	新疆	16
河南	18	总计	676

注：统计数据截至 2012 年 11 月底。

从表 4.4 的数据可以看出，各地区的创新型（试点）企业的数量呈不均衡分布。其中，北京（85）、山东（45）、浙江（44）、广东（39）、上海（34）、安徽（32）、辽宁（30）福建（29）、四川（26）9 个地区选择确定的创新型企业数量较多，合计 364 家，占全部试点企业数的 53.8%。

从地区分布来看，经济较为发达的东部沿海地区省份认定的创新型试点企业数量较多，而中西部地区省份的试点企业数量相对较少，这与所在地区政府及其相关部门对创新型企业建设意义的理解和重视有关，同时也受到创新型试点企业的选择评价标准以及启动试点的早晚影响。

（二）国内企业创新性评价的现实参考依据

1. 高新技术企业认定指标

《高新技术企业认定管理办法》由科技部、财政部、国家税务总局出台，其中第十条明确规定，高新技术企业认定必须同时满足以下六个条件：①自主知识产权；②产品或服务属于规定范围；③科技研发人员占相当比例；④研发费用占一定比例；⑤高新技术产品或服务占一定比例；⑥相关评价指标符合指引要求。2016 年，该管理办法进行了重新修订，其中认定条件也做了适时调整。第十一条指出，认定为高新技术企业必须同时满足以下八个条件：①注册年限一年以上；②知识产权所有权；③产品或服务属于规定范围；④科技研发人员所占比例不低于 10%；⑤企业近三个会计年度研发费用占比达到相应比例；⑥近一年高新技术产品（服务）收入占企业同期总收入的比例不低于60%；⑦企业创新能力评价应达到相应要求；⑧企业申请认定前一年内未发生重大安全或重大质量事故或严重环境等违法行为。

2. 技术先进型服务企业认定指标

财政部、国家税务总局、商务部、科技部、国家发展改革委《关于技术先进型服务企业有关税收政策问题的通知》（财税〔2009〕63号）明确了技术先进型服务企业认定条件，提出技术先进型服务企业的业务范围需符合三个条件：信息技术外包服务（ITO）、技术性业务流程外包服务（BPO）和技术性知识流程外包服务（KPO）。除此之外，企业申请技术先进型服务企业还必须同时符合以下六个条件：①符合业务范围规定之内的服务业务企业；②企业的注册地及生产经营地在北京市行政区域内；③企业具有法人资格，近两年无违法行为，采用先进技术或研发能力较强；④具有大专以上学历的员工占企业职工总数的50%以上；⑤企业从事技术先进型服务业务收入总和占当年总收入比例达到50%以上；⑥企业应获得有关国际资质认证并与境外客户签订服务外包合同，且其向境外客户提供的国际（离岸）外包服务业务收入不低于企业当年总收入的50%。

3. 规模企业认定指标

《统计上大中小型企业划分办法（暂行）》以三个指标作为规模企业划分标志，即企业的“从业人员数”“销售额”“资产总额”。这三个指标简单、明了，相关数据易于获取，可操作性强，从某种程度上可以反映企业规模，具有一定的科学性和可操作性。通常，统计学中常以年主营业务收入作为企业规模的评判标准，达到一定规模要求的企业就称为“规模以上企业”，否则就称为“规模以下企业”。1998—2006年，规模以上工业是指全部国有及年主营业务收入达到500万元及以上的非国有工业法人企业；规模以下工业指年主营业务收入（产品销售收入）500万元以下的非国有工业企业和全部个体经营工业单位。从2007年开始，按照国家统计局的规定，规模以上工业的统计范围为年主营业务收入达到500万元及以上的工业法人企业；规模以下工业统计范围为年主营业务收入（产品销售收入）500万元以下的工业企业和全部个体经营工业单位。2011年，纳入规模以上工业统计范围的工业企业起点标准从年主营业务收入500万元提高到2000万元；固定资产投资项目统计的起点标准从计划总投资额50万元提高到500万元。所以，目前中国规模以上工业主要指年主营业务收入在2000万元及以上的工业企业，而规模以下工业主要指年主营业务收入在2000万元以下的工业企业和个体工业经营户。①

4. 创新型企业认定指标

2014年，参照《国家第三批创新型企业评价体系说明》，国家级创新型企业的认定条件包括评价指标、门槛条件及指标说明三个方面。基于国家政策导向需要，设置的评价指标包括四个定量指标（研发经费投入强度、千名研究开发人员拥有的授权发明专利量、新产品销售收入占全部销售收入的比重、全员劳动生产率）和一个定性指标（创新组织与管理）如表4.5所示。评价体系说明规定，申请评价创新型企业必须符合三个基本条件：研发投入强度达到一定标准；过去三年内须有发明专利申请；过去三年内须推出过新产品（工艺、服务）。创新型企业评价研发经费强度门槛条件如表4.6所示。

表4.5 创新型企业评价指标

定量指标	研发经费投入强度
	千名研究开发人员拥有的授权发明专利量
	新产品（工艺、服务）销售收入占全部销售收入的比重
	全员劳动生产率
定性指标	创新组织与管理（创新战略谋划、研发组织建设、知识产权管理、创新文化建设）

表4.6 创新型企业评价研发经费强度门槛条件 （单位:%）

企业规模 产业分类	主营业务收入≤5亿元	主营业务收入5亿~100亿元	主营业务收入100亿~1000亿元	主营业务收入≥1000亿元
高技术密集度产业群	6.0	5.0	4.0	
中高技术密集度产业群	5.0	4.0	3.0	
中低技术密集度产业群	4.0	3.0	2.0	
低技术密集度产业群	3.0	2.0	1.0	0.6+X

注：表中数据为企业研发经费强度，即企业研发经费支出额占主营业务收入的比例；X的取值按企业所在行业平均研发经费强度情况分为{2.0，1.0，0.5，0}。

① 廖玲．我国创新型企业评价指标体系研究［D］．重庆大学，2011.

对于创新型企业评价指标，具体解释如下：

（1）研发经费投入强度（R&D 经费投入强度）

研发经费投入强度 = 研发经费支出/企业销售总收入，主要是指研发经费支出占企业销售总收入的比例，其中研发经费支出包括研发经费内部支出和外部支出。内部支出是指调查单位在报告期内用于内部开展研发活动（基础研究、应用研究、试验发展）的实际支出，包括直接用于研发项目活动的支出，以及间接用于研发活动的管理费、服务费、与研发有关的基本建设支出以及外协加工费等。不包括生产性活动支出、归还贷款支出以及与外单位合作或委托外单位进行研发活动而转拨给对方的经费支出。外部支出是指报告本单位委托外单位或与外单位合作进行 R&D 活动而支付给对方的经费，不包括外协加工费。

（2）千名研究开发人员拥有的授权发明专利量

千名研究开发人员拥有的授权发明专利量 = 企业拥有的授权发明专利数/企业千名研发人员数量，主要是指企业拥有的授权发明专利数与企业千名研发人员数量的比。

（3）新产品（工艺、服务）销售收入占全部销售收入的比重

新产品（工艺、服务）销售收入占全部销售收入的比重 = 企业新产品销售收入/企业全部产品销售收入，即新产品（工艺、服务）销售收入占全部销售收入的比重等于企业新产品销售收入与企业全部产品销售收入的比。

（4）全员劳动生产率

全员劳动生产率 = 企业年增加值/企业全体员工数量，主要是指企业年增加值与企业全体员工数量的比。

（5）创新组织与管理

创新组织与管理是一定性指标，包括创新战略谋划、研发组织建设、知识产权管理、创新文化建设等方面，主要考察企业创新战略制定与实施、研发支撑体系建设、创新管理与制度建设、品牌塑造、创新文化建设以及获得重大科技奖励等情况，进行评价时可以按照 1 ~ 5 打分法将其量化处理。

（三）国内企业创新性评价体系研究现状分析

国内对企业创新性的评价根据不同的依据标准，构建的评价体系也不

相同，有国家科技部提出的“4+1”评价体系，有基于企业组建时间长短构建的企业创新性评价体系，有根据企业发展现状搜集评价指标构建企业创新性评价体系，有从系统角度考虑对企业创新性进行评价，等等。如汪永飞、陈留平、陈爱民（2007）等指出，中国创新型企业的建设和发展正处于初创阶段，按照企业组建时间将创新型企业分为初创期和成长期两个阶段，其中组建时间在18个月以内的企业属于初创期创新型企业，超过18个月的界定为成长期创新企业，并对不同时期的创新型企业分别设计了企业创新性评价体系。① 贲友红（2008）根据中国创新型企业的发展现状，选择体现创新型企业五个特征的企业创新性评价指标作为研究变量，拓宽研究范围，设计出由8个一级指标和26个二级指标构成的企业创新性评价体系。② 任爱莲（2008）认为，企业的创新活动是一项复杂的创新系统，企业的任何一种创新能力都会对创新系统的绩效产生重要影响，她在对河南许继集团进行实证分析的基础上，构建了一个由7个一级指标和20个二级指标构成的测度综合创新能力的企业创新性评价体系。③

三、国内外企业创新性评价体系比较

（一）国外企业创新性评价体系经验总结

从美国、欧盟、亚太经合组织、韩国的企业创新性评价体系研究现状可以看出，构建的评价体系虽不完全相同，但从本质上讲，对企业创新性的培养及评价有着共同的特点。

1. 整体评价体系

国家创新或企业创新性评价体系均以国家政策导向为前提，以创新依存度为基础，主要用于评价国家宏观经济发展状况，国内企业创新性技术创新能力、知识经济创造能力，既利于政府对企业创新性进行评价，又利于企业创新性进行自身诊断，实用性较强。

---

① 汪永飞，陈留平，陈爱民. 创新型企业的评价指标体系及其评价模型［J］. 统计与决策，2007（9）：81－82.

② 贲友红. 创新型企业评价指标体系的设计［J］. 中国管理信息化，2008（10）：79－82.

③ 任爱莲. 创新型企业的创新能力评估体系构建［J］. 北方经贸，2008（12）：111－113.

2. 一级指标设置

在一级指标设置上，几个国家均从创新环境、创新投入、创新产出三个方面出发，指出营造创新生态环境和培育创新环境中创新文化的重要性，并着重强调了创新投入资源中所需的人力资源投入和资金资源投入，以及创新产出资源中的新产品销售收入占总销售收入的比重。一级指标既包括政策优惠等外部环境因素，又包括企业创新资源优化等内部影响因素，囊括范围广泛，借鉴价值大。

3. 评价体系创新点

欧洲国家、美国和韩国的评价体系各有其特点，侧重点不同，有的是评价内容的创新，有的是评价方法的创新，有的是评价技巧的创新。欧洲创新记分牌（EIS）是一种国家创新评价体系，主要用于评价各成员国及其他若干参照国家的创新能力水平，利于成员国创新自评以有针对性地制定各自的创新政策，主要强调实用性中的政府比较性；美国的“创新生态”评价体系的创新主要体现在理论方法，既包含定量方法又包含定性方法，对于创新投入与产出指标的测评主要运用定量方法，创新资源的测评运用定性方法，定性定量方法相结合的同时，主要强调评价的理论性；韩国《技术创新能力评价指标》由企业的“技术创新系统评价”和“企业具有的单项技术的竞争力评价”构成，方便企业在线自我诊断，主要强调实用性中的企业自我评价性。

（二）中国企业创新性评价体系经验总结

中国企业创新性评价体系在设计上借鉴了国外已有研究成果，从内容的设置到评价方法的应用均有所借鉴，但是中国是一个有着自身特色的发展中国家，构建企业创新性评价体系时，还应兼顾理论指导和政策导向两个方面，应符合中国国情，适应中国经济发展新常态，即从学术和实践上应符合创新型国家建设和新时代企业成长的实际情况。同时，创新作为中国五大发展理念之首，对企业创新性进行评价时更要深度考察企业的创新能力，考察创新投入、产出的同时，尽量全面考察创新各个环节，做到系统全面评价。评价体系既要符合国家国情，包括突出促进国家发展的经济性指标，又要便于全面评价企业的实际创新水平，包括适合企业创新性自评的实践性指标。企业创新性评价体系评价的重点不是研发本身，而在于创新，新旧动能转换下的企业可以从研发视角加强自身的创新。

第二节　企业创新性影响因素分析

企业持续创新问题是一个涉及企业内外诸多因素的问题，有赖于企业一系列的动态能力，强调对创新能力及持续创新的系统性、综合性研究。[①]因此，需要从整体系统的角度去分析新旧动能转换下企业持续创新的影响因素，并密切关注隐性资源与无形因素对企业持续创新的影响作用。通过梳理企业持续创新影响因素相关文献，把企业持续创新的影响因素分为外部影响因素和内部影响因素两大类，目前企业生长在新旧动能转换下的大社会环境中，深受外部环境因素影响，其能否在外界环境中立于不败之地又主要受自身内部创新能力等因素的影响，外部因素与内部因素之间相互联系、相互交叉、相互促进、相互作用。

一、企业创新性外部影响因素分析

企业的持续创新是在一定的外部环境中完成的，与创新系统有关的物质、信息、能量对企业的持续创新活动及创新能力具有较强的影响作用。20 世纪 90 年代以来，中国经济发展速度从高速转向中高速的经济下行新常态，众多学者和企业家纷纷认识到宏观经济、社会、文化、资源等外部环境因素对企业稳定持续发展的影响作用。[②] 本书将企业创新性外部影响因素分为资源环境因素、政策环境因素、市场环境因素、文化环境因素、科技环境因素、服务环境因素六大类。

（一）资源环境因素

资源环境因素主要包括自然资源、基础设施、人力资源、信息资源等，企业的一系列创新活动离不开资源的优化配置，资源环境对新旧动能

---

① Dave Ulrieh，DaleLake. Organizational Capability：Creating Competitive Advantage［J］. Academy of Management Excutive，1991，5（1）：77 – 92.

② WTO（World Tourism Organization）. The Impact of the Attacks in the United States on International Tourism：An Initial Analysis［N］. 2001，available at：www. world – tourism. org.

转换下企业的持续创新起到基础性作用，是企业持续创新活动的基本成分，直接影响着技术创新活动的规模与效益。①

自然资源包括矿产、土地以及水资源等，是新旧动能转换下企业实施创新活动的最基本成分，自然资源与新旧动能转换下企业创新相辅相成，前者是后者发展的基础，后者是前者使用的价值体现，但是新旧动能转换下企业在使用自然资源的时候要保持生态平衡，不能造成自然资源污染、耗尽等现象。这主要由于自然资源的再生产需要一个长期的过程，自然资源的日益消耗对利用效率提出更高的要求。基础设施主要指的是新旧动能转换下企业创新活动所需的基础设备、厂房等，是传递创新所需资源的重要载体，在企业创新中的重要性也日益凸显，完善的基础设施能降低创新活动成本、提高创新活动效率。人力资源环境也是新旧动能转换下企业创新活动的重要影响因素，企业的创新来源于人才的创新，人力资源整体素质越高，越有利于企业的创新活动，大力引进高水平人才，优化配置创新人才队伍是新旧动能转换下企业得以发展的关键。信息资源也是企业创新资源环境中的重要因素，在创新活动的每一个环节上，都不可避免地存在大量科技进步、市场环境、行业发展等信息流动和交换活动。②

（二）政策环境因素

随着社会的发展，各地政府都对企业的持续创新出台了政府资助、政府采购、资源支持、管理支持、教育培训、科研项目等一系列的政策和措施。新旧动能转换下企业的持续创新受到诸多政策环境的影响，如果企业能够运用有关优惠政策做到创新资源优化配置，将有利于企业创新活动的开展，而政府作为公共政策的制定者，可以在了解企业发展状况的基础上通过财政、金融、税收等方面为其提供强有力的政策支持。例如，美国在税收减免政策上实行的任何一年研究与开发支出，超过前三年研究与开发平均支出的企业，超出部分实行税率20%的优惠做法，以及目前发达国家在金融信贷方面推行的技术创新项目优惠贷款的做法等。③

---

① 梁菲．太原高新区推进自主创新的现状及其对策［D］．山西大学，2006.

② 刘耀．创新型企业发展模式及其实现持续创新机制研究［D］．南昌大学，2009.

③ 杭雪花、施琴芬、闻曙明．产业集群与区域创新环境互动关系研究［J］．研究与发展管理，2005（12）.

（三）市场环境因素

市场环境瞬息万变，对新旧动能转换下企业发展影响之大，新时代的企业只有以最快的速度对变化的市场环境做出反应，才能更好地进行创新，更好地促进国家经济的发展。市场经济体制、价格机制均对新旧动能转换下的企业有一定的影响，健全的市场经济体制对新旧动能转换下企业的持续创新具有重要的促进作用，价格机制对新旧动能转换下企业产品创新、营销具有重要的调节作用。市场经济体制下，市场供求信息主要反映在产品价格的变化上，在价格机制调节下，创新主体根据市场供求状况对生产要素和社会资源进行重新配置，生产出消费者需要的产品或提供有效的服务，实现科技供给与创新需求有效对接。市场竞争是市场经济的重要特征，市场给所有企业以公平的竞争环境，企业要想在竞争中取胜，必须从理念、技术、管理等方面不断创新，生产出具有竞争力的产品，满足外界市场的需求，提高科技成果转化率，形成创新投入—产出的良性循环。

（四）文化环境因素

文化环境因素影响着企业创新活动的各个层面和环节，影响着从事创新活动的相关人员的价值取向和心理思维。任何企业都处于一定的社会文化环境中，企业营销活动必然受到所在社会文化环境的影响和制约，新旧动能转换下的企业也不例外。一些持续创新活动会受到价值观念、宗教信仰、道德规范、审美观念、伦理规范以及世代相传的风俗习惯等文化因素的引导和影响。新旧动能转换下的企业必须营造适合企业发展的文化氛围，制定企业基本规范、奖惩制度、经营理念等优良文化制度，培养员工创新意识，形成崇尚创新和容忍失败等特征的良好社会文化氛围，为新旧动能转换下企业持续创新及持续创新能力提升奠定文化基础。

（五）科技环境因素

科技环境是科学技术的进步以及新技术手段的应用对社会进步所产生的作用，科技环境因素对企业的技术竞争创新起着重要的影响作用，对新旧动能转换下企业的创新活动也带来新的机遇和挑战。随着经济全球化，中国经历了科技大变革，经历了从工业 2.0 到工业 4.0 的快速发展，实现了产业结构从传统产业到战略性新兴产业的转型升级，取得了科技创新的良好战绩。这既离不开外界科技环境的大发展，也离不开企业内部科技创新能力的提升。企业在进行自主创新时会根据技术发展阶段选择不同的创新技术，当技术处于发展初期时，通常加大技术投资，奠定创新基础；进入中期后，技术成熟度有了较大提高，技术投资有所减少，会加大产品创新力度，尽快掌握产品创新核心技术；当技术发展比较成熟时，企业则可以采用集成创新；当达到饱和发展时，则考虑引进技术，进入下一个技术发展循环。

（六）服务环境因素

服务环境因素包括金融服务，人才服务，技术市场以及咨询公司、信息情报中心、会计事务所、律师事务所等在内的服务。金融服务是新旧动能转换下企业得以创新的资金保障，完善的金融服务体系能使企业获得创新所需资金，解决企业实施持续创新以及创新过程中面临的资金周转难等障碍。人才是创新活动的具体执行者和创新的知识源泉，人才服务体系对企业的持续创新活动有着重要的影响，良好的人才服务环境能够为企业提供持续创新所需的人才，从而为企业的持续创新活动提供智力支持。技术市场以及咨询公司提供的服务是各种形式的技术交易概括，具有所有权转换、使用权让渡以及服务和信息传输等功能，为技术创新成果的交易提供平台。随着技术的复杂程度以及研发过程中所面临的风险越来越高，通过技术市场获得的技术商品，能显著缩短企业创新的周期，并降低研发成本与风险。此外，信息情报中心、会计事务所、律师事务所等专业的服务机构也为企业的持续创新活动提供了有力的支持。①

二、企业创新性内部影响因素分析

在《国家竞争优势》一书中，迈克尔·波特教授提出国家竞争优势理论，他认为一个国家的竞争优势，就是企业、行业的竞争优势，也就是生产力发展水平上的优势。对于新旧动能转换下企业的持续技术创新而言，其内部因素相对于外部环境因素更具有重要的影响作用，外部创新资源价值的发挥也需要依靠企业自身创新能力的提升。企业创新性内部影响因素

① 刘耀．创新型企业发展模式及其实现持续创新机制研究［D］．南昌大学，2009.

主要包括以下四个方面：创新的组织与管理、人力资源与知识管理、研究开发与成果转化、学习与吸收能力。

（一）创新的组织与管理

新旧动能转换下企业持续创新活动是一项系统性管理活动，受到创新战略、创新决策系统、组织结构等多方面因素的影响。科学合理的创新战略可以指导企业的持续创新活动，并实现对创新高效的组织与管理；提高企业持续创新决策能力，要求企业建立并完善创新决策系统和选择科学有效的决策方法，从而解决整个创新活动中不确定因素所带来的一系列问题；创新组织结构的功能则在于积极组织不同部门人员共同参与创新，组织协调好各部门的创新资源，形成一个柔性、敏感性和适应性强的组织机构，减少对原有组织结构的冲击和相应的风险。

（二）人力资源与知识管理

人力资源和人才结构是新旧动能转换下企业持续创新活动所必需的资源，对企业的持续创新非常重要，主要包括企业家和创新各环节所需的专门人才，他们共同构成了创新系统的人才资源因素。企业家是创新的启动者、协调管理者和风险承担者，而创新各环节的专业人才是创新活动能否正常开展与顺利实现的技术保证。[①] 一个企业知识管理水平的高低不在于储备了多少知识，而是利用了多少知识。内部知识网络以及知识的交叉与重构等组成了有效的知识激活机制。[②] 一个企业的知识识别能力、知识获取能力、知识吸收能力和知识转化能力与其持续创新活动密切相关，直接影响着企业的创新绩效，同时知识的积累水平和存在状态也影响着企业持续创新能力。所以说，企业的人力资源和知识管理因素是新旧动能转换下企业持续创新的关键因素。

（三）研究开发与成果转化

研究开发能力由基础研究、应用研究和开发研究等组成，是企业持续创新能力的根本要素，是企业持续创新的技术前提和保障，其主要包括技

① 林延东．黑龙江省高新技术企业自主创新环境影响因素研究［D］．哈尔滨工程大学，2007.

② 魏江．企业技术能力论——技术创新的一个新视角［M］．北京：科学出版社，2002.

术选择、方向确定、项目选择、问题识别和解决以及创造和组织的能力等。技术选择是前提，方向确定是导向，项目选择是抓手，问题识别和解决是关键，创造和组织能力是保障，只有选择合适的技术才能保证企业的创新战略与市场经济体制和科技发展方向相一致，研发方向确定以后，选择可行的项目并积极识别项目问题，采取科学方法解决技术难题能提高企业的研发效率。此外，生产制造能力是把研发成果引入企业的生产系统，并转化为经济效益的能力，它决定了自主创新的实施能力。①

（四）学习与吸收能力

学习与吸收能力是新旧动能转换下企业创新能力提升的最主要的内部影响因素，因为任何一个企业都不可能培育与开发持续创新所需要的一切资源、知识和技能，这就需要企业不断学习，不断从外界吸收新知识并转化为企业自身知识资源。在开放式创新时代，与其他企业及组织的联盟和网络合作创新成为企业不断获取各种创新资源的重要手段，也是后发企业或新企业赶超传统大型企业的主要途径。② 组织的持续学习是实现长期动态的知识积累的最根本的实现途径。尽管目前众多学者和企业家都认识到了合作创新的重要性，但合作创新的稳定性和绩效受到诸多因素的制约。③新旧动能转换下企业获取知识和技术的途径只有不断提高自身的学习与吸收能力，并通过学习和吸收发挥出外部资源的最大价值，为其持续创新活动提供重要保障。

三、企业创新性发展环境分析

企业持续创新的发展环境因素既包括宏观的外部环境因素，又包括企业的内部环境因素。外部环境因素主要涵盖资源、政策、市场、文化、科技以及服务等宏观的企业持续创新的基础条件，它们可以为企业的持续创新提供机会与可能。企业内部环境因素则包括了企业内部创新的组织与管

① Henry W. Chesbrough. The Era of Open Innovation [J]. Mit Sloan Management Review, 2003, 35 - 41.

② 刘伟，向刚．企业持续创新过程：从知识积累到持续学习的新视角 [J]．经济问题探索，2003 (8)：44 - 47.

③ 闫立罡，吴贵生．中外战略联盟中的组织学习与企业技术能力的提高 [J]．软科学，2006 (3)：129 - 132.

理、人力资源与知识管理、研究开发与成果转化、市场营销与价值实现、创新文化与企业家精神以及企业的学习和吸收能力等，这些因素直接影响到企业持续创新机制的形成及能力的提升以及外部创新资源价值的充分发挥，是企业持续创新的关键。

企业持续创新的外部与内部各类环境因素相互影响与促进。这些内外环境因素的共同作用能促进企业的持续创新和提升企业的持续创新能力。例如，企业内部研究与开发是企业内部因素，它不仅能够创造新知识、增加知识积累存量，也能够增强企业的吸收与学习能力，而吸收与学习能力的强弱又受到企业外部创新文化等因素的影响。① 因此，应当以系统的角度来研究新旧动能转换下企业持续创新的影响因素及持续创新的环境。企业持续创新的外部环境因素不能直接作用于新旧动能转换下企业的持续创新，仅仅为其提供外部条件和基础，但如果没有外部宏观环境因素的支持，企业的持续创新便失去了外部资源与基础条件，也就成了无源之水、无本之木，中国许多企业的发展也无不得益于改革开放以来创造的良好的外部条件和环境。企业作为创新的主体，其内部创新环境因素直接作用于持续创新活动，通过企业自身的学习和吸收能力，将外部创新资源转化为企业持续创新的基础和动力，充分发挥其对企业发展的价值。

第三节　企业创新性调查问卷设计及施测

借鉴国外企业创新性评价体系，结合中国新旧动能转换视域下企业创新性的特点、内外部影响因素及发展环境分析，设计企业创新性调查问卷以遴选主要影响因素并构建评价体系是本节的主要目的，也是本章的重点。本节将设计企业创新性调查问卷，并抽样选取调查对象进行施测。

一、企业创新性调查问卷的设计

调查问卷又称“调查表”或“询问表”，是指调查者从应答者或被试

① 王文亮，冯军政，王丹丹．企业持续创新影响因素的因子分析［J］．技术经济，2008（7）：24－28、38.

那里搜集数据或资料的问题表，一般由四个部分构成：起始部分、筛选部分、主体部分和背景部分，被广泛应用于管理学、经济学、社会学、统计学和心理学等领域。一份完美的调查问卷必须具备考虑如下几个问题：是否能提供必要的管理决策信息？是否考虑到应答者的情况？是否满足编辑、编码和数据处理的需要？而这些问题的解决需要在设计问卷时必须遵循一定的原则和运用一定的设计技巧。

（一）调查问卷设计遵循原则[①]

1. 功能性原则

功能性原则是调查问卷设计的最基本原则，要实现调查问卷的基本功能，达到规范设计和满足调查应答者需求的目的。这一原则又具体表现在一致性、完整性和可行性等方面。

2. 可靠性原则

可靠性原则是在收集调查问卷所需数据信息时，应保证数据在一定条件下维持稳定性。即由于调查者、被调查者和调查环境的不同，可能会引起数据的波动，所以调查问卷应具有一定的稳健性，减少这三方面对数据质量产生的干扰。

3. 效率原则

调查问卷设计时除了遵循上述两个原则外，应保证最大效率原则。即在保证获得同样信息的条件下，应选择最简洁的询问方式，以使调查问卷的长度、题量和难度最小，节省调查成本。当然，追求高效率并不意味着等于低成本，一味节约成本反而有可能造成低效率。

4. 可维护性原则

调查问卷的设计往往不是一次完成，需要经过反复修改和检验，待修正完全部错误后，方能正式展开大规模调查。有时可能先通过试调查，发现原始需求的偏差，从而对原需求进行修正，修正后的调查表应结构清晰，具有可比性、持续性、扩展性和模块化。

---

① 马连福，张慧敏．现代市场调查与预测［M］．北京：首都经济贸易大学出版社，2016（第5版）．

（二）调查问卷设计技巧

1. 确定问卷类型

调查问卷依据调查方法不同，可以分为直接访问调查问卷、电话访问调查问卷、邮寄调查问卷、网上调查问卷和座谈会调查问卷五种类型。本书所设计问卷拟采用直接访问调查和邮寄调查问卷方法，对于除本市之内的企业采取直接访问调查方式外，其他全国各地的企业调查均采取邮寄调查问卷。依据回答问题方式不同，调查问卷又可以分为封闭式、开放式及封闭和开放相结合式三种形式。经过精心设计的封闭式调查问卷只需被调查对象认真填写，多数以选择题形式呈现。开放式调查问卷则比较自由，问题形式多样，有问答式、填空式、补充故事式、图表式等，被调查对象则可以根据问题形式对开放式调查问卷自由回答。开放和封闭相结合式则包括上述两种问卷填写方式，问题既有客观选择题，又有主观问答题。本书拟采用封闭和开放相结合的方式设计企业创新性影响因素调查问卷，以期构建完整的评价体系。

2. 确定问卷结构

问卷的结构一般包括四个部分：第一部分是起始部分，包括标题、问候语、填写说明、编号等信息，本次问卷设计命名为“企业创新性影响因素调查问卷”。第二部分是筛选部分，是对被调查者进行过滤，筛选掉不需要的部分，以确定特定的被调查者。第三部分主体部分是调查问卷的主要部分，主要根据调查目的设计封闭式、开放式和二者兼而有之的问题，用以了解影响企业创新性的诸多因素。第四部分是背景部分，通常放在调查问卷最后，主要是有关被调查者的一些背景资料，还有感谢语、访问员署名及填表时间辅助信息等。本书设计的调查问卷结构是遵循一般结构特点，从上述四个方面设计调查问卷。

3. 问卷指标设计

问卷指标设计需要设计者围绕问卷目的，结合现有资料仔细挖掘可能和被调查对象相关联的因素，一般是运用文献搜集法先整理出所有影响因素，以避免遗漏一些重要信息，然后针对所有影响因素征求相关领域专家意见，筛选出主要影响因素。本次问卷调查目的是筛选出企业创新性影响因素以构建评价体系，运用评价体系对企业创新性进行评价，根据评价结果优化企业成长路径。为调查企业创新性影响因素，本书综合文献梳理和走访座谈，参考了第一章所归纳的基于共识性的46个核心指标，并结合当今国内外宏观经济形势和新旧动能转换下企业创新的实际情况，最终整理出54个影响企业创新性的因素（见表4.7）作为调查问卷的指标，54个因素中包括R&D经费投入强度、R&D成果转化率、新产品平均开发周期、信息技术平台建设等。

表4.7 企业创新性影响因素筛选结果

序号	企业创新性影响因素	序号	企业创新性影响因素
1	R&D 经费投入强度	28	销售网络覆盖率
2	R&D 人员比例	29	总资产周转率
3	新产品销售收入占主营业务收入比重	30	与国内外技术资源合作程度
4	千名研发人员拥有的授权发明专利数	31	信息技术系统完备程度
5	企业拥有专有技术成果数量	32	企业内部协调机制
6	R&D 成果转化率	33	技术装备水平
7	企业家创新精神	34	员工培训次数
8	新产品平均开发周期	35	制度机制情况
9	企业文化	36	工人技术等级
10	员工创新意识	37	信息采集与管理能力
11	员工合理化建议采纳情况	38	员工参加创新活动积极性
12	新产品利润率	39	薪酬制度满意度
13	创新战略制定	40	Know - how 数量
14	创新战略实施	41	驰名品牌或商标数量
15	研发人员整体素质	42	管理人员水平
16	新产品成功率	43	顾客满意度
17	信息技术平台建设	44	产权明晰度
18	新产品市场占有率	45	参与制定技术标准数
19	创新奖励机制	46	平均利税总额
20	员工晋升机制	47	国家政策环境匹配度
21	市场研究投入强度	48	创新发展愿景适宜度
22	组织适应程度	49	社会责任强度
23	营销费用投入强度	50	国家政策识别度
24	创新管理水平	51	互联网运营水平
25	知识产权管理机制	52	地区生态环境贡献度
26	全员劳动生产率	53	企业文化培训与相关活动支出
27	自主创新项目比重	54	装备水平改进系数

针对企业创新性评价体系影响因素的调查，本书在深入调研、广泛征求意见的基础上，结合当前企业创新发展的实际，编制了“企业创新性影响因素调查问卷”。该问卷内容主要包括被调查者的单位名称、单位性质、性别、学历、职位以及对企业创新性评价体系影响因素重要性评价等。

二、企业创新性调查样本的选取

调查样本的选取是调查的重点，样本选取的好坏直接影响到调查结果的有效性及实用性与否，选取调查样本时需要针对研究对象特点进行合理选择。本书选取新旧动能转换下企业作为研究对象，选取抽样调查方式确定调查样本，该调查方式能够通过对样本的了解来推断总体，并且能够节约大量调查成本，目前在市场调查中，抽样调查的应用范围比较广泛，既可用于不同所有制企业的调查，也可用于不同地区的市场调查。

本书选取样本的范围为新旧动能转换下在深圳和上海证券交易所上市的公司以及子公司，由于年限限制及数据难以获取，本书依据企业上市公司的整体状况，选取2013年至2016年四年的数据为研究对象。考虑到样本的全面性、代表性及可行性，本书采取分层随机抽样法选取50家新旧动能转换下的企业作为样本。数据主要来自于证监会官方网站、巨潮资讯、国泰安数据库、RESSET（锐思）金融研究数据库及上市公司2013年至2016年年报数据。本书选取的50家企业涉及医药行业、机械行业、电子及通信行业等多个行业，具有充分的代表性。

选取的50家企业分别是：浪潮集团有限公司、烟台万华聚氨酯股份有限公司、山东登海种业股份有限公司、武汉华中数控股份有限公司、海尔集团公司、海信集团有限公司、华为技术有限公司、奇瑞汽车股份有限公司、北京仁创科技集团有限公司、天津钢管集团股份有限公司、北大方正集团有限公司、用友软件股份有限公司、鲁南制药集团股份有限公司、山东丛林集团有限公司、青岛喜盈门集团有限公司、山东冠丰种业科技有限公司、山东绿叶制药股份有限公司、山东时风（集团）有限责任公司、山东龙力生物科技股份有限公司、青岛港（集团）有限公司、浙江康恩贝制药股份有限公司、潍柴动力股份有限公司、山东东岳神舟新材料有限公司、山东达驰电气有限公司、青岛汉缆股份有限公司、山东六和集团有限公司、青岛宏大纺织机械有限责任公司、江铃汽车股份有限公司、安徽华菱汽车股份有限公司、浙江亚太机电股份有限公司、江苏长电科技股份有限公司、江苏康缘药业股份有限公司、杭州海康威视数字技术股份有限公司、安徽三联交通应用技术股份有限公司、福建邮科通信技术有限公司、仁和（集团）发展有限公司、安琪酵母股份有限公司、广东格兰仕集团有限公司、桂林三金药业股份有限公司、泸州老窖股份有限公司、上海宝信软件股份有限公司、南京联创科技股份有限公司、四川长虹电器股份有限公司、攀枝花钢铁（集团）公司、合肥美亚光电技术股份有限公司、北京碧水源科技股份有限公司、江苏天奇物流系统工程股份有限公司、威海广泰空港设备股份有限公司、河南瑞贝卡发制品股份有限公司、TCL 集团股份有限公司。其中被调查单位中有生物科技、新兴材料、机械制造、电子科技、医疗制药、煤矿、软件等行业，几乎涵盖了全国企业的所有类别，调查的信息比较全面，从而防止调查结果的片面性和信息的不对称性。

为了保证所获信息的全面性、科学性、真实性和可行性，本书从这 50 家企业中选取企业高层决策者、中层管理者、R&D 人员、技术人员和普通员工作为被调查对象。企业高层决策者高瞻远瞩，是创新战略的制定者，创新绩效的创造者；中层管理者是创新管理的组织者，组织协调企业各个部门之间的联系，加强部门间的交流与沟通；研发人员与技术人员是创新能力的实现者，运用先进技术研制出创新产品，实现科技成果市场化；普通员工是创新发展的辅助者，做好企业产品包装、营销等辅助性工作。他们根据自身工作性质的不同可以分别从不同视角对新旧动能转换下企业创新性影响因素进行评价和选择，从而保证评价结果切实可行。

三、企业创新性调查问卷施测及结果分析

如果说调查问卷的设计是基础，调查样本的选取是重点，那么调查问卷的实施及结果统计分析则是关键。调查问卷实施效果受调查方式选择的影响，考虑到全面调查成本较高及可行性较低，本书选取抽样调查方式。

（一）调查问卷的实施

为了保证调查问卷较高的回收率和有效率，在对企业创新性进行影响因素调查时，对距离稍近的企业主要采用直接访问调查方式，问卷调查作为辅助调查方式，由调查者控制收集信息并主持访谈活动，根据被调查者回答情况如实填写问卷，访问过程中双方可以随时针对问卷问题进行交流沟通，因此，问卷问题提问完成后，调查即完成，所用问卷随即回收。对处于偏远市区或距离稍远的企业主要采用邮寄调查问卷方式，这样可以节约调查成本和获取较详细的信息，但缺陷是问卷回收率较低。

本书采用随机抽样调查方式，选取50家企业作为被调查对象，向其有关部门相关人员发放纸质调查问卷，共发出2000份问卷，回收1949份，回收率为97.45%，有效问卷1816份，有效回收率为90.80%。调查时展开两轮问卷调查：第一轮为半封闭半开放式问卷（见附录A），共分两部分：第一部分是被调查者的背景资料；第二部分是企业创新性影响因素调查，请被调查者在其认为是影响因素的指标后的空格内画"√"，如有遗漏补充在表尾的空白栏内。

第二轮调查是在第一轮调查的基础上展开的，分析附录B中第一轮问卷调查结果，第二部分赞同率在50%以下的影响因素将被删除，为了保证影响因素的全面性，可以根据实际情况在第二轮调查问卷中增加一些被调查者认为是重要的影响因素。在对影响因素进行增删之后，进行第二轮封闭式问卷调查（见附录C），共分两部分：第一部分是被调查者的背景资料，包括单位名称和单位性质等资料；第二部分是企业创新性影响因素的重要性调查，每个指标有很重要、重要、中等、不重要和很不重要五个等级，分别记为5分、4分、3分、2分、1分，请被调查者就这些因素对企业创新性的重要性分别做出相应选择。

（二）问卷结果统计分析

将回收的问卷按照企业单位性质、员工总数、运营时间、所在地域等变量进行整理，并对调查结果进行统计。分析调查所得样本的背景资料，可以看出：从企业性质来看，问卷涵盖信息科技类企业5家，占比10%；医疗制药类企业7家，占比14%；机械制造类企业9家，占比18%；新兴技术、材料类企业 12 家，占比 24%；钢铁矿业类企业 4 家，占比 8%；电子电气类企业 4 家，占比 8%；综合类企业 9 家，占比 18%。分布图如图 4.1 所示。

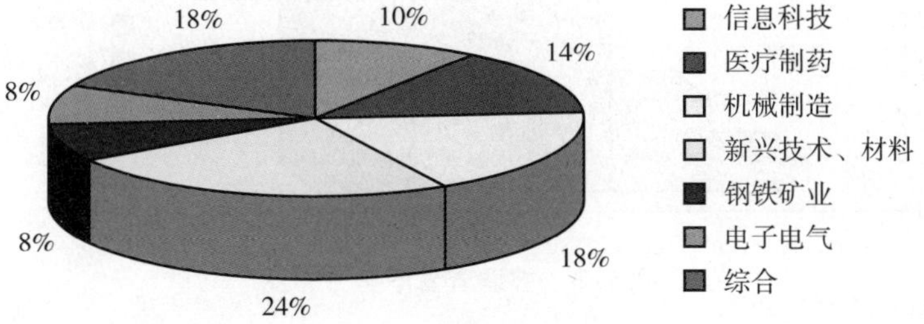

图 4.1 企业性质分布图

从被调查者学历来看，高中及以下学历有 92 人，占比 5%；专科学历有 345 人，占比 19%；本科学历有 817 人，占比 45%；研究生学历有 562 人，占比 31%。分布图如图 4.2 所示。

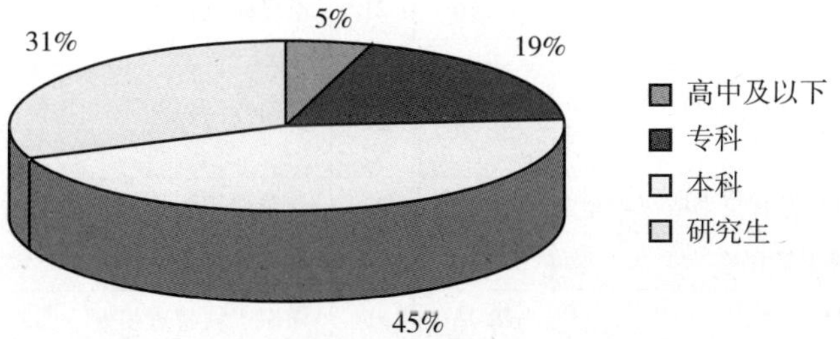

图 4.2 被调查者学历分布图

从被调查者职务来看，高层决策者有 62 人；中层管理者有 184 人；研发人员有 593 人；技术人员有 634 人；普通职员有 343 人。具体如图 4.3 所示。

经过第一轮调查，结果显示，问卷第二部分赞同率在 50% 以下的影响因素包括序号分别为 16、35、46、52 和 54 的新产品成功率、制度机制情况、平均利税总额、地区生态环境贡献度和装备水平改进系数五个因素。新增两个影响因素为高层次人力资源结构和风险规避能力，因此第二轮调查问卷的第二部分主要包括 51 个因素。调查及重要性得分统计结果分别如表 4.8、4.9 所示。

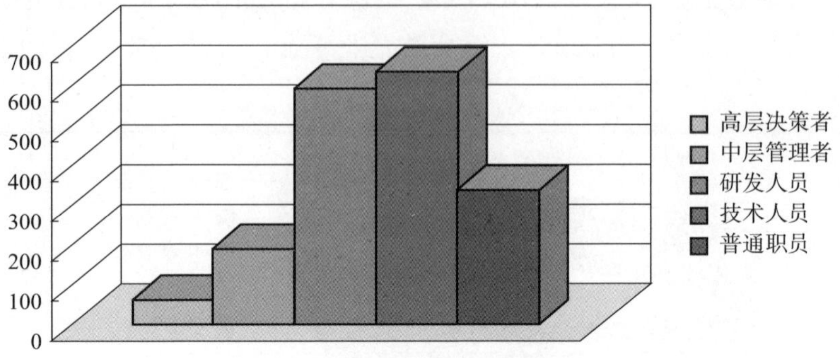

图 4.3 被调查者职务分布图

表 4.8 第一轮企业创新性影响因素调查统计结果

序号	企业创新性影响因素	赞同百分比	序号	企业创新性影响因素	赞同百分比
1	R&D 经费投入强度	96.81	19	创新奖励机制	86.34
2	R&D 人员比例	90.75	20	员工晋升机制	79.79
3	新产品销售收入占主营业务收入比重	78.86	21	市场研究投入强度	56.28
4	千名研发人员拥有的授权发明专利数	66.74	22	组织适应程度	77.09
5	企业拥有专有技术成果数量	83.92	23	营销费用投入强度	62.33
6	R&D 成果转化率	84.00	24	创新管理水平	88.66
7	企业家创新精神	67.73	25	知识产权管理机制	78.36
8	新产品平均开发周期	58.26	26	全员劳动生产率	80.18
9	企业文化	85.24	27	自主创新项目比重	85.52
10	员工创新意识	70.98	28	销售网络覆盖率	62.78
11	员工合理化建议采纳情况	79.19	29	总资产周转率	55.45
12	新产品利润率	54.35	30	与国内外技术资源合作程度	74.17
13	创新战略制定	67.34	31	信息技术系统完备程度	82.00
14	创新战略实施	67.34	32	企业内部协调机制	72.36
15	研发人员整体素质	60.79	33	技术装备水平	88.60
16	新产品成功率	46.53	34	员工培训次数	86.67
17	信息技术平台建设	67.46	35	制度机制情况	49.06
18	新产品市场占有率	76.49	36	工人技术等级	63.82

续表

序号	企业创新性影响因素	赞同百分比	序号	企业创新性影响因素	赞同百分比
37	信息采集与管理能力	84.86	46	平均利税总额	44.60
38	员工参加创新活动积极性	88.33	47	国家政策环境匹配度	92.46
39	薪酬制度满意度	72.47	48	创新发展愿景适宜度	88.38
40	Know - how 数量	69.22	49	企业社会责任强度	50.10
41	驰名品牌或商标数量	78.69	50	国家政策识别度	65.36
42	管理人员水平	57.87	51	互联网运营水平	84.64
43	顾客满意度	68.06	52	地区生态环境贡献度	31.22
44	产权明晰度	60.74	53	企业文化培训与相关活动支出	52.64
45	参与制定技术标准数	54.35	54	装备水平改进系数	48.40

表 4.9　第二轮企业创新性影响因素重要性得分调查结果

序号	企业创新性影响因素	重要性得分	序号	企业创新性影响因素	重要性得分
1	R&D 经费投入强度	4.81	17	新产品市场占有率	2.99
2	R&D 人员比例	4.74	18	创新奖励机制完善度	4.36
3	新产品销售收入占主营业务收入比重	4.35	19	员工晋升机制完善度	4.19
4	千名研发人员拥有的授权发明专利数	4.12	20	市场研究投入强度	3.16
5	企业拥有专有技术成果数量	4.63	21	组织适应程度	4.23
6	R&D 成果转化率	4.38	22	营销费用投入强度	3.41
7	企业家创新精神	4.19	23	创新管理水平	4.31
8	新产品平均开发周期	4.26	24	知识产权管理机制	4.68
9	企业文化	3.77	25	全员劳动生产率	4.12
10	员工创新意识	4.70	26	自主创新项目比重	4.46
11	员工合理化建议采纳情况	4.55	27	销售网络覆盖率	2.73
12	新产品利润率	4.29	28	总资产周转率	3.21
13	创新战略制定	4.78	29	与国内外技术资源合作程度	3.52
14	创新战略实施	4.53	30	信息技术系统完备程度	3.96
15	研发人员整体素质	3.28	31	企业内部协调机制	4.41
16	信息技术平台建设	4.72	32	技术装备水平	4.61

续表

序号	企业创新性影响因素	重要性得分	序号	企业创新性影响因素	重要性得分
33	员工培训次数	4. 20	43	参与制定技术标准数	3. 37
34	工人技术等级	3. 11	44	国家政策环境匹配度	4. 51
35	信息采集与管理能力	3. 58	45	创新发展愿景适宜度	4. 35
36	员工参加创新活动积极性	4. 37	46	企业社会责任强度	3. 01
37	薪酬制度满意度	3. 65	47	国家政策识别度	3. 69
38	Know - how 数量	3. 21	48	互联网运营能力	4. 66
39	驰名品牌或商标数量	3. 06	49	企业文化培训与相关活动支出	3. 28
40	管理人员水平	3. 45	50	高层次人力资源结构	3. 52
41	顾客满意度	3. 24	51	风险规避能力	3. 89
42	产权明晰度	3. 56			

第四节　企业创新性信度分析及影响因素确定

信度是对测量结果可靠性或一致性程度进行检验，一致性程度越高，测量的随机误差越小，测量结果越可靠。调查问卷应具有较高的信任水平和内部一致性，基于调查所得数据，本书对调查问卷进行信度检验，运用一致性检验结果说明问卷的可靠性，从而可以运用调查结果对企业创新性影响因素重要性进行分析以确定主要影响因素。

一、企业创新性信度分析

（一）信度检验的相关依据

信度分析即可靠性分析，是指采用同样的方法对同一对象重复测量时所得结果的一致性程度，主要表现测量结果的一贯性、一致性、再现和稳定性。本书涉及的信度分析重在考察一组调查项目之间是否具有较高的内在一致性，即测量的是否为同一个特征。一组调查项目内部一致性程度越高意味着信度越高，相应的评价项目越有意义，所得调查结果越可信，评价体系稳定性和可靠性也越高。

信度指标多以相关系数表示，大致分成三类：稳定性系数、等值性系数和内部一致性系数。信度分析的方法主要有以下四种：重测信度法、复本信度法、折半信度法、α 信度系数法。其中，信度系数 α（Alpha）是目前最常用的信度系数，内部一致性系数以克朗巴哈（Cronbach）系数和斯皮尔曼—布朗折半（Split - half）信度系数为主。信度检验评价标准是：如果信度系数达到 0.9 以上，则认为该测验项目或量表的信度甚佳；信度系数若介于 0.8 与 0.9 之间，则认为该测验项目或量表可以接受；信度系数若介于 0.7 与 0.8 之间，则认为存在一定的问题，应进行较大修正，但仍不失其价值。信度系数若小于 0.7，则认为该测验项目或量表设计上存在很大问题，应该放弃该测验项目或量表重新设计。

（二）项目内部一致性信度系数

SPSS 软件的信度分析主要用于对量表内在的信度进行研究。而克朗巴哈系数主要用于测度量表内部的一致性，其计算方法是：计算各评估项目的相关系数矩阵，并计算相关系数的均值。克朗巴哈 α 系数的计算公式为：

$$\alpha = \frac{k}{k-1}\left(1 - \frac{\sum_{i=1}^{k} S_i^2}{S^2}\right) \tag{4.1}$$

其中，k 为调查问卷的题目数，S_i 为第 i 题得分数的方差（变异量），S 为测验问卷总分的方差（变异量）。克朗巴哈系数可以运用 SPSS 统计软件计算，该软件还可以计算剔除的克朗巴哈系数，如果剔除后的克朗巴哈系数较剔除前的有显著提高，则说明所剔除的评估项目与其他项目的相关性较低，应该剔除，反之表明所剔除的评估项目与其他项目具有一定的相关性，应该保留。

把本次调查结果运用式（4.1）基本原理，借助 SPSS22.0 统计软件进行内部一致性信度检验，计算结果显示，在本调查问卷剔除新产品成功率、制度机制情况、平均利税总额、地区生态环境贡献度和装备水平改进系数五个评价因素前，克朗巴哈 α 系数是 0.906，剔除后的问卷克朗巴哈 α 系数为 0.928，系数值有相应提高，表明剔除因素与其他因素相关性较低，同时也反映问卷相当稳定，具有较高的信任水平和内部一致性，可以运用调整后的调查问卷对企业创新性影响因素重要性进行分析。

二、企业创新性影响因素确定

本书旨在通过确定企业创新性影响因素，从新旧动能转换下企业自身角度评价其创新水平。企业创新性评价体系的构建需结合企业创新性影响因素，所以从企业创新视角确定影响因素时，应找出对企业创新性影响程度较大的因素作为主要影响因子，以此去评价企业创新水平，分析各影响因素对企业创新性的影响显著性与否，优化设计企业成长路径。

结合企业创新性影响因素百分比分布以及重要性分值，确定企业创新性各影响因素的重要性程度，按照各影响因素的票数及得分进行降序排列，并选取重要性程度平均得分4分以上的影响因素作为企业创新性的主要影响因素。根据以上原则和数据排序结果，对调查数据进行统计分析，共确定出28个影响因素对企业创新性的影响程度较大，统计结果显示被调查的50家企业相关人员普遍认为这28个因素的影响性均在“重要”等级及以上，平均得分在“4分”与“5分”之间。以此作为企业创新性评价指标构建评价体系，具有一定的科学性和实用价值。28个影响因素如下：研发经费投入强度、研发人员比例、新产品销售收入占主营业务收入比重、千名研发人员拥有的授权发明专利数、企业拥有专有技术成果数量、研发成果转化率、企业家创新精神、新产品平均开发周期、员工创新意识、员工合理化建议采纳情况、新产品利润率、创新战略制定、创新战略实施、信息技术平台建设、创新奖励机制完善度、员工晋升机制完善度、组织适应程度、创新管理水平、知识产权管理机制、全员劳动生产率、自主创新项目比重、企业内部协调机制、技术装备水平、员工培训次数、员工参加创新活动积极性、国家政策环境匹配度、创新发展愿景适宜度、互联网运营能力。

本章小结

本章在相关理论研究和文献综述的基础上，从国内外企业创新性的发展现状、评价体系研究出发，系统梳理我国企业创新性的影响因素。根据研究框架和数据结构，研究分为两个部分：采用 Excel 对被调查者的单位名称、单位性质、学历、职务等方面的基本信息进行了统计分析；采用 SPSS 软件对企业创新性影响因素进行甄别。通过调查问卷设计与实施，获取相关数据，在对所得数据进行统计分析的基础上，按照重要性得分从高到低共筛选出 28 个平均得分对应等级在“重要”及以上的影响因素。

「第五章」

企业创新性评价体系构建

第四章在整理国内外企业创新性相关文献基础上，梳理出企业创新性的影响因素并设计调查问卷，通过两轮问卷调查，确定了现阶段中国企业创新性的28个主要影响因素，本章将依据调研结果构建企业创新性评价体系，并赋予各指标权重，从而为全面、准确、客观地评价企业创新性奠定基础。

第一节 企业创新性评价体系构建的指导思想及原则

新旧动能转换下企业的成长以提升企业自主创新能力为核心，探索促进企业成为技术创新主体的有效模式和措施，加大对企业自主创新的引导和支持，促进产学研紧密结合，形成各种类型具有示范性的企业，引导更多企业走创新发展之路，为增强自主创新能力、加快经济结构调整和增长方式转变、建设创新型国家提供支撑。①

从总体上看，中国企业的技术创新能力正稳步上升。2016年，全国共投入R&D经费15676.7亿元，比2015年增加了1506.9亿元，增长10.6%，增速较2015年提高了1.7个百分点；R&D经费投入占GDP的比例为2.11%，比2015年提高了0.05个百分点。中国科技研发经费虽然保持了一定的增长速度，但研发投入占GDP比重仍偏低。与世界500强企业5%~10%的水平相比，还有较大差距。通过科学评价引导企业创新发展，可以为财政资金、国家政策、社会资金支持自主创新提供依据和支撑，同时有助于新旧动能转换下企业找到自身优势与不足。构建企业创新性评价指标体系，对政府政策制定和企业创新能力提升都具有较好的决策参考价值和实践意义。

---

① 向刚，等. 创新型企业评价指标体系研究［J］. 科技管理研究，2009（6）.

企业创新性的制约因素众多且结构复杂，建立企业创新性评价体系，首先要明确评价体系构建的指导思想、意义和原则。

一、企业创新性评价体系构建指导思想

企业创新性评价体系构建过程是一个对评价对象总体数量特征的认识逐步深化、逐步求精与完善的过程。在设计评价体系的过程中，应遵循的指导思想是：运用系统论的观点和分析方法，结合中国实际国情，借鉴国内外相关研究优点，全面概括和充分体现企业创新性的本质内涵和核心特征；在指标选择上，定性指标和定量指标、总量指标和人均指标兼顾，力求有利于企业创新性自测；在科学合理前提下，评价体系力求简洁实用，具有可操作性。

（一）评价体系应反映出企业创新性核心特征

企业创新性核心特征主要体现在持久的创新动力、强大的创新能力、完善的创新机制、突出的创新绩效、优秀的创新潜能上。本书所构建的企业创新性评价体系旨在反映企业创新的核心特征。

（二）评价体系应有利于企业创新性的自测

评价体系应当有利于企业创新性进行自测，通过企业创新性评价体系的构建，测度企业对创新发展的投入力度，查找创新过程中存在的不足，以便更好地采取有效措施，改进企业的创新管理体系，使创新模式更有效、合理。

（三）评价体系应有利于企业发展的科学化

评价指标体系应为企业发展提供思路、指明方向，评价体系不仅要起到评价的作用，更重要的是通过评价结果找到影响企业发展的关键因素。锁定薄弱环节，从而对症下药，及时调整原有战略，使企业沿科学化的发展路线前行。

二、企业创新性评价体系构建原则

企业创新性评价体系是一项用来描述创新型国家和地区的发展状况，用以监测企业创新性发展过程中的矛盾和问题，评价企业创新能力水平的

复杂系统工程，是一项由多个指标组成的相互联系、相互依存的统计指标集。它是评价企业创新能力、创新水平和科学技术生产力水平的综合系统，是政府制定国家创新发展规划、进行政策研究，对现状、未来做出评价从而进行科学决策必不可少的量化评估依据。为了确保测评的结果能全面、客观、准确地反映一个企业创新的真实现状和未来的发展趋势，企业创新性评价体系应坚持以下几条原则：

（一）科学性与准确性相结合

科学性是确保测评结果准确的基础，评价体系的设计应尽可能以现代统计理论为基础，科学合理、简单易行地反映企业的创新能力。准确性则指在设计评价体系时，指标的概念要准确，内涵要明晰，尽可能避免或减少主观的臆断，各指标间应保证协调统一。同时，还应充分考虑所掌握的已有资料来源限制及资料渠道的真实可靠，准确处理相关数据，尽可能减小调查误差，使评价指标符合实际。①

（二）系统性与层次性相统一

在设计评价体系时，应遵循指标明确，评价内容具体的原则。一要明确企业评价范围，理解企业创新发展的目标要求、明确所包含的因素以及因素间的关系，拟定备选方案等。二要对掌握的信息进行判断和取舍。既要反映出层次内企业创新性各影响因素的关联，又要表现出各层次间存在的反馈作用，评价目标要简单明确。

（三）全面性与重点性相统一

在设计评价体系时，既要突出重点，又要相对全面，要全面性与重点性相统一。突出重点，即要反映企业创新性的内涵，从企业创新性的众多影响因素中，锁定主要影响因素，明确加以定义，通过权重比较，确定不同因素的相对重要程度，从而构建一个能够客观刻画优先级的、相对全面的评价体系，以提高评价体系开放性和包容性。

（四）定性与定量相统一

在设计评价指标体系时，定性与定量相统一，为给后续研究进行系统

---

① 李光红，等．大学生就业力研究［M］．济南：山东人民出版社，2014.

评价奠定基础。有的指标需要精确度量，应尽量定量化、规范化，对评价指标进行合理勾画。但有些指标不适宜定量化，定量化后反而不能恰当反映指标内涵，应进行定性描述，能反映静态变化和动态发展即可。

（五）多元化与集成化相统一

构建企业创新性评价体系时，所选择的指标要遵循多元化的原则，综合考虑与企业创新性相关的因素。集成化是把某些元素（或功能）集在一起，而非一个元素或功能，影响企业创新性的因素很多，这些因素作为评价指标对企业创新性进行评价时，应把它们集成在一起。构建评价指标体系时，指标的选取应遵循多元化与集成化相统一的原则。

（六）可比性与可操作性相结合

为了便于评价工作所涉及的各方面人员理解，评价体系应尽量选用相对成熟的指标，并且必须赋予各企业共有的指标含义，尽可能保持统计口径和范围的一致，即可比性。可操作性则指设计评价体系时要尽可能选取规范化的指标，定量指标要有利于获得真实可靠的数据，定性指标要有等级分明的评价标准。同时，要做到指标选择简洁，根据需要剔除、综合、细分相关指标，避免过于烦琐，能够有效评价和统计，便于推广。①

（七）实用性

建立的评价指标体系是否实用、可行，是非常重要的问题。一般来说，目标分解越细，测评也越精确；但如果条目过细，不仅给评价的实施带来困难，而且容易出现主次难分，评价重点被弱化的现象，影响效率和评价质量。此外，建立的评价指标体系应该是符合实际的、客观可信的。

（八）动态性

社会发展的过程就是不断创新的过程。管理方法与手段甚至包括企业创新性内涵的厘定都处在不断创新中。对企业创新性的评价也是一个动态过程，伴随相关因素的变化和发展，各评价指标所发挥的作用将会相应增减。所以，评价体系应遵循动态原则，当社会、经济发生重要变化或其他

---

① 李光红，等．大学生就业力研究［M］．济南：山东人民出版社，2014.

变化时，构建的企业创新性评价体系也应作相应调整。①

第二节 企业创新性评价指标体系的构建

根据企业创新性评价体系构建的指导思想和原则，参考由文献梳理和问卷调查结果总结出的企业创新性影响因素，运用SPSS22.0统计软件对影响因素进行聚类分析，构建企业创新性评价指标体系。

一、企业创新性评价指标

第四章中问卷调查统计结果显示，共28个评价指标对企业创新性有一定的影响，在此基础上，对指标重要性打分，运用统计软件SPSS22.0对其进行聚类分析，② 凝练出二级指标和一级指标，从而构建出一个具有三级指标的企业创新性评价指标体系。

聚类分析作为一种探索性分析，无须事先给出分类标准，可以从样本数据出发自动分类。聚类分析的方法主要有两种：快速聚类分析方法与层次聚类分析方法。其中，前者适合于观察值数量多（通常观察值大于等于200）的情况；后者更适合于观察值数量相对比较少的情况。③ 层次聚类分析方法是根据观察值或变量间的亲疏程度，将最相近对象结合在一起，逐次聚合，直到所有样本聚成一类。其主要有两种形式：R型聚类和Q型聚类，两种形式的区别在于前者是对观测样本进行分类，将有共性的样本聚合在一起；后者则是对研究对象的观察变量进行分类，将具有共同特征的变量聚在一起，从中选出代表性的变量进行分析，以达到减少分析变量个数的目的。④

① 李光红，等．大学生就业力研究［M］．济南：山东人民出版社，2014．

② 吴明隆．SPSS统计应用实务——问卷分析与应用统计［M］．北京：科学出版社，2003：73－74．

③ 宋志刚，何旭洪．SPSS16实用教程［M］．北京：人民邮电出版社，2008：209－210．

④ 宋志刚，何旭洪．SPSS16实用教程［M］．北京：人民邮电出版社，2008：210－211．

二、基于聚类分析的评价指标体系构建

对筛选出的28个影响因素指标进行聚类分析时，由于调查样本是选取50家新旧动能转换下的企业发放2000份调查问卷，获取的样本观察值包括1816份有效回收问卷中的数据，共54572个观察值，观测值比较多，所以选用快速聚类分析法进行聚类。快速聚类是大样本资料的逐步聚类分析。具体计算步骤有5大步：①

（1）用户指定聚类数 k；

（2）由SPSS确定 k 个类的初始类中心点（或由用户自行指定）；

（3）计算所有样本观察值到 k 个类中心点的欧氏距离，按照距离最短原则SPSS把所有样本分派到各中心点所在类中，形成一个新 k 类，完成第一次迭代；

（4）通过计算每个类中各个观察值的均值，SPSS重新确定 k 个类的中心点；

（5）重复上述计算步骤，直到达到指定迭代次数或终止迭代判断要求为止。②

根据实际需要，本书事先指定指标聚类数为11，运用SPSS22.0对调查数据聚类分析，得出如下聚类分析树形图，如图5.1所示。

如图5.1显示，各类之间的距离在25的坐标内。从树形图可以直观地看出聚类过程和结果，样本观察值24和25属于第一类，在此命名为企业管理潜能；样本观察值22和23属于第二类，在此命名为员工创新潜能；样本观察值10和11属于第三类，在此命名为创新战略；样本观察值5、7和8属于第四类，在此命名为创新文化；样本观察值1、2和21属于第五类，在此命名为创新投入能力；样本观察值15、16和26属于第六类，在此命名为组织与管理能力；样本观察值4、6和12属于第七类，在此命名为研究开发能力；样本观察值27、28和19属于第八类，在此命名为科技绩效；样本观察值3、9和18属于第九类，在此命名为财务绩效；样本观察值17和20属于第十类，在此命名为创新保障机制；样本观察值13和14属于第十一类，在此命名为创新激励机制。

---

① 宋志刚，何旭洪．SPSS16实用教程［M］．北京：人民邮电出版社，2008：229.

② 李光红，等．大学生就业力研究［M］．济南：山东人民出版社，2014.

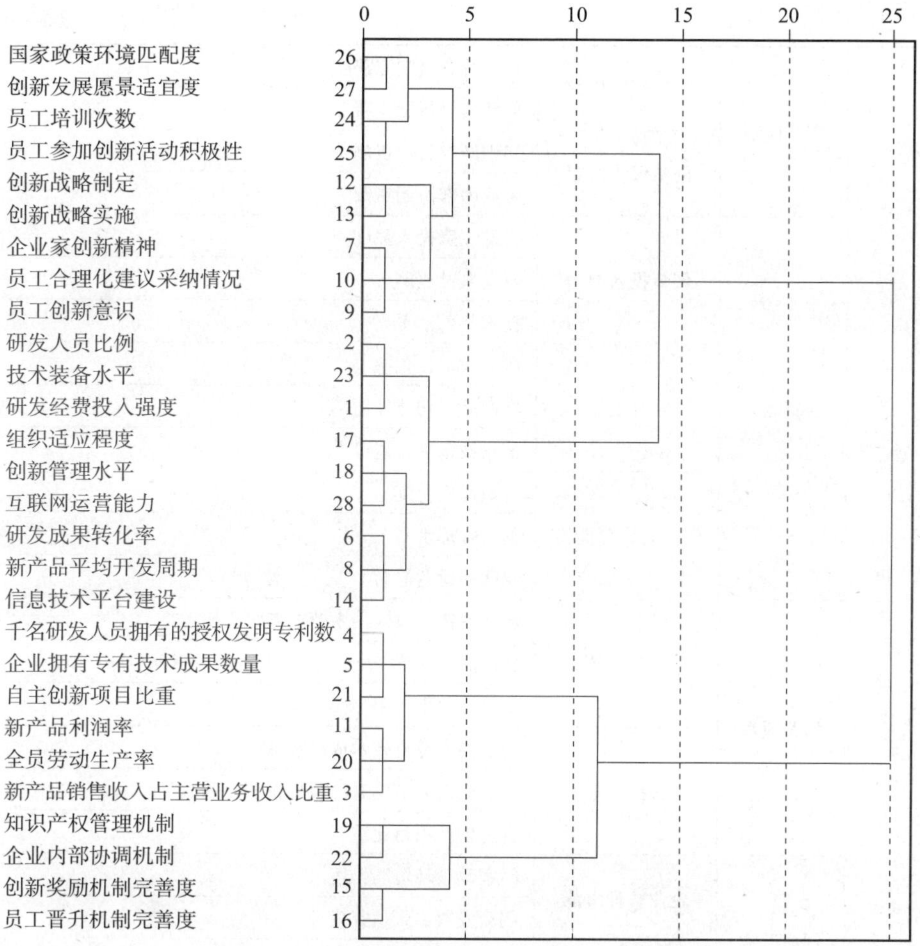

图 5.1 企业创新性影响因素聚类分析树形图

根据本书对企业创新性内涵的界定，又可以把这十一类二级指标聚为五类一级指标，即创新动力、创新机制、创新能力、创新绩效和创新潜能。由此构建企业创新性评价指标体系，如表 5.1 所示。

表 5.1 企业创新性评价指标体系

企业创新性评价指标体系	创新动力	创新战略	创新战略制定
			创新战略实施
		创新文化	企业家创新精神
			员工创新意识
			员工合理化建议采纳情况

续表

<table>
<tr><td rowspan="28">企业创新性评价指标体系</td><td rowspan="4">创新机制</td><td rowspan="2">创新激励机制</td><td>员工晋升机制完善度</td></tr>
<tr><td>创新奖励机制完善度</td></tr>
<tr><td rowspan="2">创新保障机制</td><td>知识产权管理机制</td></tr>
<tr><td>企业内部协调机制</td></tr>
<tr><td rowspan="9">创新能力</td><td rowspan="3">创新投入能力</td><td>研发经费投入强度</td></tr>
<tr><td>研发人员比例</td></tr>
<tr><td>技术装备水平</td></tr>
<tr><td rowspan="3">研究开发能力</td><td>研发成果转化率</td></tr>
<tr><td>新产品平均开发周期</td></tr>
<tr><td>信息技术平台建设</td></tr>
<tr><td rowspan="3">组织与管理能力</td><td>组织适应程度</td></tr>
<tr><td>创新管理水平</td></tr>
<tr><td>互联网运营能力</td></tr>
<tr><td rowspan="6">创新绩效</td><td rowspan="3">财务绩效</td><td>新产品销售收入占主营业务收入比重</td></tr>
<tr><td>新产品利润率</td></tr>
<tr><td>全员劳动生产率</td></tr>
<tr><td rowspan="3">科技绩效</td><td>企业拥有专有技术成果数量</td></tr>
<tr><td>千名研发人员拥有的授权发明专利数</td></tr>
<tr><td>自主创新项目比重</td></tr>
<tr><td rowspan="4">创新潜能</td><td rowspan="2">企业管理潜能</td><td>国家政策环境匹配度</td></tr>
<tr><td>创新发展愿景适宜度</td></tr>
<tr><td rowspan="2">员工创新潜能</td><td>员工培训次数</td></tr>
<tr><td>员工参加创新活动积极性</td></tr>
</table>

第三节　企业创新性评价指标权重的赋予

本书构建了具有28个三级指标、11个二级指标、5个一级指标的企业创新性评价指标体系，为了使评价指标体系由理论层面步入操作层面，鉴于问题的复杂性，本章将选取网络分析法（ANP）为各评价指标赋予权重。

一、ANP 方法的引入

目前，评价指标权重确定方法众多，常用的有频数统计法、专家咨询法、主成分分析法、熵值法、回归分析法、层次分析法（AHP）、网络分析法（ANP）等。其中，频数统计法和专家咨询法这两种方法属于主观赋权法，易受选取对象范围和自身条件等的影响，客观性和可靠性较差。属于客观赋权法的主成分分析法、熵权法、回归分析在一定程度上弥补了主观赋权法的不足，这些方法直接根据指标的原始数据，通过数学或统计学方法处理得出指标权重，因此客观性较强。这类方法的缺点是需要有大量的实测数据为基础，而且计算方法也比较烦琐。属于主观赋权法的层次分析法受主观因素的影响，其运用也带有一定的局限性，即要在考虑层级间元素的相互独立性的前提下运用。①②

企业创新性评价指标体系是一个包含三级指标的层次结构，指标比较多，因此采用主观赋权法，如频数统计法、专家咨询法等，会带来操作上的困难；另外，由于不可能获得关于指标的大量数据，因此企业创新性评价指标权重确定不具备采用主成分分析法、熵权法、回归法等客观赋权法的条件。而网络分析法可以解决企业创新性的多级评价问题。因此，企业创新性评价指标权重的确定，采用网络分析法较为合适。

（一）指标权重的确定

ANP 方法作为一种主观赋权法，主要通过专家评判对指标两两比较获取指标权重。③ 选择相关专家作为权重咨询专家时，一般选取相关研究领域的学者、科技部门的领导以及部分企业高管，首先让咨询专家对企业创新性评价指标的重要性进行两两比较打分，最终取其一致意见，然后将打分结果录入超级决策 SD 软件，运行权重计算程序得到对各评价指标的权重。④

---

① 窦新华，潘慧玲．基于网络层次分析法（ANP）的高校创新人才综合评价研究［J］．科学经济社会，2012（3）．

② 许树柏．层次分析法原理［M］．天津：天津大学出版社，1988：40.

③ M. A. Promentilla，T. Furuichi，K. Ishii and N. Tanikawa. Evaluation of Remedial Countermeasures using the Analytic Network Process［J］. Waste Management，vol. 26，no. 12，2006：1410.

④ 李光红，等．大学生就业力研究［M］．济南：山东人民出版社，2014.

1. 企业创新性指标权重确定方法

（1）内部独立指标权重确定

企业创新性评价指标体系中，有些指标层中的指标关系是相互独立的，它们的权重确定方法可以采用传统的层次分析法，即只需对上层准则（元素）下的各层次指标的相对重要性进行两两比较，得出比较矩阵，计算过程同样可以运用SD软件实现。

（2）内部依存指标权重确定

内部依存指标指的是企业创新性评价指标体系中存在相互影响关系的指标。为了反映这种关系，需要纵横向比较，既要相对于上层元素进行重要度纵向比较，又要对不同的准则（元素）之间的指标重要性进行横向比较。各指标因素间的比较方法常见的有情景法、德尔菲法等，比较分级多采用5级分法、9级分法或其他分组制。① 具体计算原理是整理分析出存在依存度的指标，向专家群体发放调查问卷，让他们对内部依存指标的重要性进行两两比较，求出其相对重要性，再以9级分制对各个指标进行赋值，计算其平均值建立矩阵，并求出矩阵特征值及特征相量，最后确定各指标的权重。整个计算过程可以在SD软件中实现，计算9级分制的赋值方法，如表5.2所示。

表5.2　元素相对重要性分级表（SAATY，1980）②

重要程度	定义	解释
1	同等重要	两种行为对目标的贡献相当
3	稍重要	一种行为比另一种行为的贡献稍大一些
5	更重要	一种行为比另一种行为的贡献要大
7	非常重要	一种行为比另一种行为的贡献要大得多
9	极重要	一种行为占绝对优势
2，4，6，8	中间值	需要做折中处理时采用

2. 超矩阵的计算

不同水平的各个成分之间以及同一水平同一成分内各个元素之间的相

① U. Asan，A. Soyer. Identifying Strategic Management Concepts：An Analytic Network Process Approach［J］. Computers and Industrial Engineering，vol. 56，no. 2，2009：600－601.

② T. L. Saaty. The Analytic Hierarchy Process［M］McGraw Hill Inc，1980：78.

互影响的直接评价可以用网络结构的超矩阵来表示。超矩阵只用来表示决策者对相互成分或者元素之间的直观价值判断或者偏好，它是直接的价值判断。但由于各个成分和各个元素之间存在反馈关系，因此这种价值有间接影响作用或者反作用。要确定一个元素对最高水平成分中的各个元素或者最高目标的最后影响，需要综合直接与间接影响的作用，形成最终的综合影响权重。这需要在评价直接影响作用的超矩阵的基础上，进行矩阵运算。其中的各种间接影响程度可以通过超矩阵的乘幂来获得。直观地，综合影响权重应该通过下列运算得到：

$$W + W^2 + W^3 + \cdots + W^n = \sum_{i=1}^{n} W^i$$

为了使运算收敛，必须要求超矩阵具有随机性，即使超矩阵的每一列的元素相加为1，使得累加效应存在且有限。①② 假如超矩阵 W 中的每一个块 W_{ij} 由第 i 个成分中的元素对于第 j 个成分中元素的影响程度所组成，该块的每一个列向量对应于这样一个权重，这个权重是通过特征向量法或者其他方法计算得出。

总之，给定加权随机超矩阵 W，可以先求它的幂，如果幂收敛，就把这个收敛结果作为综合权重。否则，如果出现周期性，就取平均值作为综合权重。计算过程相当复杂，通常采取编制一定的软件包来完成。③

3. 综合指标权重确定

综合指标权重指综合指标独立性和非独立性关系的非线性组合的权重，其确定方法是根据上述计算过程，得到所有指标的局部权重与全局权重的分配情况，然后通过计算得到评价结果。④

4. 应用软件（SD 软件）

超级决策软件（Super Decision，以下称 SD 软件）由 Rozann W. Sany 和 William Adams 在美国推出，该软件基于 ANP 理论，⑤ 是 ANP 的强大计

---

① 宋光兴，邹平．多属性群决策中决策者权重的确定方法［J］．系统工程 2001（7）．

② 孙宏才．决策科学理论与方法［M］．北京：海洋出版社，2001：7－8．

③ 唐小丽，冯俊文．ANP 原理及其运用展望［J］．统计与决策，2006（6）．

④ 介玉新，胡韬，李青云，李广信．层次分析法在长江堤防安全评价系统中的应用［J］．清华大学学报（自然科学版），2004（12）．

⑤ 刘睿，余建星，孙宏才，田平．基于 ANP 的超级决策软件介绍及其应用［J］．系统工程理论与实践，2003（8）．

算工具，并成功将 ANP 计算程序化，为 ANP 的广泛推广奠定了基础。本书主要从应用角度介绍 SD 软件，并在本章利用该软件对企业创新性评价指标进行评价以确定各指标权重。SD 软件为评价指标的权重确定提供了强大且简便功能，可以计算任何 ANP、AHP 模型，并完整地显示计算结果。①②

二、基于 ANP 的评价指标权重的赋予

确立了 28 个企业创新性评价指标后，考虑到各子指标之间的非独立性，现采取 ANP 方法对其重要性加以分析。对于内部独立的指标权重的计算，可以转化为 AHP 模型，其计算也可以运用 SD 软件进行。由于内部指标之间关系的复杂性，本书将采取 SD 软件确定内部依存各指标权重。

（一）评价指标网络分析

本书根据各指标之间的关系在 SD 软件中建立 ANP 模型如图 5.2 所示。③构建网络分析图时，本书把网络图分成两大部分，第一部分是控制层，包括目标层（企业创新性评价指标层）和准则层（创新动力、创新机制、创新能力、创新绩效和创新潜能层）；第二部分是网络层，包括创新战略、创新文化、创新激励机制、创新保障机制、创新投入能力、研究开发能力、组织与管理能力、财务绩效、科技绩效、企业管理潜能和员工创新潜能 11 个指标构成的指标群。其中准则层中创新动力、创新机制、创新能力、创新绩效和创新潜能之间看作是相互独立的，五个准则层之间的关系可以用层次分析法的思想进行分析；网络层中各子指标之间相互依存，存在一定的网络联系，各子指标间关系用网络分析法的思想进行分析。

（二）各指标在 SD 软件中的赋分情况

运用 SD 软件确定各评价指标的权重时，需要先在软件中比较各指标间的相对重要性，本书采取 1～9 标度法应用内外专家群体打分。

---

① T. L. Saaty. Desion Making with Dependence and Feedback: The Analytic Network Process [M]. Pittburgh, RWS Publications, 2001: 84 - 136.

② 王莲芬. 网络分析法（ANP）理论和算法 [J]. 系统工程理论和实践, 2001 (21).

③ 胡子义，谭水木，彭岩. 基于 ANP 超级决策软件中的智能评估计算与应用 [J]. 计算机工程与设计, 2006 (14).

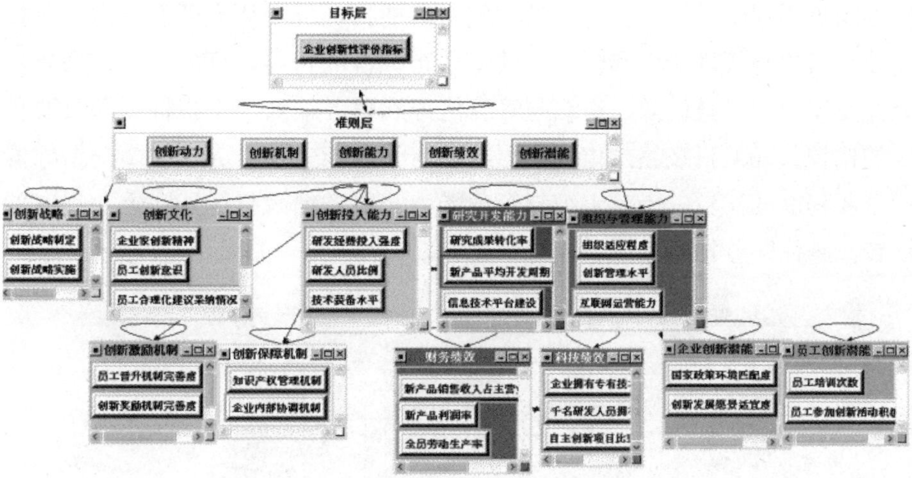

图 5.2 企业创新性评价指标网络分析图

1. **指标群之间的重要程度比较**

企业创新性评价指标网络图中，网络层中共有 11 个指标群，它们受准则层的制约。本书首先在准则层控制下比较各指标群之间的重要性，综合咨询专家的一致意见，在 11 个指标群中，其重要性程度依次为：研究开发能力、创新投入能力、创新战略、员工创新潜能、创新保障机制、科技绩效、创新激励机制、企业管理潜能、创新文化、组织与管理能力、财务绩效。SD 软件中的赋分表中，是按照下列顺序进行的：一是企业管理潜能指标群与其他 10 个指标群之间的重要程度比较；二是创新保障机制指标群与创新战略、创新投入能力、创新文化、创新激励机制、员工创新潜能、研究开发能力、科技绩效、组织与管理能力和财务绩效 9 个指标群之间的重要程度比较；三是创新战略指标群与创新投入能力、创新文化、创新激励机制、员工创新潜能、研究开发能力、科技绩效、组织与管理能力和财务绩效 8 个指标群间重要程度比较；四是创新投入能力指标群与创新文化、创新激励机制、员工创新潜能、研究开发能力、科技绩效、组织与管理能力和财务绩效 7 个指标群间的重要程度比较；五是创新文化指标群与创新激励机制、员工创新潜能、研究开发能力、科技绩效、组织与管理能力和财务绩效 6 个指标群间的重要程度比较；六是创新激励机制指标群与员工创新潜能、研究开发能力、科技绩效、组织与管理能力和财务绩效 5 个指标群间重要程度的比较；七是员工创新潜能指标群与研究开发能力、科技绩效、组织与管理能力和财务绩效 4 个指标群间重要程度的比较；八是研究开发能力与科技绩效、组织与管理能力和财务绩效 3 个指标群间重要程度的比较；九是科技绩效指标群与组织与管理能力和财务绩效 2 个指标群间重要程度的比较；十是组织与管理能力与财务绩效指标群间重要程度的比较。具体赋分情况如图 5.3 所示。

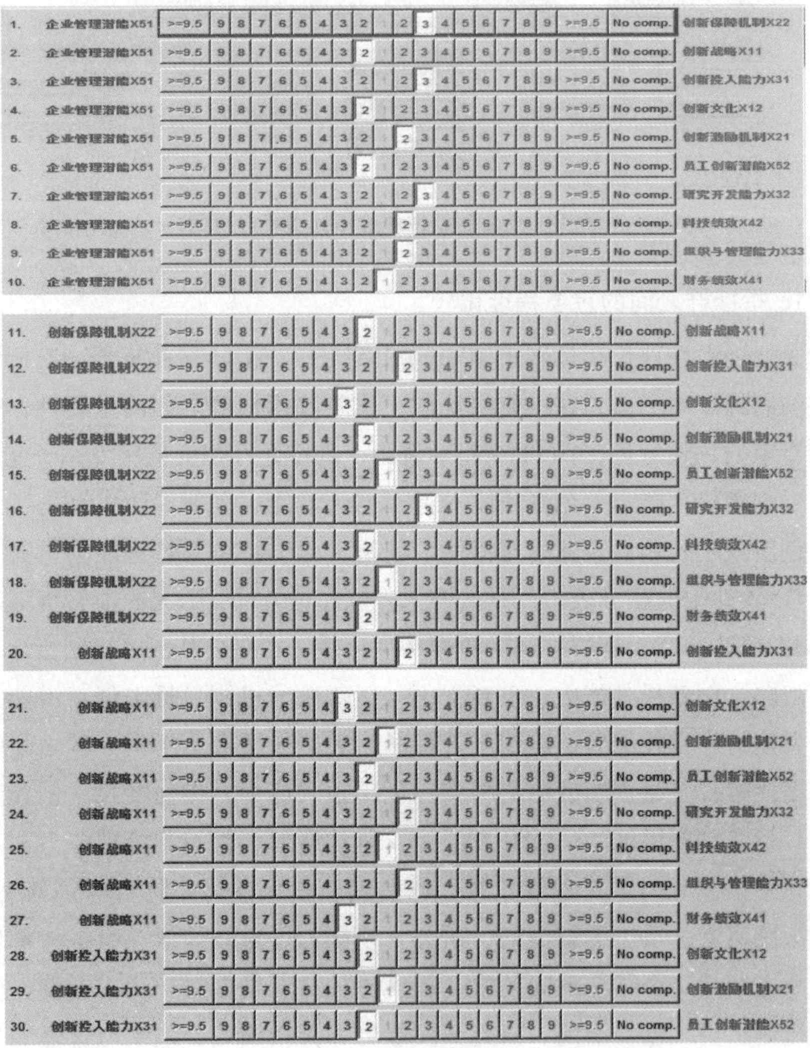

图 5.3　各指标群重要程度比较赋分图

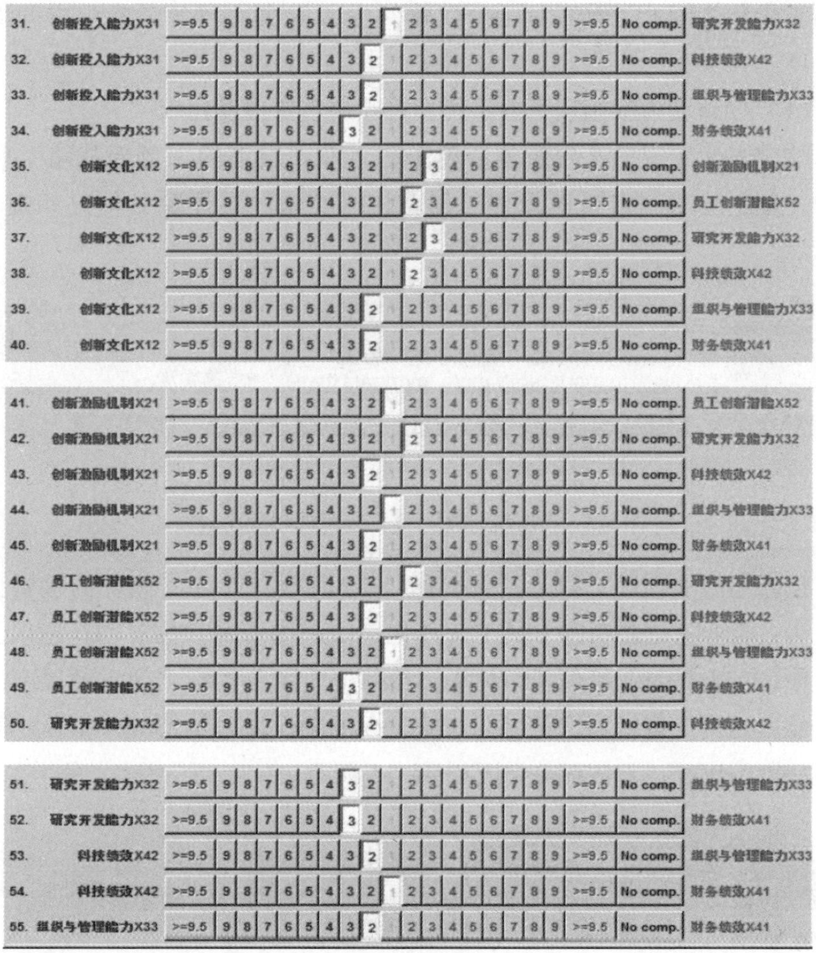

图 5.3（续）

2. 各子指标之间的重要程度比较

本书假设 28 个子指标之间，创新动力准则层下的“创新战略”和“创新文化”两个指标群下的子指标之间相互依存，创新机制准则层下的“创新激励机制”和“创新保障机制”2 个指标群下的子指标之间相互依存，创新能力准则层下的“创新投入能力”“研究开发能力”“组织与管理能力”3 个指标群下的子指标之间相互依存，创新绩效准则层下的“财务绩效”和“科技绩效”2 个指标群下的子指标之间相互依存，创新潜能准则层下的“企业管理潜能”和“员工创新潜能”2 个指标群下的子指标之间相互依存。在 SD 软件中，依次比较各子指标之间的重要程度。

（1）创新动力准则层下各子指标之间的重要程度比较

综合咨询专家的一致意见，创新动力准则层下的“创新战略”指标群中，创新战略制定略微重要于创新战略实施。具体赋分情况如图 5.4 所示。

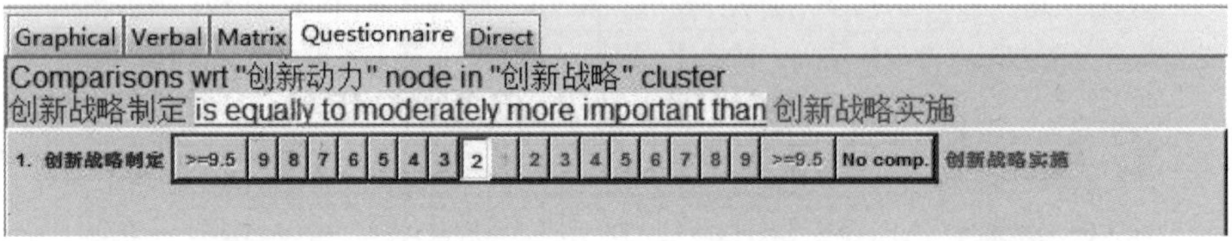

图 5.4 “创新战略”下三级指标赋分比较图

创新动力准则层下的“创新文化”指标群中，3 个子指标的重要程度依次为：企业家创新精神、员工合理化建议采纳情况、员工创新意识。赋分表中，首先是企业家创新精神指标与其他 2 个子指标之间重要程度的比较，然后是员工创新意识子指标与员工合理化建议采纳情况子指标之间的重要程度的比较，具体赋分情况如图 5.5 所示。

图 5.5 “创新文化”下三级指标赋分比较图

（2）创新机制准则层下各子指标之间的重要程度比较

综合咨询专家的一致意见，创新机制准则层下的“创新激励机制”指标群中，员工晋升机制完善度比员工奖励机制完善度重要，具体赋分情况如图 5.6 所示。

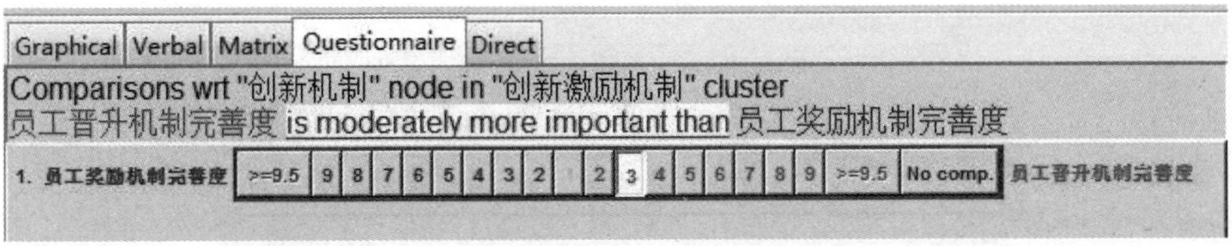

图 5.6 “创新激励机制”下三级指标赋分比较图

创新机制准则层下的“创新保障机制”指标群中，知识产权管理机制要明显重要于企业内部协调机制。

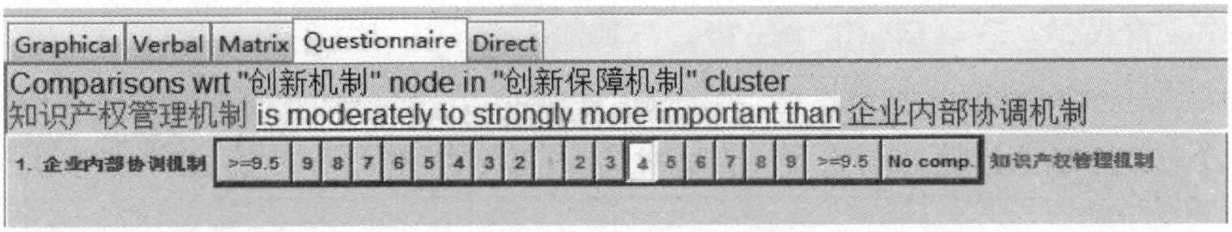

图 5.7 “创新保障机制”下三级指标赋分比较图

（3）创新能力准则层下各子指标之间的重要程度比较

综合咨询专家的一致意见，创新能力准则层下的“创新投入能力”指标群中，3 个子指标的重要程度依次为：研发经费投入强度、研发人员比例、技术装备水平。赋分表中，首先是技术装备水平子指标与其他 2 个子指标之间重要程度的比较，然后是研发人员比例子指标与研发经费投入强度子指标之间的重要程度的比较，具体赋分情况如图 5.8 所示。

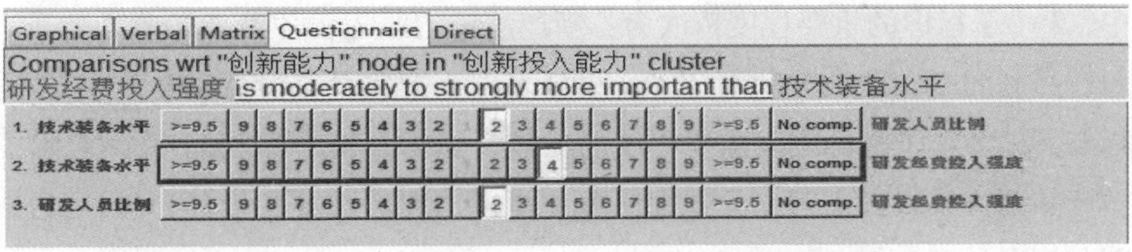

图 5.8 “创新投入能力”下三级指标赋分比较图

创新能力准则层下的“研究开发能力”指标群中，3 个子指标的重要程度依次为：研发成果转化率、信息技术平台建设、新产品平均开发周期。赋分表中，首先是信息技术平台建设子指标与其他 2 个子指标之间重要程度的比较，然后是新产品平均开发周期子指标与研发成果转化率子指标之间的重要程度的比较，具体赋分情况如图 5.9 所示。

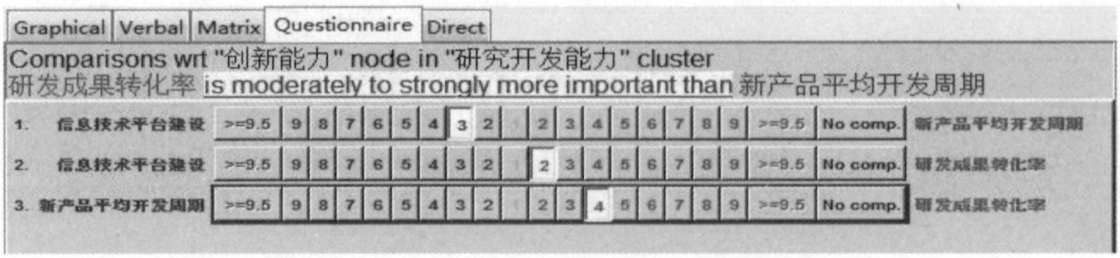

图 5.9 “研究开发能力”下三级指标赋分比较图

创新能力准则层下的“组织与管理能力”指标群中，3 个子指标的重要程度依次为：互联网运营能力，创新管理水平、组织适应程度。赋分表中，首先是互联网运营能力子指标与其他 2 个子指标之间重要程度的比较，然后是创新管理水平子指标与组织适应程度子指标之间的重要程度的比较，具体赋分情况如图 5.10 所示。

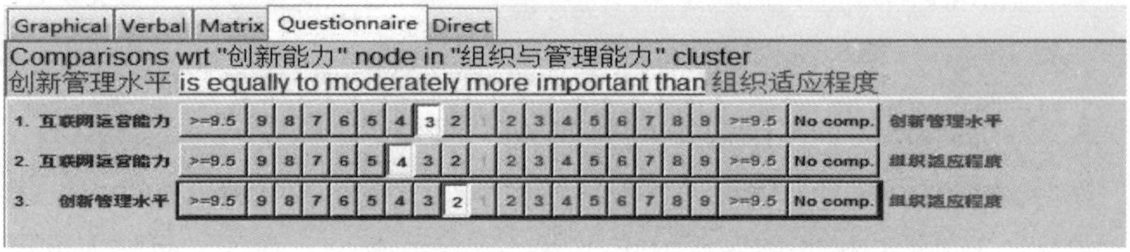

图 5.10 “组织与管理能力”下三级指标赋分比较图

（4）创新绩效准则层下各子指标之间的重要程度比较

综合咨询专家的一致意见，创新绩效准则层下的“财务绩效”指标群中，3 个子指标的重要程度依次为：新产品销售收入占主营业务收入比重、新产品利润率、全员劳动生产率。赋分表中，首先是全员劳动生产率子指标与其他 2 个子指标之间重要程度的比较，然后是新产品利润率子指标与新产品销售收入占主营业务收入比重子指标之间的重要程度的比较，具体赋分情况如图 5.11 所示。

图 5.11 “财务绩效”下三级指标赋分比较图

创新绩效准则层下的“科技绩效”指标群中，3 个子指标的重要程度依次为：自主创新项目比重、企业拥有专有技术成果数量、千名研发人员拥有的授权发明专利数。赋分表中，首先是企业拥有专有技术成果数量子指标与其他 2 个子指标之间重要程度的比较，然后是千名研发人员拥有的授权发明专利数子指标与自主创新项目比重子指标之间的重要程度的比较，具体赋分情况如图 5. 12 所示。

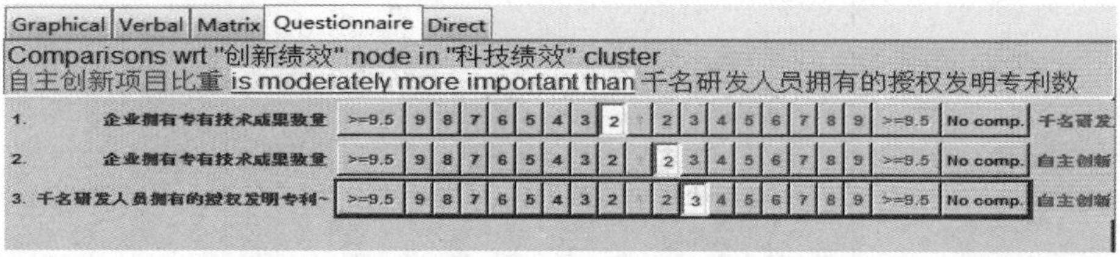

图 5. 12 “科技绩效”下三级指标赋分比较图

（5）创新潜能准则层下各子指标之间的重要程度比较

综合咨询专家的一致意见，创新潜能准则层下的“企业管理潜能”指标群中，国家政策环境匹配度子指标比创新发展愿景适宜度子指标要重要，具体赋分情况如图 5. 13 所示。

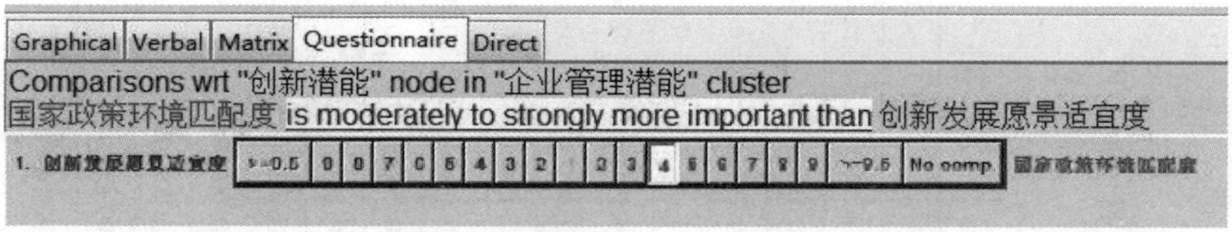

图 5. 13 “企业管理潜能”下三级指标赋分比较图

创新潜能准则层下的“员工创新潜能”指标群中，员工参加创新活动积极性子指标比员工培训次数子指标重要，具体赋分情况如图 5. 14 所示。

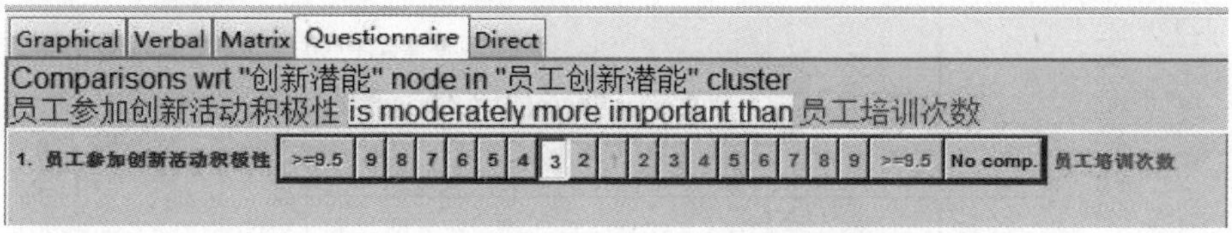

图 5. 14 “员工创新潜能”下三级指标赋分比较图

（三）超矩阵的计算

根据以上各指标群、群内各指标的打分结果，由 SD 软件进行计算，汇总后的评价指标的超矩阵表如表 5.3 –5.6 所示。

表 5.3　企业创新性评价指标超矩阵表

	X_{512}	X_{511}	X_{222}	X_{221}	X_{111}	X_{112}	X_{313}
创新发展愿景适宜度 X_{512}	0. 20000	0. 01348	0. 00000	0. 04546	0. 04546	0. 00000	0. 04546
国家政策环境匹配度 X_{511}	0. 80000	0. 05390	0. 00000	0. 04546	0. 04546	0. 00000	0. 04546
企业内部协调机制 X_{222}	0. 00000	0. 05625	0. 50000	0. 01818	0. 04546	0. 00000	0. 04546
知识产权管理机制 X_{221}	0. 00000	0. 05625	0. 00000	0. 07273	0. 04546	0. 00000	0. 04546
创新战略制定 X_{111}	0. 00000	0. 06576	0. 00000	0. 04546	0. 06061	0. 66667	0. 04546
创新战略实施 X_{112}	0. 00000	0. 01644	0. 00000	0. 04546	0. 03030	0. 33333	0. 04546
技术装备水平 X_{313}	0. 00000	0. 04726	0. 00000	0. 03030	0. 03030	0. 00000	0. 01299
研发人员比例 X_{312}	0. 00000	0. 04726	0. 00000	0. 03030	0. 03030	0. 00000	0. 02597
研发经费投入强度 X_{311}	0. 00000	0. 04726	0. 00000	0. 03030	0. 03030	0. 00000	0. 05195
企业家创新精神 X_{121}	0. 00000	0. 01753	0. 00000	0. 03030	0. 03030	0. 00000	0. 03030
员工创新意识 X_{122}	0. 00000	0. 01753	0. 00000	0. 03030	0. 03030	0. 00000	0. 03030
员工合理化建议采纳情况 X_{123}	0. 00000	0. 01753	0. 00000	0. 03030	0. 03030	0. 00000	0. 03030
创新奖励机制完善度 X_{212}	0. 00000	0. 04783	0. 50000	0. 04546	0. 04546	0. 00000	0. 04546
员工晋升机制完善度 X_{211}	0. 00000	0. 04783	0. 00000	0. 04546	0. 04546	0. 00000	0. 04546
员工参加创新活动积极性 X_{522}	0. 00000	0. 04089	0. 00000	0. 04546	0. 04546	0. 00000	0. 04546

续表

	X_{52}	X_{511}	X_{222}	X_{221}	X_{111}	X_{112}	X_{313}
员工培训次数 X_{521}	0.00000	0.04089	0.00000	0.04546	0.04546	0.00000	0.04546
信息技术平台建设 X_{323}	0.00000	0.05668	0.00000	0.03030	0.03030	0.00000	0.03030
新产品平均开发周期 X_{322}	0.00000	0.05668	0.00000	0.03030	0.03030	0.00000	0.03030
研发成果转化率 X_{321}	0.00000	0.05668	0.00000	0.03030	0.03030	0.00000	0.03030
企业拥有专有技术成果数量 X_{421}	0.00000	0.02492	0.00000	0.03030	0.03030	0.00000	0.03030
千名研发人员拥有的授权发明专利数 X_{422}	0.00000	0.02492	0.00000	0.03030	0.03030	0.00000	0.03030
自主创新项目比重 X_{423}	0.00000	0.02492	0.00000	0.03030	0.03030	0.00000	0.03030
互联网运营能力 X_{333}	0.00000	0.02621	0.00000	0.03030	0.03030	0.00000	0.03030
创新管理水平 X_{332}	0.00000	0.02621	0.00000	0.03030	0.03030	0.00000	0.03030
组织适应程度 X_{331}	0.00000	0.02621	0.00000	0.03030	0.03030	0.00000	0.03030
全员劳动生产率 X_{413}	0.00000	0.01424	0.00000	0.03030	0.03030	0.00000	0.03030
新产品利润率 X_{412}	0.00000	0.01424	0.00000	0.03030	0.03030	0.00000	0.03030
新产品销售收入占主营业务收入比重 X_{411}	0.00000	0.01424	0.00000	0.03030	0.03030	0.00000	0.03030

表 5.4　企业创新性评价指标超矩阵表（续）

	X_{312}	X_{311}	X_{121}	X_{122}	X_{123}	X_{212}	X_{211}
创新发展愿景适宜度 X_{512}	0. 00000	0. 04546	0. 04546	0. 00000	0. 00000	0. 00000	0. 04546
国家政策环境匹配度 X_{511}	0. 00000	0. 04546	0. 04546	0. 00000	0. 00000	0. 00000	0. 04546
企业内部协调机制 X_{222}	0. 00000	0. 04546	0. 02273	0. 00000	0. 00000	0. 00000	0. 04546
知识产权管理机制 X_{221}	0. 00000	0. 04546	0. 06818	0. 00000	0. 00000	0. 00000	0. 04546
创新战略制定 X_{111}	0. 00000	0. 04546	0. 04546	0. 00000	0. 00000	0. 00000	0. 04546
创新战略实施 X_{112}	0. 00000	0. 04546	0. 04546	0. 00000	0. 00000	0. 00000	0. 04546
技术装备水平 X_{313}	0. 14286	0. 01299	0. 03030	0. 00000	0. 00000	0. 00000	0. 03030
研发人员比例 X_{312}	0. 28571	0. 02597	0. 03030	0. 00000	0. 00000	0. 00000	0. 03030
研发经费投入强度 X_{311}	0. 57143	0. 05195	0. 03030	0. 00000	0. 00000	0. 00000	0. 03030
企业家创新精神 X_{121}	0. 00000	0. 03030	0. 05195	0. 53962	0. 53962	0. 00000	0. 03030
员工创新意识 X_{122}	0. 00000	0. 03030	0. 01299	0. 16342	0. 16342	0. 00000	0. 03030
员工合理化建议采纳情况 X_{123}	0. 00000	0. 03030	0. 02597	0. 29696	0. 29696	0. 00000	0. 03030
创新奖励机制完善度 X_{212}	0. 00000	0. 04546	0. 06061	0. 00000	0. 00000	0. 12500	0. 02273
员工晋升机制完善度 X_{211}	0. 00000	0. 04546	0. 03030	0. 00000	0. 00000	0. 37500	0. 06818
员工参加创新活动积极性 X_{522}	0. 00000	0. 04546	0. 04546	0. 00000	0. 00000	0. 00000	0. 04546
员工培训次数 X_{521}	0. 00000	0. 04546	0. 04546	0. 00000	0. 00000	0. 00000	0. 04546
信息技术平台建设 X_{323}	0. 00000	0. 03030	0. 03030	0. 00000	0. 00000	0. 00000	0. 03030
新产品平均开发周期 X_{322}	0. 00000	0. 03030	0. 03030	0. 00000	0. 00000	0. 00000	0. 03030
研发成果转化率 X_{321}	0. 00000	0. 03030	0. 03030	0. 00000	0. 00000	0. 00000	0. 03030

续表

	X_{312}	X_{311}	X_{121}	X_{122}	X_{123}	X_{212}	X_{211}
企业拥有专有技术成果数量 X_{421}	0. 00000	0. 03030	0. 03030	0. 00000	0. 00000	0. 00000	0. 03030
千名研发人员拥有的授权发明专利数 X_{422}	0. 00000	0. 03030	0. 03030	0. 00000	0. 00000	0. 00000	0. 03030
自主创新项目比重 X_{423}	0. 00000	0. 03030	0. 03030	0. 00000	0. 00000	0. 00000	0. 03030
互联网运营能力 X_{333}	0. 00000	0. 03030	0. 03030	0. 00000	0. 00000	0. 00000	0. 03030
创新管理水平 X_{332}	0. 00000	0. 03030	0. 03030	0. 00000	0. 00000	0. 50000	0. 03030
组织适应程度 X_{331}	0. 00000	0. 03030	0. 03030	0. 00000	0. 00000	0. 00000	0. 03030
全员劳动生产率 X_{413}	0. 00000	0. 03030	0. 03030	0. 00000	0. 00000	0. 00000	0. 03030
新产品利润率 X_{412}	0. 00000	0. 03030	0. 03030	0. 00000	0. 00000	0. 00000	0. 03030
新产品销售收入占主营业务收入比重 X_{411}	0. 00000	0. 03030	0. 03030	0. 00000	0. 00000	0. 00000	0. 03030

表 5.5　企业创新性评价指标超矩阵表（续）

	X_{522}	X_{521}	X_{323}	X_{322}	X_{321}	X_{421}	X_{422}
创新发展愿景适宜度 X_{512}	0.00000	0.01818	0.04546	0.00000	0.04546	0.04546	0.00000
国家政策环境匹配度 X_{511}	0.00000	0.07273	0.04546	0.00000	0.04546	0.04546	0.00000
企业内部协调机制 X_{222}	0.00000	0.01818	0.04546	0.00000	0.04546	0.04546	0.00000
知识产权管理机制 X_{221}	0.00000	0.07273	0.04546	0.00000	0.04546	0.04546	0.00000
创新战略制定 X_{111}	0.00000	0.06061	0.04546	0.00000	0.04546	0.04546	0.00000
创新战略实施 X_{112}	0.00000	0.03030	0.04546	0.00000	0.04546	0.04546	0.00000
技术装备水平 X_{313}	0.00000	0.01299	0.03030	0.00000	0.03030	0.03030	0.00000
研发人员比例 X_{312}	0.00000	0.02597	0.03030	0.00000	0.03030	0.03030	0.00000
研发经费投入强度 X_{311}	0.00000	0.05195	0.03030	0.00000	0.03030	0.03030	0.00000
企业家创新精神 X_{121}	0.00000	0.04906	0.03030	0.00000	0.03030	0.03030	0.00000
员工创新意识 X_{122}	0.00000	0.01486	0.03030	0.00000	0.03030	0.03030	0.00000
员工合理化建议采纳情况 X_{123}	0.00000	0.02700	0.03030	0.00000	0.03030	0.03030	0.00000
创新奖励机制完善度 X_{212}	0.00000	0.02273	0.04546	0.00000	0.04546	0.04546	0.00000
员工晋升机制完善度 X_{211}	0.00000	0.06818	0.04546	0.00000	0.04546	0.04546	0.00000
员工参加创新活动积极性 X_{522}	0.75000	0.06818	0.04546	0.00000	0.04546	0.04546	0.00000
员工培训次数 X_{521}	0.25000	0.02273	0.04546	0.00000	0.04546	0.04546	0.00000
信息技术平台建设 X_{323}	0.00000	0.02906	0.02906	0.31962	0.02906	0.03030	0.00000
新产品平均开发周期 X_{322}	0.00000	0.01109	0.01109	0.12196	0.01109	0.03030	0.00000
研发成果转化率 X_{321}	0.00000	0.05077	0.05077	0.55843	0.05077	0.03030	0.00000

续表

	X_{522}	X_{521}	X_{323}	X_{322}	X_{321}	X_{421}	X_{422}
企业拥有专有技术成果数量 X_{421}	0. 00000	0. 02700	0. 03030	0. 00000	0. 03030	0. 02700	0. 29696
千名研发人员拥有的授权发明专利数 X_{422}	0. 00000	0. 01486	0. 03030	0. 00000	0. 03030	0. 01486	0. 16342
自主创新项目比重 X_{423}	0. 00000	0. 04906	0. 03030	0. 00000	0. 03030	0. 04906	0. 53962
互联网运营能力 X_{333}	0. 00000	0. 05682	0. 03030	0. 00000	0. 03030	0. 03030	0. 00000
创新管理水平 X_{332}	0. 00000	0. 02168	0. 03030	0. 00000	0. 03030	0. 03030	0. 00000
组织适应程度 X_{331}	0. 00000	0. 01241	0. 03030	0. 00000	0. 03030	0. 03030	0. 00000
全员劳动生产率 X_{413}	0. 00000	0. 01299	0. 03030	0. 00000	0. 03030	0. 03030	0. 00000
新产品利润率 X_{412}	0. 00000	0. 02597	0. 03030	0. 00000	0. 03030	0. 03030	0. 00000
新产品销售收入占主营业务收入比重 X_{411}	0. 00000	0. 05195	0. 03030	0. 00000	0. 03030	0. 03030	0. 00000

表 5.6 企业创新性评价指标超矩阵表（续）

	X_{423}	X_{333}	X_{332}	X_{331}	X_{413}	X_{412}	X_{411}
创新发展愿景适宜度 X_{512}	0.04546	0.04546	0.00000	0.04546	0.00000	0.00000	0.04546
国家政策环境匹配度 X_{511}	0.04546	0.04546	0.00000	0.04546	0.00000	0.00000	0.04546
企业内部协调机制 X_{222}	0.04546	0.04546	0.00000	0.04546	0.00000	0.00000	0.04546
知识产权管理机制 X_{221}	0.04546	0.04546	0.00000	0.04546	0.00000	0.00000	0.04546
创新战略制定 X_{111}	0.04546	0.04546	0.00000	0.04546	0.00000	0.00000	0.04546
创新战略实施 X_{112}	0.04546	0.04546	0.00000	0.04546	0.00000	0.00000	0.04546
技术装备水平 X_{313}	0.03030	0.03030	0.00000	0.03030	0.00000	0.00000	0.03030
研发人员比例 X_{312}	0.03030	0.03030	0.00000	0.03030	0.00000	0.00000	0.03030
研发经费投入强度 X_{311}	0.03030	0.03030	0.00000	0.03030	0.00000	0.00000	0.03030
企业家创新精神 X_{121}	0.03030	0.03030	0.00000	0.03030	0.00000	0.00000	0.03030
员工创新意识 X_{122}	0.03030	0.03030	0.00000	0.03030	0.00000	0.00000	0.03030
员工合理化建议采纳情况 X_{123}	0.03030	0.03030	0.00000	0.03030	0.00000	0.00000	0.03030
创新奖励机制完善度 X_{212}	0.04546	0.04546	0.00000	0.04546	0.00000	0.00000	0.04546
员工晋升机制完善度 X_{211}	0.04546	0.04546	0.00000	0.04546	0.00000	0.00000	0.04546
员工参加创新活动积极性 X_{522}	0.04546	0.04546	0.00000	0.04546	0.00000	0.00000	0.04546
员工培训次数 X_{521}	0.04546	0.04546	0.00000	0.04546	0.00000	0.00000	0.04546
信息技术平台建设 X_{323}	0.03030	0.03030	0.00000	0.03030	0.00000	0.00000	0.03030
新产品平均开发周期 X_{322}	0.03030	0.03030	0.00000	0.03030	0.00000	0.00000	0.03030
研发成果转化率 X_{321}	0.03030	0.03030	0.00000	0.03030	0.00000	0.00000	0.03030

续表

	X_{423}	X_{333}	X_{332}	X_{331}	X_{413}	X_{412}	X_{411}
企业拥有专有技术成果数量 X_{421}	0. 02730	0. 03030	0. 00000	0. 03030	0. 00000	0. 00000	0. 03030
千名研发人员拥有的授权发明专利数 X_{422}	0. 01436	0. 03030	0. 00000	0. 03030	0. 00000	0. 00000	0. 03030
自主创新项目比重 X_{423}	0. 04936	0. 03030	0. 00000	0. 03030	0. 00000	0. 00000	0. 03030
互联网运营能力 X_{333}	0. 03030	0. 05682	0. 62501	0. 05682	0. 00000	0. 00000	0. 03030
创新管理水平 X_{332}	0. 03030	0. 02168	0. 23849	0. 02168	0. 00000	0. 00000	0. 03030
组织适应程度 X_{331}	0. 03030	0. 01241	0. 13650	0. 01241	0. 00000	0. 00000	0. 03030
全员劳动生产率 X_{413}	0. 03030	0. 03030	0. 00000	0. 03030	0. 14286	0. 14286	0. 01299
新产品利润率 X_{412}	0. 03030	0. 03030	0. 00000	0. 03030	0. 28571	0. 28571	0. 02597
新产品销售收入占主营业务收入比重 X_{411}	0. 03030	0. 03030	0. 00000	0. 03030	0. 57143	0. 57143	0. 05195

（四）指标综合权重的计算

对于企业创新性各评价子指标的权重，利用超级决策 SD 软件进行计算，结果如图 5. 15 所示。

Super Decisions Main Window: Untitledd.sdmod: Priorities

Here are the priorities.

Icon	Name	Normalized by Cluster	Limiting
No Icon	创新发展愿景适宜度X512	0.36108	0.026707
No Icon	国家政策环境匹配度X511	0.63892	0.047257
No Icon	企业内部协调机制X222	0.60796	0.043140
No Icon	知识产权管理机制X221	0.39204	0.027819
No Icon	创新战略制定X111	0.59948	0.047957
No Icon	创新战略实施X112	0.40052	0.032041
No Icon	技术装备水平X313	0.25064	0.018514
No Icon	研发人员比例X312	0.31267	0.023096
No Icon	研发经费投入强度X311	0.43670	0.032258
No Icon	企业家创新精神X121	0.46306	0.046558
No Icon	员工创新意识X122	0.22672	0.022795
No Icon	员工合理化建议采纳情况X123	0.31022	0.031191
No Icon	创新奖励机制完善度X212	0.53172	0.050818
No Icon	员工晋升机制完善度X211	0.46828	0.044754
No Icon	员工参加创新活动积极性X522	0.67647	0.100232
No Icon	员工培训次数X521	0.32353	0.047937
No Icon	信息技术平台建设X323	0.32808	0.022867
No Icon	新产品平均开发周期X322	0.25240	0.017592
No Icon	研发成果转化率X321	0.41952	0.029240
No Icon	企业拥有专有技术成果数量X421	0.31880	0.020661
No Icon	千名研发人员拥有的授权发明专利数X422	0.26546	0.017204
No Icon	自主创新项目比重X423	0.41574	0.026944
No Icon	互联网运营能力X333	0.41402	0.052213
No Icon	创新管理水平X332	0.41957	0.052913
No Icon	组织适应程度X331	0.16640	0.020985

图 5. 15　企业创新性各评价子指标权重

根据以上计算结果，可以求出11大指标群和准则层中5个指标的权重，以及企业创新性各评价指标的权重，具体数值如表5.7所示。

表5.7 企业创新性各指标权重表

目标层	准则层	主因子	次因子	*ANP* 权重
企业创新性评价指标体系	创新动力 X_1 0.13479	创新战略 X_{11} 0.08220	创新战略制定 X_{111}	0.047957
			创新战略实施 X_{112}	0.032041
		创新文化 X_{12} 0.05259	企业家创新精神 X_{121}	0.046558
			员工创新意识 X_{122}	0.022795
			员工合理化建议采纳情况 X_{123}	0.031191
	创新机制 X_2 0.20814	创新激励机制 X_{21} 0.09565	员工晋升机制完善度 X_{211}	0.044754
			创新奖励机制完善度 X_{212}	0.050818
		创新保障机制 X_{22} 0.11249	知识产权管理机制 X_{221}	0.027819
			企业内部协调机制 X_{222}	0.043140
	创新能力 X_3 0.39043	创新投入能力 X_{31} 0.14177	研发经费投入强度 X_{311}	0.032258
			研发人员比例 X_{312}	0.023096
			技术装备水平 X_{313}	0.018514
		研究开发能力 X_{32} 0.17003	研发成果转化率 X_{321}	0.029240
			新产品平均开发周期 X_{322}	0.017592
			信息技术平台建设 X_{323}	0.022867
		组织与管理能力 X_{33} 0.07863	组织适应程度 X_{331}	0.020985
			创新管理水平 X_{332}	0.052913
			互联网运营能力 X_{333}	0.052213
	创新绩效 X_4 0.11748	财务绩效 X_{41} 0.04273	新产品销售收入占主营业务收入比重 X_{411}	0.046092
			新产品利润率 X_{412}	0.029303
			全员劳动生产率 X_{413}	0.020909
		科技绩效 X_{42} 0.07475	企业拥有专有技术成果数量 X_{421}	0.020661
			千名研发人员拥有的授权发明专利数 X_{422}	0.017204
			自主创新项目比重 X_{423}	0.026944
	创新潜能 X_5 0.14915	企业管理潜能 X_{51} 0.06738	国家政策环境匹配度 X_{511}	0.047257
			创新发展愿景适宜度 X_{512}	0.026707
		员工创新潜能 X_{52} 0.08177	员工培训次数 X_{521}	0.047937
			员工参加创新活动积极性 X_{522}	0.100232

三、企业创新性评价体系指标解析

（一）创新动力 X_1

1. 创新战略 X_{11}

创新战略制定 X_{111}：企业的发展战略，一般指十年以上的长期发展目标。企业在创始初期或发展进程中是否制定了适宜可行的战略，对于企业未来的发展及中短期目标的设定有着重大的影响。

创新战略实施 X_{112}：对于企业制定的发展战略，企业的实施途径，实施进度，实施过程中出现的阻碍，以及是否根据经济环境的变化而有所调整。

2. 创新文化 X_{12}

企业家创新精神 X_{121}：是指企业创始人及核心高层领导者对于创新的态度和想法。企业家是企业的领导者，他们是否热衷于创新、敢于尝试新鲜事物，是否具有创新精神，对于企业文化的塑造有着深远影响。

员工创新意识 X_{122}：是指企业员工对于创新的理解和主动性。员工是企业的人力资本，善于创新的员工对企业产品的进步和制度的完善有很大的帮助，同时，富有创新精神的员工有利于营造企业的创新氛围。

员工合理化建议采纳情况 X_{123}：是指企业对于员工提出的合理化建议的采纳数量、反馈速度及改进效果。员工能够接触到企业运行的方方面面，是企业制度的切身体会者，因此员工提出的合理建议更具有针对性和实效性，企业应当给予足够的重视。

（二）创新机制 X_2

1. 创新激励机制 X_{21}

员工晋升机制完善度 X_{211}：是指企业为员工职业发展制定的晋升路径翔实程度。清晰的职业发展路径和晋升阶段有利于提高员工的企业忠诚度和工作积极性，为企业储备大量的人才优势。

创新奖励机制完善度 X_{212}：是指企业对员工日常工作中的创新成果、新专利等的奖励措施、奖励形式及员工对奖励的满意度。

2. 创新保障机制 X_{22}

知识产权管理机制 X_{221}：是指企业对自主知识产权项目的申报、法律保护等。知识产权管理对企业知识产权至关重要，影响到企业核心技术的发展，同时也能有效避免不必要的知识产权纠纷。

企业内部协调机制 X_{222}：是指企业内部的沟通与协调措施是否有利于企业的创新发展。通畅的内部沟通渠道和高效的协调机制不仅能提高信息的传递效率，还能够减少企业内部矛盾，从而使企业健康快速地发展壮大。

（三）创新能力 X_3

1. 创新投入能力 X_{31}

研发经费投入强度 X_{311}：是指企业在创新过程中所提供的研究、开发等相关创新活动的费用比重在整个行业中的水平。研究与开发活动是企业为了进行知识应用和创新而进行的创造性工作，是企业探索、发现和运用新兴知识的连续过程。研发经费的投入强度能够反映企业的创新实力和对于创新的重视程度。

研发经费投入强度 X_{311} = 企业 R&D 经费总额/产品销售收入 ×100%

研发人员比例 X_{312}：是指研发人员数量占企业员工总量的比重。研发人员是企业的核心技术资本，对企业的创新发展起着决定性的作用。研发人员的整体素质和数量比重能够客观地反映出企业的创新能力。

技术装备水平 X_{313}：是指企业研发、生产所使用的硬件设备及配套设施的先进程度、维护程度和周转率。先进的技术装备可以为企业的研发活动提供有力的基础，同时还可以节约生产成本，提高产品的成本利润率。

2. 研究开发能力 X_{32}

研发成果转化率 X_{321}：是指最终投入生产阶段的研发成果数量占总研发成果数量的比重。研发成果转化能够反映企业创新成果商品化的效率，与企业的经营成果密切相关，是企业研发有效性的直接体现。

新产品平均开发周期 X_{322}：是指新产品从研究开发到投入市场所需要的时间。开发周期越短，企业的研发能力越强，创新活动越有效。

信息技术平台建设 X_{323}：主要考核企业内部信息传递与共享的平台建设水平。在高度信息化的今天，企业应当充分利用信息技术的便捷性、时效性等特点，建立企业内部信息平台，方便信息共享，使员工掌握最新和最前沿的技术动态，从而更有效地进行研究开发。

3. 组织与管理能力 X_{33}

组织适应程度 X_{331}：是指企业的组织框架与企业各项创新活动的适应程度。简言之，就是企业的组织形式是否有利于创新活动的进行。

创新管理水平 X_{332}：是指企业对管理方式进行创新的程度。企业在创新发展的进程中，不仅要关注技术创新，还要考虑在管理方式上进行变革，使其能够更好地管理员工及创新活动。

互联网运营能力 X_{333}：是指企业利用互联网对外传输信息和进行交易的能力。如今，电子商务正逐渐成为市场运作的主流形式，越来越多的企业通过电子商务获益。互联网运营能力是企业对外营销方式的创新，对企业的产品销售起着至关重要的作用。

（四）创新绩效 X_4

1. 财务绩效 X_{41}

新产品销售收入占主营业务收入比重 X_{411}：是指企业新产品对应的销售额与企业主营业务收入总额的比值，它能够体现创新产品为企业带来的直接经济利益。新产品一般指采用新技术、新构思研发出来的产品，或者是在材质、工艺上有明显改进，从而显著扩大和提高使用功能的产品。

新产品利润率 X_{412}：是指企业新产品对应的利润额与新产品销售收入的比值，间接反映创新产品的经营成果及成本控制水平。

全员劳动生产率 X_{413}：是指企业年工业增加值与全体员工数量的比值。它能反映企业创新性的投入产出效益，综合表现企业经营管理水平、技术水平和员工整体素质，是考核企业经济活动的一项重要指标。

2. 科技绩效 X_{42}

企业拥有专有技术成果数量 X_{421}：是指企业拥有自主知识产权的专有技术成果的数量。具有自主知识产权的专有技术是企业掌握的核心技术，是企业的竞争实力及技术创新成果的展现。

千名研发人员拥有的授权发明专利数 X_{422}：是指企业已获得授权的发明专利数量与企业研发人员数量的千分之一倍的比值。该指标能够直观地反映出企业创新人才的创新效率，能够对创新人力投入水平进行评价。

自主创新项目比重 X_{423}：是指企业完全自行开发的拥有自主知识产权的产品或技术占企业运营项目总数的比例，它能够反映出企业的研发成果和创新水平。

（五）创新潜能 X_5

1. 企业管理潜能 X_{51}

国家政策环境匹配度 X_{511}：是指企业的创新发展方向和趋势与当前国家相关经济政策的匹配程度。国家的宏观经济政策对企业有着深远影响，企业的高层领导者需要对国家政策进行深入研读和分析，只有切实把握住国家经济发展的方向并及时调整企业的走势，才能够使企业沿着正确的轨道前进。

创新发展愿景适宜度 X_{512}：是指企业的创新蓝图和发展愿景与企业自身的能力适宜度。企业管理者应当根据企业的发展水平来制定发展愿景。

2. 员工创新潜能 X_{52}

员工培训次数 X_{521}：是指企业为员工提供的业务培训次数。在知识经济发展的背景下，企业和员工只有不断学习新的知识和技能，才能够有更多的创新想法去实施。企业应当为员工提供方便快捷的培训渠道，增加员工培训次数，使其掌握最新的知识。

员工参加创新活动积极性 X_{522}：是指员工对于创新活动的参与程度，以及员工对于创新的接受态度。富有创新精神的员工更愿意投入创新活动中去，也更容易研发出创新成果。因此，员工参加创新活动的积极性越高，越容易为企业创造出新的产品，企业创新发展的潜能才越大。

本章小结

本章从创新成长的角度构建企业创新性评价指标体系，研究企业创新性影响因素对企业成长的影响，根据研究框架选用 SPSS22.0 统计软件对指标进行了聚类分析，凝练出 11 个二级指标和 5 个一级指标，构建了一个三层次的评价指标体系。凝练出的 11 个二级指标分别用企业的 11 个维度——创新战略、创新文化、创新激励机制、创新保障机制、创新投入能

力、研究开发能力、组织与管理能力、财务绩效、科技绩效、企业管理潜能、员工创新潜能进行命名，增强了评价体系的适用性；5 个一级指标根据指标内涵不同，分别命名为创新动力、创新机制、创新能力、创新绩效和创新潜能。为了确定各评价指标权重，邀请专家对企业创新性评价指标进行 1 ~ 9 打分，利用网络分析法（ANP）和超级决策软件（SD 软件）为各评价指标打分，以赋予权重，从而使企业创新性评价体系由理论层面步入实践操作层面。

「第六章」

企业创新性评价的实证分析
——以山东省为例

本书第三章分析了新旧动能转换与企业成长之间的关系；第四章对国内外企业创新性评价体系进行对比研究，分别对欧美国家、韩国、日本及中国的企业创新性评价体系进行比较分析，总结出国内外企业创新性评价体系的异同点，并围绕本书目标设计企业创新性调查问卷，对新旧动能转换下的企业进行施测，通过调查问卷定性分析出企业创新性的影响因素。本书第五章参考第四章的影响因素针对新旧动能转换下企业实际情况作了聚类分析，构建了企业创新性评价体系，并利用网络分析法赋予各指标权重。锁定关键影响因素，是本书下一步研究的重中之重，考虑到各评价指标之间的相互依存性与问题的特殊性，本章引入物元分析模型，选取新旧动能转换下山东省10家代表性企业作为实证对象，对企业创新性进行评价分析，通过求解各等级评价指标关联度，锁定关键影响因素，为优化设计企业成长路径埋下伏笔。

第一节　山东省企业创新性现状

2018年1月3日，国务院批复《山东新旧动能转换综合试验区建设总体方案》，标志着山东新旧动能转换综合试验区建设正式成为国家战略。山东作为老牌工业强省，传统产业具有优势，但资源密集型与劳动力密集型已经不能为经济发展提供更多动力了，今后的发展需要将科技与创新紧密结合在一起。加快新旧动能转换，核心是从要素驱动向创新驱动转换，与发达省份相比，山东省还有很大的差距。

一、山东省企业创新经济效益

企业创新所产生的经济效益直接影响着区域的经济发展，近年来，山东省企业不断创新，在转方式、调结构过程中逐渐成长，成为带动区域经济迅速发展的核心骨干力量。截至2016年，山东省共有规模以上工业企业39567个，规模以上工业企业R&D经费内部支出达1415亿元，R&D经费外部支出达59.265亿元，新产品产值为16370亿元，新产品销售收入为16313.4亿元。规模以上工业增加值比上年增长6.82%，主营业务收入总额达到150641.2亿元，利润总额为8820亿元，实现利税总额13521.8亿元。从研发经费所占比例来看，山东规模以上工业企业的创新投入不断加大，仅仅不到400家企业就已经占据山东省企业创新投入的40%之多，说明规模以上企业自主创新能力高、创新战略和动力强，主营业务收入占比比工业利润占比少2个百分点，说明规模以上企业的市场竞争具有一定优势，并且产品的科技含量和附加值要比一般企业的高一些。①

研发经费的投入额和占比反映企业的创新战略、创新动力和创新能力。2016年山东省规模以上工业企业的研究与实验发展经费支出总额高达1415亿元，巨大的投入显示了山东省规模以上工业企业重视创新的战略和强大的创新动力。但与广东、江苏等发达省份相差甚远，2016年山东高新技术企业只有4692家，仅占全国的4.5%，而广东、江苏、浙江分别达到19855家、13183家、7707家。2016年，山东高新技术技术产业产值占规模以上工业产值的比重为33.8%，分别比江苏、浙江低7.7和6.3个百分点；全社会科研经费支出占比2.30%，分别比广东、江苏和浙江低0.22、0.32和0.09个百分点。因此，山东要发挥国有企业的优势，将要素型企业向创新型企业、科技型企业转变，不断提升企业的创新力。

二、山东省企业创新绩效

2017年《山东统计年鉴》数据显示，2016年山东省重要科技成果数量达到3016项，总量较上年增加5项，其中农业成果数量较上年增加36项，工业成果数量为1010项，较上年有所减少，国际领先先进水平762项，较2015年的967项减少205项，国内领先先进水平1095项，较2015年的1212项减少117项。从获奖情况来看，国家级科技成果奖励成果31项，其中国家发明奖7项、国家科技进步奖23项、国际合作奖1项，总量比2015年少两项。省自然科学奖11项，省技术发明奖12项，省科技进步

① 张洋．山东省创新型企业创新绩效评价及培育路径研究［D］．青岛科技大学，2013.

奖112项，较2015年稍有减少。山东省企业建设过程中，在科技人才、创新平台、研发项目中充分发挥了协同效用，并取得了较好的创新绩效。截至2016年，山东省规模以上工业企业中共有374531名研发人员，这个数字意味着全省78.61%的研发人员集中在这些企业之中。

规模以上工业企业创新产出可通过专利和发明专利授权量来衡量。截至2016年，山东省企业专利申请量212911件，其中发明专利申请量88359件，专利授权量98093件，其中发明专利授权量19404件。

由此可见，山东省企业尤其是规模以上工业企业中不断涌现重大的创新成果，在促进企业发展的同时，也提升了企业的技术创新能力和创新水平。但2016年相较于2015年，科技创新成果量有所减少，这也为山东省企业的创新及成长敲响了警钟。2016年，PCT（《专利合作条约》）国际专利申请量山东省有1399件，广东省则高达2.4万件，山东省申请量仅为广东的5.8%，由此可见，山东的创新绩效与发达省份差距较大，也表明山东的科技研发能力严重不足，山东只有从科技研发上取得突破，才能不断提升区域经济发展。

第二节 企业创新性评价模型

新旧动能转换视域下，企业的生产方式由以产品产量为主转向以产品质量为主。为了有效应对国际金融危机，企业必须提高自己的创新实力。对企业创新性进行评价，需要针对企业创新性的特征和评价体系的特点选取恰当的评价方法。本书综合比较各评价方法的优缺点，结合研究实际，最后选取网络分析法与物元分析法相结合的方法对新旧动能转换下山东省10家代表性企业的创新性进行评价，其中网络分析法用以确定各评价指标权重，物元分析法则借助评价指标权重值计算各等级指标的关联度。本章将在确定评价方法的基础上构建物元分析模型，然后选取山东省10家具有代表性的企业作为研究对象进行实证分析，并对实证结果从山东省企业创新性整体及个体进行分析，最终锁定企业成长的关键影响因素。

一、企业创新性评价方法的确定

目前，国内外关于企业创新性的评价研究屡见不鲜，有企业持续创新的评价，有创新绩效的评价，有技术创新、制度创新和管理创新的评价，也有创新能力、创新动力的评价等，但大多数都是在构建评价体系的基础上运用主成分分析、因子分析等传统评价方法进行评价，也有运用数据包络分析模型和 BP 神经网络等改进评价方法进行评价。如张林（2012）在对创新型企业绩效进行评价时，详细分析了传统企业绩效评价对于创新型企业绩效评价的不适应性，提出了数据包络分析法和神经网络法在创新型企业绩效评价中的应用，这是评价方法上的一大进步。但对企业创新性进行综合评价方面的研究尚为数不多，对于企业整体创新性评价的研究也不多见，具体创新性评价方法的研究更很少涉及。基于企业创新性评价动态化、企业创新性与成长性突出等特征，管理学、经济学等领域的竞争力评价等方面的评价方法值得借鉴。常见的指数评价法、模糊综合评判法、灰色聚类法以及物元分析法等均被尝试用于评价企业创新性，其中除指数评价法外的模糊综合评判法、灰色聚类法和物元分析法应用较为广泛。①

模糊综合评判法通过隶属函数描述企业创新性的模糊性。灰色聚类法则通过白化权函数描述企业创新性的不确定性。然而它们的“降半梯形”函数构造形式，使得每一级别隶属函数和白化权函数仅与相邻的上下两级别有关。② 并且评判过程中隶属度也较难确定，因为人为因素选择的隶属度也可能造成评判误差。再者，此两类评价方法分别采用隶属度和关联度定量表征评价对象对类别的归属程度，若评价对象属于某一类别，其隶属度和关联度则为 1，这却无法体现级别区间内部的变化特征。③ 而对企业创新性进行评价时，数据是基于实地调查所获得的实测数据，所以用模

① 赵卫，刘景双，孔凡娥．物元模型及其在区域水环境质量评价中的应用［J］．云南环境科学，2006（6）．

② 徐卫红，于福亮，龙爱华．基于熵权的模糊物元模型在水资源可持续利用评价中的应用［J］．中国人口·资源与环境，2010（2）．

③ 赵卫，刘景双、孔凡娥．物元模型及其在区域水环境质量评价中的应用［J］．云南环境科学，2006（6）．

糊综合评判法和灰色聚类法评价企业创新性，一定程度上将会影响评价结果的合理性。据此，需要寻求与企业创新性评价特点相适应的新评价方法。

物元分析法源自可拓学，引入了可拓集合概念，将关联度取值范围扩展到整个实数域，使对级别区间内部变化特征的描述成为可能。[①] 物元分析法通过关联度计算从定量的角度解决企业创新性评价中面临的“有效与无效”的“状态分界”问题，[②] 尤其是其中的关联度分析可以准确确定企业创新有效或无效所属的程度。较之模糊综合评判法，物元分析法用于企业创新性评价具有以下优势：①物元分析法可以在一定程度上减少人为因素产生的影响，使评判更加合理、公正；②物元分析法概念清晰、逻辑性强、评价结果分辨率高，这是模糊综合评判法等方法无法比拟的；③物元分析方法中存在的许多形式化表示易于进行计算机编程，具体计算过程可以通过一定的计算机程序实现，因而计算简便。

物元分析方法作为一种新的数据分析方法，目前已较多地运用于水资源综合评价[③]、水质评价[④]、环境质量综合评价[⑤]、城市化水平评价[⑥]、竞争力评价[⑦]、经济发展评价[⑧]等综合评价中。物元分析方法在这些领域中的成功应用证明了其作为一种评判方法是可行的，可以应用于其他领域。以上分析表明：物元分析方法用于企业创新性评价，恰与企业创新性评价的模糊性特点相适应，预期行之有效。

在物元分析方法中，有一项关键的工作是确定指标权重，具体确定方

---

① 蔡文．物元模型及其应用［M］．北京：科学技术文献出版社，1994：78.

② 徐佩．基于物元模型的研发团队有效性评价实证研究［J］．科技管理研究，2011（9）：148－152.

③ 门宝辉，王志良，梁川，等．物元模型在区域地下水资源承载力综合评价中的应用［J］．四川大学学报（工程科学版），2003（35）.

④ 侯珺，黄川友．可拓分析法在区域地下水质量评价中的应用［J］．水资源与水工程学报，2005（16）.

⑤ 韩家悦，吕海峰，门宝辉．物元分析法在水环境质量评价应用中的初探［J］．南水北调与水利科技，2005（3）.

⑥ 张丽霞，施国庆．江苏省城市化物元模型综合评价［J］．华侨大学学报（自然科学版），2004（25）.

⑦ 肖智，钟波，李有慧．企业竞争力综合评价物元模型与可拓评价方法［J］．运筹与管理，2002（11）.

⑧ 文先明．县域农业经济发展多指标可拓综合评价方法［J］．系统工程，2005（23）.

法是依据专家咨询法和网络分析法组合赋权。综上所述，充分考虑企业创新性评价特点以及评价需要，本章将网络分析法和物元分析法相结合，构建网络物元评价模型，对企业创新性进行评价。

二、企业创新性物元分析模型

在构建物元分析模型之前，首先厘定物元及同征物元这两个基本概念的内涵。

物元概念源自可拓学。可拓学率先将质与量有机结合起来引入本学科。客观世界中，事物是质与量的统一体，事物的变化有量变和质变之分，在解决矛盾的过程中，既要考虑事物量的变化，又要考虑事物质的变化。[①②]

给定事物名称 N，关于 N 的特征量值为 v，以有序 3 元组 $R=(N, c, v)$ 作为描述事物的基本元，简称物元。若事物 N 有多个特征，并以 n 个特征 $c_1, c_2, \cdots, c_n$ 和相应的量值 $v_1, v_2, \cdots, v_n$ 来描述，则可以表示为 n 维物元，记为 $R=(N, C, V)$。

不同的物体可以具有相同的特征，则可以用同征物元表示：设 $R_1=(N_1, C, V_1)$，$R_1=(N_2, C, V_2)$，…，$R_1=(N_m, C, V_m)$ 为 m 个同征 $c_1, c_2, \cdots, c_n$ 的物元，则称 R 为同征物元，[③] 表示为：

$$R=\begin{bmatrix} N & N_1 & N_2 & \cdots & N_m \\ C & V_1 & V_2 & \cdots & V_m \end{bmatrix}=\begin{bmatrix} N & N_1 & N_2 & \cdots & N_m \\ c_1 & v_{11} & v_{12} & \cdots & v_{1m} \\ c_2 & v_{21} & v_{22} & \cdots & v_{2m} \\ \vdots & \vdots & \vdots & \vdots & \vdots \\ c_n & v_{n1} & v_{n2} & \cdots & v_{nm} \end{bmatrix} \tag{6.1}$$

其中：N 表示事物 $N_1, N_2, \cdots, N_m$ 的全体，$(v_{ij})_{n\times m}$ 称为同征物元阵。

明确了物元、同征物元及同征物元阵的概念后，将构建企业创新性物

① 蔡文．物元模型及其应用［M］．北京：科学技术文献出版社，1994：88.

② 汪妮，方正，解建仓．基于物元分析理论的再生水价值评价［J］．武汉大学学报（工学版），2013（1）.

③ 侯珺、黄川友．可拓分析法在区域地下水质量评价中的应用［J］．水资源与水工程学报，2005（9）.

元分析模型，主要包括确定经典域、节域、待评物元、评价指标权重、待评事物关于各类别的关联度以及待评事物的类别。

（一）确定经典域

设有 m 个评价等级 N_1，N_2，…，N_m，建立相应的同征物元：

$$R_0=\begin{bmatrix} N & N_1 & N_2 & \cdots & N_m \\ C & V_1 & V_2 & \cdots & V_m \end{bmatrix}=\begin{bmatrix} N & N_1 & N_2 & \cdots & N_m \\ c_1 & \langle a_{11}, b_{11}\rangle & \langle a_{12}, b_{12}\rangle & \cdots & \langle a_{1m}, b_{1m}\rangle \\ c_2 & \langle a_{21}, b_{21}\rangle & \langle a_{22}, b_{22}\rangle & \cdots & \langle a_{2m}, b_{2m}\rangle \\ \vdots & \vdots & \vdots & \vdots & \vdots \\ c_n & \langle a_{n1}, b_{n1}\rangle & \langle a_{n2}, b_{n2}\rangle & \cdots & \langle a_{nm}, b_{nm}\rangle \end{bmatrix} \tag{6.2}$$

式中：R_0 是同征物元 R_1，R_2，…，R_m 的同征物元体，N_j 表示所划分的第 j 个评价类别，c_i 表示第 i 个评价指标，$v_{ij}=\langle a_{ij}, b_{ij}\rangle$ 分别为 N_j 关于指标 c_i 所规定的量值范围，即各类别关于对应的评价指标所取的数据的范围——经典域。①

（二）确定节域

$$R_p=(p, c, v_p)=\begin{bmatrix} p & c_1 & v_{1p} \\ & c_2 & v_{2p} \\ & \vdots & \vdots \\ & c_n & v_{np} \end{bmatrix}=\begin{bmatrix} p & c_1 & \langle a_{1p}, b_{1p}\rangle \\ & c_2 & \langle a_{2p}, b_{2p}\rangle \\ & \vdots & \vdots \\ & c_n & \langle a_{np}, b_{np}\rangle \end{bmatrix} \tag{6.3}$$

式中：p 表示评价类别的全体，v_{ip} 为 p 关于 c_i 所取得量值范围——节域。②

（三）确定待评物元

对待评事物，把检测数据或分析结果用物元表示为：

---

① 侯珺，黄川友．基于灰色聚类法的环境质量多指标可拓评价法［J］．东北水利水电，2004（9）．

② Cai Wen，The Extension Set and Non Compatible Problems，In：Chienweizhanged，Advances Mathematics and Mechanics in China［M］．Beijing：International Academic Publishers，1990：251.

$$R_{0p}=\begin{bmatrix} p & c_1 & v_1 \\ & c_2 & v_2 \\ & \vdots & \vdots \\ & c_n & v_n \end{bmatrix} \tag{6.4}$$

式中：R_{0p}为待评物元，v_i 为 c_i 的量值，即待评事物相对于各指标的具体数据。

（四）确定评价指标的权重 w_i

$$w_i,\ i=1,\ 2,\ \cdots,\ n$$

（五）确定待评事物关于各类别的关联度

1. 计算距

$$p(v_i,\ v_{ij})=\left|v_i-\frac{1}{2}(a_{ij}+b_{ij})\right|-\frac{1}{2}(b_{ij}-a_{ij}) \tag{6.5}$$

$$p(v_i,\ v_{ip})=\left|v_i-\frac{1}{2}(a_{ip}+b_{ip})\right|-\frac{1}{2}(b_{ip}-a_{ip}) \tag{6.6}$$

式中：$p(v_i,\ v_{ij})$，$p(v_i,\ v_{ip})$分别为点与区间的距。$p(v_i,\ v_{ij})$表示点 v_i 与区间 v_{ij}的距，$p(v_i,\ v_{ip})$表示点 v_i 与区间 v_{ip}的距，$\frac{1}{2}(b_{ij}-a_{ij})$表示区间$(a_{ij},\ b_{ij})$的大小，$\frac{1}{2}(b_{ip}-a_{ip})$表示区间$(a_{ip},\ b_{ip})$的大小。

2. 计算关联函数

$$K_j(v_i)=\begin{cases} \dfrac{p(v_i,\ v_{ij})}{p(v_i,\ v_{ip})-p(v_i,\ v_{ij})} & (v_i\notin v_{ij}) \\ \dfrac{-p(v_i,\ v_{ij})}{|v_{ij}|} & (v_i\in v_{ij}) \end{cases} \tag{6.7}$$

3. 计算关联度

假设指标 c_i 的权系数为 w_i，则关联度计算公式为：

$$K_j(p)=\sum_{i=1}^{n}w_iK_j(v_i) \tag{6.8}$$

式中：$K_j(p)$是在考虑指标重要性程度情况下，待评事物各指标关于各类别的关联度的组合值。

（六）确定待评事物的类别

若 $K_{j0}(p) = \max\limits_{j \in [1,2,\cdots,m]} K_j(p)$，则评定 p 属于类别 $j0$。

以上主要研究了企业创新性的评价模型，通过综合比较常用评价方法的优缺点及结合新旧动能转换下中国企业的特点，选定物元分析法作为评价方法，并介绍了物元、同征物元和同征物元阵的基本概念，构建了物元评价模型。本章下面几节将运用物元分析模型选取新旧动能转换下山东省的代表性企业进行实证评价。

第三节　企业创新性评价实证分析

运用物元分析模型对山东省企业创新性进行评价以锁定关键增值因素是本节重点，这里将在第五章得出指标权重的基础上，选取山东省东中西部 6 个城市 10 家新旧动能转换下代表性企业作为被调查对象，设计企业创新性测评问卷，对各被调查企业的创新情况施测。

一、企业创新性实证样本选取

本书采取随机抽样法选取样本，抽样时主要考虑了新旧动能转换下企业所在区域和企业性质等因素，在山东省全省范围内抽取了具有一定代表性的 10 家首批试点创新型企业作为实证研究对象。

这 10 家样本企业分别是：山东达驰电气股份有限公司；中通客车控股股份有限公司；滨州市良友防水材料有限责任公司；浪潮集团有限公司；济南二机床集团有限公司；齐鲁制药有限公司；济南钢铁集团总公司；海尔集团公司；海信集团有限公司；潍柴动力股份有限公司。从企业所在地域来看，有 2 家位于鲁西部，5 家位于鲁中部，3 家位于鲁东部。具体分布图如图 6. 1 所示。这种抽样方法有力保证了样本的代表性及调查结果的普适性。

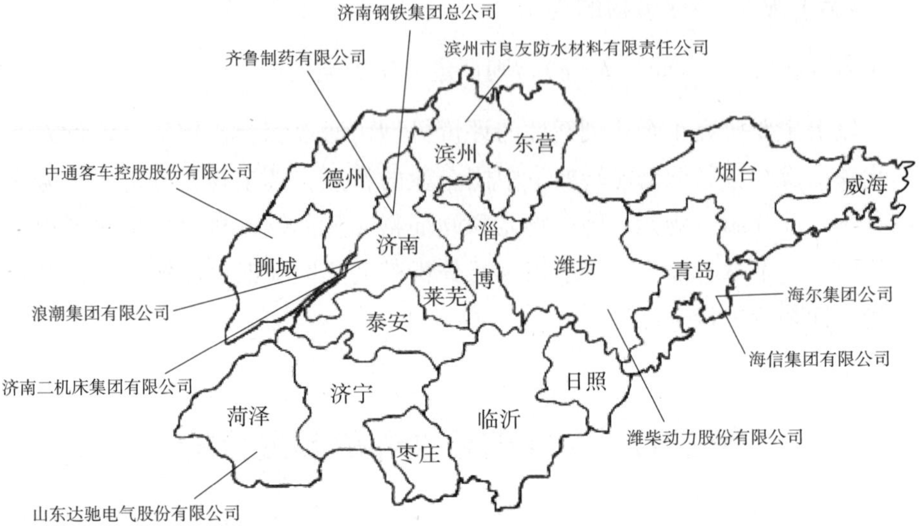

图 6.1　样本企业分布图

二、企业创新性指标数据获取

本书设计了企业创新性自我测评调查问卷（见附录 D），向不同性质的企业职工发放调查问卷，收集反映企业创新性情况的数据。为对企业创新性评价体系中的定性指标进行定量测评，调查问卷中的定性指标以及定量指标统一采用百分制形式进行打分。表 6.1 给出了各评价指标的评分标准。

表 6.1　企业创新性评价指标评分标准

序号	评分 指标	企业创新性测评评分标准				
		0～60 分	61～70 分	71～80 分	81～90 分	91～100 分
1	创新战略制定	很差	较差	一般	较好	很好
2	创新战略实施	很差	较差	一般	较好	很好
3	企业家创新精神	很差	较差	一般	较好	很好
4	员工创新意识	很差	较差	一般	较好	很好
5	员工合理化建议采纳情况	很差	较差	一般	较好	很好
6	员工晋升机制完善度	很差	较差	一般	较好	很好

续表

序号	评分 / 指标	企业创新性测评评分标准				
		0～60分	61～70分	71～80分	81～90分	91～100分
7	创新奖励机制完善度	很差	较差	一般	较好	很好
8	知识产权管理机制	很不完善	较不完善	一般	较完善	很完善
9	企业内部协调机制	很不完善	较不完善	一般	较完善	很完善
10	研发经费投入强度	很低	较低	一般	较高	很高
11	研发人员比例	很低	较低	一般	较高	很高
12	技术装备水平	很低	较低	一般	较高	很高
13	研发成果转化率	很低	较低	一般	较高	很高
14	新产品平均开发周期	很短	较短	一般	较长	很长
15	信息技术平台建设	很不完善	较不完善	一般	较完善	很完善
16	组织适应程度	很弱	较弱	一般	较强	很强
17	创新管理水平	很低	较低	一般	较高	很高
18	互联网运营能力	很弱	较弱	一般	较强	很强
19	新产品销售收入占主营业务收入比重	很低	较低	一般	较高	很高
20	新产品利润率	很低	较低	一般	较高	很高
21	全员劳动生产率	很低	较低	一般	较高	很高
22	企业拥有专有技术成果数量	很少	较少	一般	较多	很多
23	千名研发人员拥有的授权发明专利数	很少	较少	一般	较多	很多
24	自主创新项目比重	很低	较低	一般	较高	很高
25	国家政策环境匹配度	很差	较差	一般	较好	很好
26	创新发展愿景适宜度	很差	较差	一般	较好	很好
27	员工培训次数	很少	较少	一般	较多	很多
28	员工参加创新活动积极性	很低	较低	一般	较高	很高

通过向山东省10家新旧动能转换下代表性企业发放调查问卷，获得关于评价指标数据的一手资料，其中总共发放调查问卷500份，回收468份，

有效问卷452份，有效率为90.4%。整体而言，回收的有效调查问卷符合实证研究所需，对回收的有效调查问卷，以样本企业为单位进行统计，先对每个企业的各项指标值分别求和，然后计算各项指标的算术平均数，以算术平均数作为各项指标的实际测评值①。

本书设计的企业创新性自我测评调查问卷（见附录D）共分两部分：第一部分是被调查对象的背景资料，请各样本企业职工对所在企业名称、企业性质、职工性别、学历、职务等资料信息进行填写；第二部分是10家样本企业的创新性自测打分表，请各样本企业职工在相应打分栏以百分制形式打分。

三、企业创新性评价流程

运用网络分析法和物元分析法对企业创新性进行评价，主要评价流程共分七个环节：确定评价指标的评价等级；确定经典域和节域；确定待评物元——11个二级指标；确定各评价指标权重；确定11个二级指标关于各评价等级的关联度；确定5个一级指标关于各等级的关联度；确定目标层——企业创新性关于各等级的关联度。

（一）确定评价指标的评价等级

评价指标是企业创新性综合评价递阶分析系统的基石，要对企业创新性情况做出评价，首先必须对评价指标特性的“有效”“无效”状况做出评价。而评价指标特性的“有效”“无效”比较抽象，具有一定的模糊特性，难以具体操作，因此需要将评价指标特性划分为若干个可度量的评价等级。评价指标特性评价等级数量划分的多少，涉及实践经验、人类心理活动等多方面因素的问题。若等级数量划分得过少，将失于粗略，不利于企业创新状况的真实合理反映；若等级数量划分得过多，又会使确定等级界限的难度和计算工作量加大。目前，指标评价等级主要有三级、四级、五级、六级四种划分方法，从已有研究来看，指标特性评价等级较多地划分为五级，一般而言，五级评价比较符合人的心理活动对客观事物的判断。因此，本章将评价指标的特性划分为五个评价等级：无效、基本无

① 徐佩．基于物元模型的研发团队有效性实证研究［J］．科技管理研究，2011（5）．

效、有效、较有效、很有效。①②③④

$N=(N_1, N_2, N_3, N_4, N_5)=$(无效、基本无效、有效、较有效、很有效)。

(二)确定经典域和节域

对企业创新性各评价指标值从高到低分成 5 个等级,从而可以运用物元模型对其进行评价。以企业家创新精神指标为例,一级代表企业家创新精神指标值介于(0~60)分之间,位于该指标的最低水平;二级代表企业家创新精神指标值介于(61~70)分之间,位于该指标的稍低水平;三级代表企业家创新精神指标值介于(71~80)分之间,位于该指标的中等水平;四级代表企业家创新精神指标值介于(81~90)分之间,位于该指标的稍高水平;五级代表企业家创新精神指标值介于(91~100)分之间,位于该指标的最高水平。其他各指标等级代表含义与此相似。表 6.2 采用百分制统一规定评价指标各评价等级记分标准。

表 6.2 评价指标各评价等级记分标准

评价等级	N_1	N_2	N_3	N_4	N_5
	无效	基本无效	有效	较有效	很有效
指标得分	0~60 分	61~70 分	71~80 分	81~90 分	91~100 分

由表 6.2 可以确定企业创新性评价指标的经典域物元 R_0 和节域物元 R_p。

经典域物元 R_0:

$$R_0=\begin{bmatrix} N & N_1 & N_2 & N_3 & N_4 & N_5 \\ c_1 & \langle 0, 60\rangle & \langle 61, 70\rangle & \langle 71, 80\rangle & \langle 81, 90\rangle & \langle 91, 100\rangle \\ c_2 & \langle 0, 60\rangle & \langle 61, 70\rangle & \langle 71, 80\rangle & \langle 81, 90\rangle & \langle 91, 100\rangle \\ \vdots & \vdots & \vdots & \vdots & \vdots & \vdots \\ c_n & \langle 0, 60\rangle & \langle 61, 70\rangle & \langle 71, 80\rangle & \langle 81, 90\rangle & \langle 91, 100\rangle \end{bmatrix}$$

---

① 石为人,林荫华等. 高校学生贷款个人信用的物元评判模型及应用[J]. 重庆大学学报(自然科学版),2005(28).

② 杜纲,崔婷. 企业核心竞争力的层次—维度结构及其评价判定模型研究[J]. 科学学与科学技术管理,2005(1).

③ 沈海剑,祝烨. 基于物元模型的交通影响程度研究[J]. 西南民族大学学报(自然科学版),2005(31).

④ 苏海民,陈健飞. 土地适宜性的综合评判物元模型[J]. 曲阜师范大学学报,2005(1).

节域物元 R_p：

$$R_p=(p,\ c,\ v_p)=\begin{bmatrix} p & c_1 & \langle 0,\ 100\rangle \\ & c_2 & \langle 0,\ 100\rangle \\ & \vdots & \vdots \\ & c_n & \langle 0,\ 100\rangle \end{bmatrix}$$

这里，经典域物元和节域物元的表达式为统一表达式，其中：c_1，c_2，…，c_n 代表企业创新性评价中各二级指标对应的三级评价指标，n 代表各二级指标对应的三级评价指标个数。企业创新性评价体系中，二级指标共 11 个，对应 n 值分别取 2，3，2，2，3，3，3，3，3，2，2，依据 n 的不同取值可以确定企业各二级评价指标对应的经典域物元和节域物元。

（三）确定待评物元——11 个二级指标

选取企业创新性 11 个二级评价指标对应的三级评价指标实际测评数据，作为待评物元。构建的企业创新性评价体系中 11 个二级指标对应的待评物元有 11 个。具体表示如下：

$$R_{0p}^{11}=\begin{bmatrix} X_{11} & c_1 & X_{111} \\ & c_2 & X_{112} \end{bmatrix} \quad R_{0p}^{12}=\begin{bmatrix} X_{12} & c_1 & X_{121} \\ & c_2 & X_{122} \\ & c_3 & X_{123} \end{bmatrix} \quad R_{0p}^{21}=\begin{bmatrix} X_{21} & c_1 & X_{211} \\ & c_2 & X_{212} \end{bmatrix}$$

$$R_{0p}^{22}=\begin{bmatrix} X_{22} & c_1 & X_{221} \\ & c_2 & X_{222} \end{bmatrix} \quad R_{0p}^{31}=\begin{bmatrix} X_{31} & c_1 & X_{311} \\ & c_2 & X_{312} \\ & c_3 & X_{313} \end{bmatrix} \quad R_{0p}^{32}=\begin{bmatrix} X_{32} & c_1 & X_{321} \\ & c_2 & X_{322} \\ & c_3 & X_{323} \end{bmatrix}$$

$$R_{0p}^{33}=\begin{bmatrix} X_{33} & c_1 & X_{331} \\ & c_2 & X_{332} \\ & c_3 & X_{333} \end{bmatrix} \quad R_{0p}^{41}=\begin{bmatrix} X_{41} & c_1 & X_{411} \\ & c_2 & X_{412} \\ & c_3 & X_{413} \end{bmatrix} \quad R_{0p}^{42}=\begin{bmatrix} X_{42} & c_1 & X_{421} \\ & c_2 & X_{422} \\ & c_3 & X_{423} \end{bmatrix}$$

$$R_{0p}^{51}=\begin{bmatrix} X_{51} & c_1 & X_{511} \\ & c_2 & X_{512} \end{bmatrix} \quad R_{0p}^{52}=\begin{bmatrix} X_{52} & c_1 & X_{521} \\ & c_2 & X_{522} \end{bmatrix}$$

显然，待评物元表达式中第三列为企业各三级评价指标的实际测评数据，由调查统计所得。

（四）确定各评价指标权重

评价指标权重确定方法主要有两大类：主观赋权法和客观赋权法，常用的有专家咨询法、层次分析法、相关系数法、因子分析法和主成分分析法等，各种方法均有其优缺点，要针对实际问题合理选择有效方法。本书采用专家咨询法（主观赋权法）和网络分析法（客观赋权法）的组合进行赋权。采用专家咨询法，根据设计的企业创新性影响因素重要性调查问卷（见附录C），获取各评价指标相对重要性数据。打分专家主要从全国范围内选择知名企业的企业家及相关专家，一是因为这部分人员比较熟悉企业的创新情况；二是他们能及时捕捉企业创新的实时动态，选择他们作为打分专家，能够保证确定的指标权重更有效反映各指标在实践中重要性的实际情况。通过整理专家打分数据，依据网络分析法的基本原理和超级决策软件的强大功能，实现各指标权重的计算。各级指标权重结果见表5.7。

（五）确定11个二级指标关于各评价等级的关联度

本评价体系中，待评事物有11个，如果运用手工计算待评事物关于各评价等级的关联度，工作量较大，而且容易出错。为了提高计算效率，提升计算结果准确性，本章采用Excel软件编程，编制运算关联度的计算机程序，当然也可以采取其他的计算软件，如Matlab 7.0等。①

将11个二级指标对应的经典域物元、节域物元、待评物元、对应的三级评价指标的权重输入到编制好的计算机程序中，通过运行程序得到11个二级指标关于各评价等级的关联度 $K_{N_k}(X_{ij})$。$K_{N_k}(X_{ij})$ 中 $k=1, 2, 3, 4, 5$；且 i，j 的取值如下：

$i=1$，$j=1$，2；$i=2$，$j=1$，2，3，4；$i=3$，$j=1$，2，3；

$i=4$，$j=1$，2，3；$i=5$，$j=1$，2

这里以二级指标创新文化（X_{12}）为例，介绍其关于各评价等级的关联度确定过程。

首先列出其对应的经典域物元 R_0、节域物元 R_p 待评物元 R_{0p}^{12}。其中：

---

① 孙祥．MATLAB 7.0基础教程［M］．北京：清华大学出版社，2005：65.

$$R_0 = \begin{bmatrix} N & N_1 & N_2 & N_3 & N_4 & N_5 \\ c_1 & \langle 0, 60\rangle & \langle 61, 70\rangle & \langle 71, 80\rangle & \langle 81, 90\rangle & \langle 91, 100\rangle \\ c_2 & \langle 0, 60\rangle & \langle 61, 70\rangle & \langle 71, 80\rangle & \langle 81, 90\rangle & \langle 91, 100\rangle \\ c_3 & \langle 0, 60\rangle & \langle 61, 70\rangle & \langle 71, 80\rangle & \langle 81, 90\rangle & \langle 91, 100\rangle \end{bmatrix}$$

$$R_p = (p, c, v_p) = \begin{bmatrix} X_{12} & c_1 & \langle 0, 100\rangle \\ & c_2 & \langle 0, 100\rangle \\ & c_3 & \langle 0, 100\rangle \end{bmatrix}$$

$$R_{0p}^{12} = \begin{bmatrix} X_{12} & c_1 & X_{121} \\ & c_2 & X_{122} \\ & c_3 & X_{123} \end{bmatrix}$$

然后将对应的三级指标权重 $w_{121} = 0.046558$，$w_{122} = 0.022795$，$w_{123} = 0.031191$ 输入关联度计算程序中，通过计算得到创新文化（X_{12}）关于五个评价等级的关联度。其他 10 个二级指标的关联度运算方法同上。

（六）确定 5 个一级指标关于各等级的关联度

在确定出 11 个二级指标的关联度之后，再来确定 5 个一级指标关于五个评价等级的关联度 $K_{N_k}(X_i)$。其计算公式如下：

$$K_{N_k}(X_i) = \sum_{j=1}^{n} W_{X_{ij}} K_{N_k}(X_{ij})$$

式中：$k = 1, 2, 3, 4, 5$。X_i 为二级指标 X_{ij}所对应的上一级指标，即一级指标。$W_{X_{ij}}$为二级指标 X_{ij}的权重。

将 11 个二级指标的权重和关联度数据代入上式，分别计算 5 个一级指标的关联度。数据代入的具体过程略。

（七）确定目标层——企业创新性关于各等级的关联度

确定出一级指标的关联度之后，最后确定目标层（企业创新性）关于五个评价等级的关联度 $K_{N_k}(X)$。其计算公式如下：

$$K_{N_k}(X_i) = \sum_{i=1}^{5} W_{X_i} K_{N_k}(X_i)$$

式中：$i = 1, 2, 3, 4, 5$；$k = 1, 2, 3, 4, 5$。X 为一级指标 X_i 对应的目标层。W_{X_i}为一级指标 X_i 的权重。

将一级指标 X_i 的关联度数据和权重 W_{X_i} 代入上式，分别计算目标层——企业创新性关于各评价等级的关联度。

第四节　测度结果讨论及关键影响因素确定

以上对被调查对象基本情况的调查结果进行了分析，这些基本情况对企业创新性各评价指标有不同程度的影响，为了进一步分析企业创新性的关键影响因素，下面将对实测数据进行统计分析。

一、样本企业测度结果分析

依据调查统计得到的10家样本企业各评价指标的数据，并遵循上文所阐述的企业创新性测度流程，可以得到10家样本企业创新性测度的具体结果。

对山东省东、中、西部10家样本企业的测评结果运用网络分析法和物元分析法进行统计分析，得出各企业目标层指标、5个一级评价指标、11个二级评价指标和28个三级评价指标，共45个评价指标的关联度。根据关联度结果获得各企业创新性各评价指标的有效性，为处理问题方便起见，我们仅统计包含目标层、一级、二级指标在内的17个评价指标的关联度结果，具体结果见附录E。这里仅给出各评价指标有效性测评结果的统计表，即针对每一个指标，统计出分布于五个评价等级的样本企业数量。如表6.3所示。

表6.3　样本企业评价结果统计表

评价结果 评价指标	无效	基本无效	有效	较有效	很有效
目标层指标 X	0	2	6	2	0
创新动力 X_1	0	0	7	3	0
创新机制 X_2	0	1	6	3	0
创新能力 X_3	0	2	4	4	0
创新绩效 X_4	0	0	2	8	0
创新潜能 X_5	0	0	9	1	0
创新战略 X_{11}	0	0	5	5	0
创新文化 X_{12}	0	0	8	2	0

续表

评价指标 \ 评价结果	无效	基本无效	有效	较有效	很有效
创新激励机制 X_{21}	0	2	3	5	0
创新保障机制 X_{22}	0	1	7	2	0
创新投入能力 X_{31}	0	1	5	4	0
研究开发能力 X_{32}	0	2	7	1	0
组织与管理能力 X_{33}	0	2	4	4	0
财务绩效 X_{41}	0	0	1	9	0
科技绩效 X_{42}	0	0	3	7	0
企业管理潜能 X_{51}	0	1	5	4	0
员工创新潜能 X_{52}	0	0	8	2	0

二、样本企业整体状况比较

对目标层从测评结果看，10 家样本企业创新情况各不相同，测评结果为“无效”和“很有效”的百分比为 0%，“基本无效”和“较有效”的分别有 2 家，各占 20%，“有效”的有 6 家，占 60%。其中，东部的 3 家，中部的 5 家，西部的 2 家，整体而言，东中部的经济发展水平稍高于西部。抽查的山东省的这几家企业，创新整体状况并不令人满意，测评结果“很有效”的企业没有，当然这里“无效”的也不存在，但是还是有很多企业的评价效果不容乐观，这将直接影响到企业创新性的情况。样本企业创新性测评结果如图 6. 2 所示。

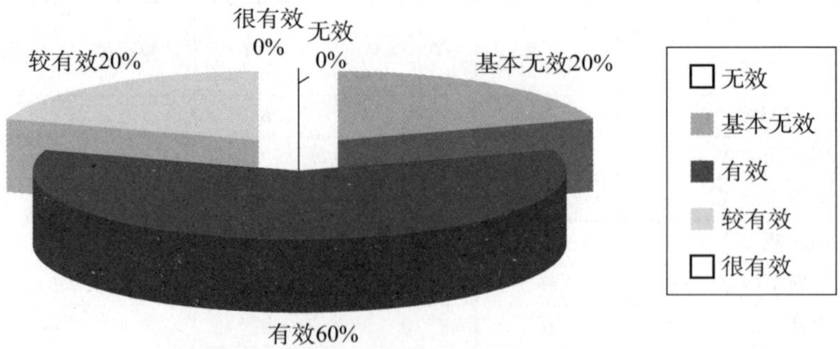

图 6. 2　样本企业创新性测评结果图

三、样本企业创新一级指标有效性对比

在创新动力、创新机制、创新能力、创新绩效和创新潜能指标上，从各样本企业的创新性结果上看，企业的创新动力、创新绩效的有效性稍优于创新机制、创新能力和创新潜能的有效性。下面将通过各样本企业一级评价指标的有效性分布图进行分析说明。

（一）企业创新动力有效性分布

创新动力一级指标下共包含 2 个二级指标和 5 个三级指标，其有效性状况用图 6.3 进行描述。

从图 6.3 可以清晰地看出：在 10 家样本企业中，创新动力有效性测评结果为“无效”“基本无效”和“很有效”的百分比为 0，测评结果为“有效”和“较有效”的分别占 70% 和 30%，半数以上处于中等关联度程度。其中，测评结果为“较有效”的 3 家企业分别是齐鲁制药有限公司、海尔集团公司和潍柴动力股份有限公司。结果表明，新旧动能转换下山东省企业创新动力有效性一般。2014 年 3 月，国务院出台《关于推进文化创意和设计服务与相关产业融合发展的若干意见》提出，中国经济发展当下要增强企业创新动力，促进经济转型。因此，对于新旧动能转换下企业而言，更要不断制定创新战略，设计创新文化，提升企业市场竞争力。

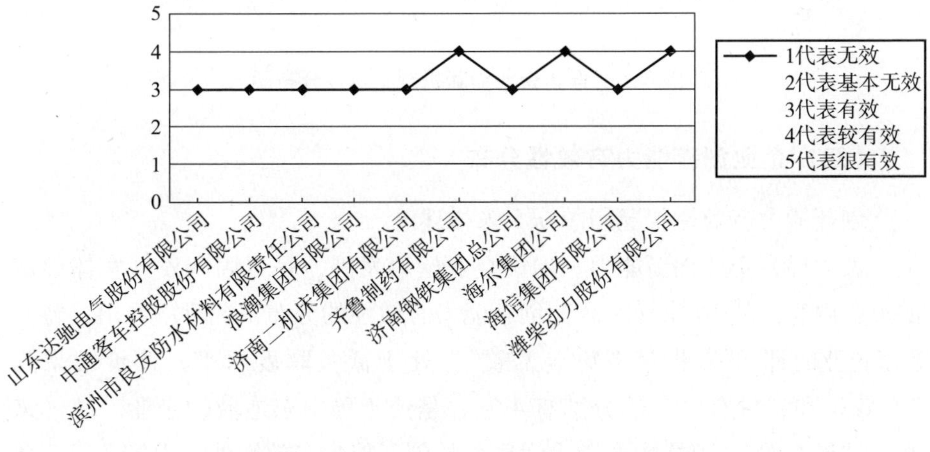

图 6.3　样本企业创新动力有效性分布图

（二）企业创新机制有效性分布

创新机制有效性状况用图 6. 4 来描述。

从 10 家样本企业创新机制有效性的分布情况可以看出：1 家企业的评价结果为“基本无效”，处于低关联度水平，3 家企业的评价结果为“较有效”，处于高关联度水平，其余 6 家企业的评价结果为“有效”，处于中等关联度水平。总体而言，被调查企业的创新机制有效性参差不齐，但大部分企业尚需进一步完善其创新机制，尤其是鲁西的一些企业，要加强与鲁中东乃至全国优势企业的沟通，借鉴优势企业的经验，弥补自己的创新短板，完善创新激励和保障机制。

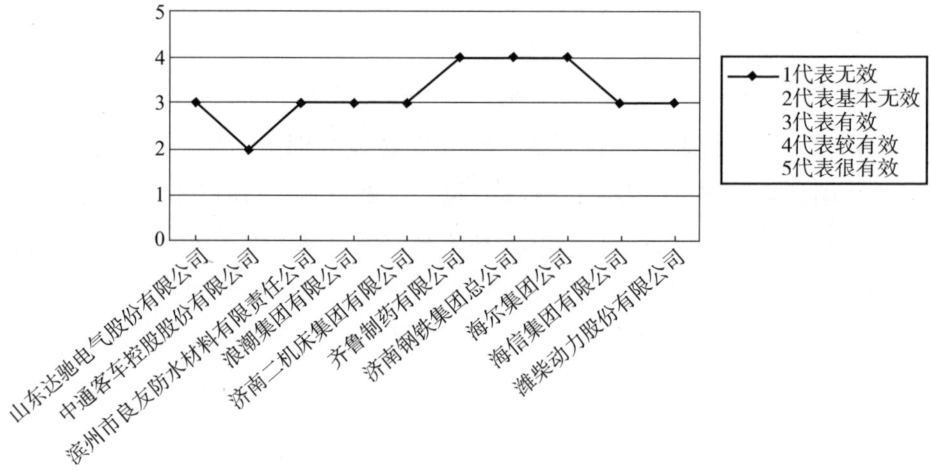

图 6. 4　样本企业创新机制有效性分布图

（三）企业创新能力有效性分布

创新能力有效性状况用图 6. 5 来描述。

大力提升企业创新能力，加快企业健康发展，是巩固和发展实体经济的重要内容。从 10 家样本企业创新能力有效性的分布情况可以看出：鲁西 2 家企业的评价结果为“基本无效”，处于低关联度水平，评价结果为“有效”和“较有效”的分别有 4 家，是位于鲁中东地域的企业。总体来看，被调查的 10 家样本企业中大部分的创新能力有效性处于中等及以下关联度水平，即创新能力仍然是山东省新兴技术企业的薄弱环节，为了加快山东省经济发展步伐，必须从新兴技术企业入手，着力提升它们的创新能力。

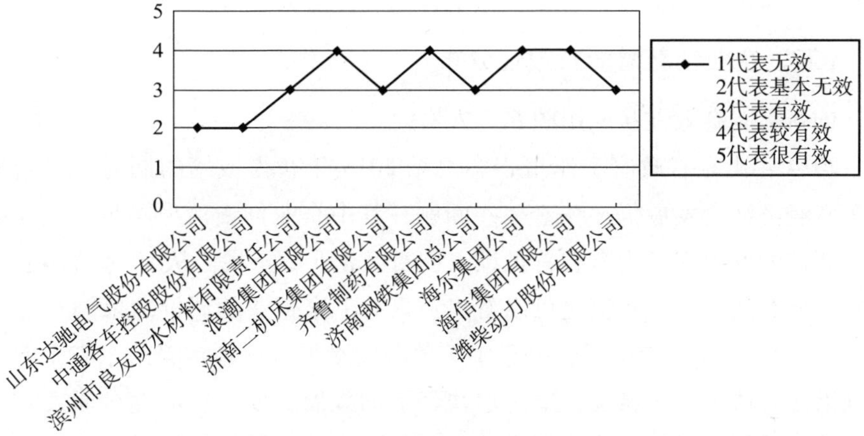

图 6.5 样本企业创新能力有效性分布图

（四）企业创新绩效有效性分布

创新绩效有效性状况用图 6.6 来描述。

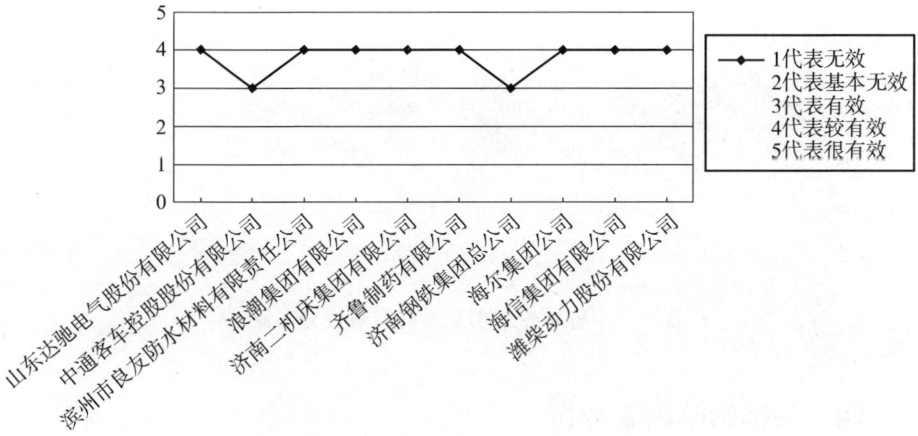

图 6.6 样本企业创新绩效有效性分布图

企业的创新绩效主要包括科技绩效和财务绩效，从 10 家样本企业创新绩效有效性的分布情况可以看出：除 2 家企业处于中等关联度水平之外，其余 8 家的创新绩效有效性均在高关联度水平。结果表明新旧动能转换下山东省企业经过不懈努力，取得了较好的绩效，企业经营效益得以提高的同时，科技创新水平也不断提高，为省内其他企业树立了榜样，增强了省内企业创新发展的动力，促进了山东省经济稳定快速增长。

（五）企业创新潜能有效性分布

创新潜能有效性状况用图 6.7 来描述。

2014 年山东省政府工作报告中总结 2013 年获得成绩的同时，也指出山东省经济社会发展仍存在着一些问题，其中企业创新活力不足、创新潜能未能被激发引起了山东省首批试点创新型企业的重视。从 10 家样本企业创新潜能有效性的分布情况可以看出：只有 1 家企业的评价结果为“较有效”，其余的均为“有效”，处于中等关联度水平。这预示着山东省企业的创新潜能有待进一步激发，要想加快经济的发展，要下决心充分激发首批试点企业的创新潜能，让它们真正起到企业“领头羊”的作用。

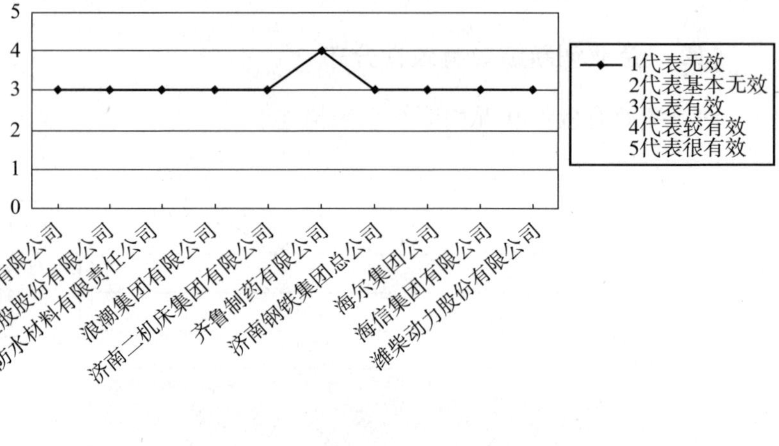

图 6.7　样本企业创新潜能有效性分布图

四、关键影响因素分析

从上面的分析情况来看，在被调查的山东省 10 家样本企业中，除创新绩效外的创新动力、创新机制、创新能力和创新潜能 4 个一级指标的有效性水平都不高。下面将从 11 个二级指标和 28 个三级指标进行其有效性分析，仍以分布图形式呈现。

（一）创新战略有效性分布

创新战略指标下包含创新战略制定和创新战略实施 2 个三级指标，有效性状况分别用图 6.8、图 6.9 和图 6.10 来描述，其中创新战略制定和创新战略实施的有效性状况分布图分别用图 6.9 和图 6.10 来描述。

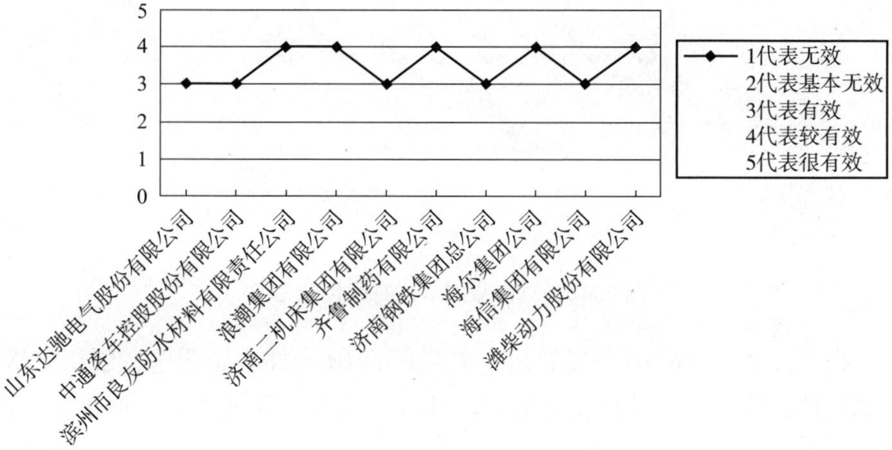

图 6.8　创新战略有效性分布图

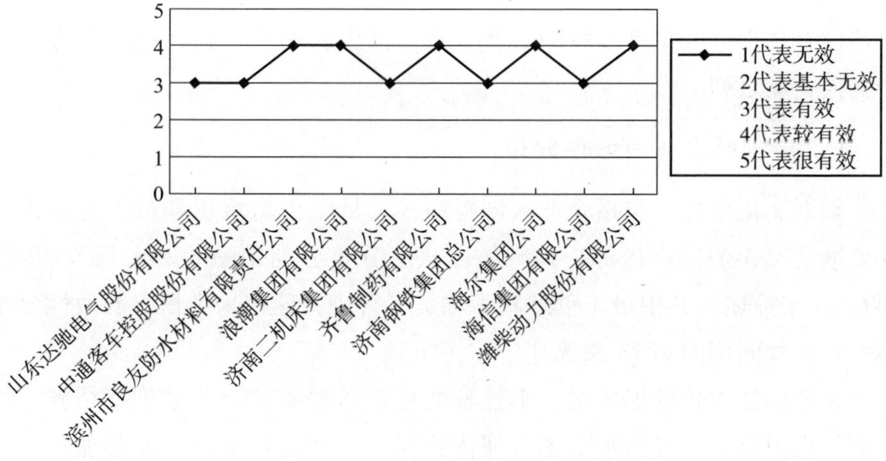

图 6.9　创新战略制定有效性分布图

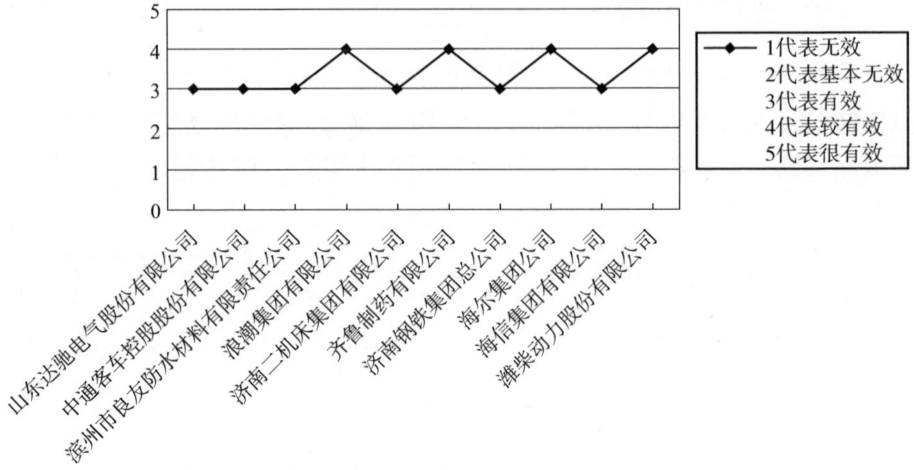

图 6. 10　创新战略实施有效性分布图

由图 6. 8 ~ 图 6. 10 可以看出，被调查的 10 家样本企业中，创新战略、创新战略制定和创新战略实施的有效性水平均在中等及以上，但很强关联度的没有。这表明作为山东省首批试点创新型企业，在创新战略的制定和实施上都付出了努力，每家企业都对未来的发展蓝图进行精心规划，勇于制定创新战略，提升企业的核心竞争力。水平一般的原因在于成长期的企业还没有真正形成自己独特的一套方案，但创新动力永存，时刻准备跻身于更强企业之列。

（二）创新文化有效性分布

创新文化指标下包括企业家创新精神、员工创新意识和员工合理化建议采纳情况 3 个三级指标，其有效性状况分布分别用图 6. 11、图 6. 12 和图 6. 13 来描述，其中员工创新意识和员工合理化建议采纳情况有效性分布图一致，共同用图 6. 13 来描述。

企业创新文化的形成是一个漫长的过程，需要从企业家创新精神、员工创新意识以及积极采纳员工合理化建议等方面进行培育，需要加强企业领导与内部员工之间的双向互动沟通，通过不断整合企业内外部资源积极培育企业创新文化。由图 6. 11 可以看出，只有海尔集团和潍柴动力的创新文化有效性水平处于强关联度水平，其他 8 家企业均处于中等水平。图 6. 12 显示：10 家被调查企业中，企业家创新精神有效性有 3 家为“较有效”，其余7家均为“有效”；图6.13显示：员工创新意识和员工合理化建议采纳情况有效性分布情况为10家中只有2家为“较有效”，其余8家均为“有效”。结果表明，山东省新旧动能转换下企业的创新文化水平总体不高，企业家创新精神、员工创新意识和员工合理化建议采纳情况的有效性基本处于中等水平，需要在未来一段时间内，积极响应省政府的号召，不断培育企业的创新文化。

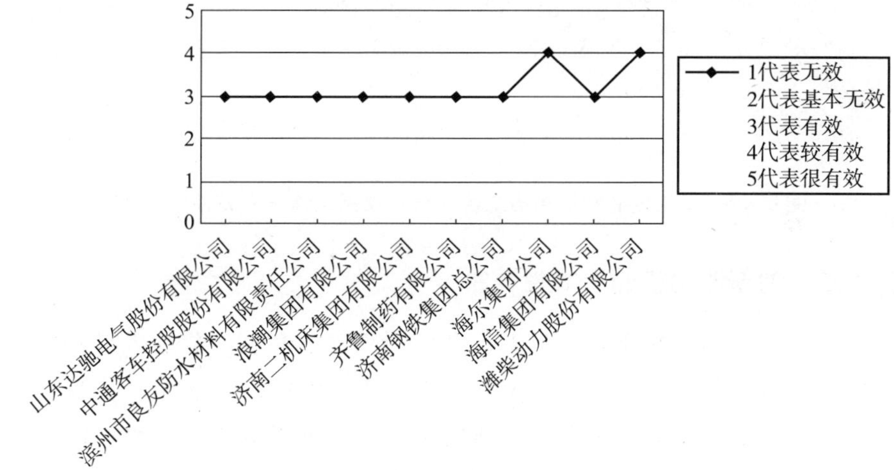

图6.11　创新文化有效性分布图

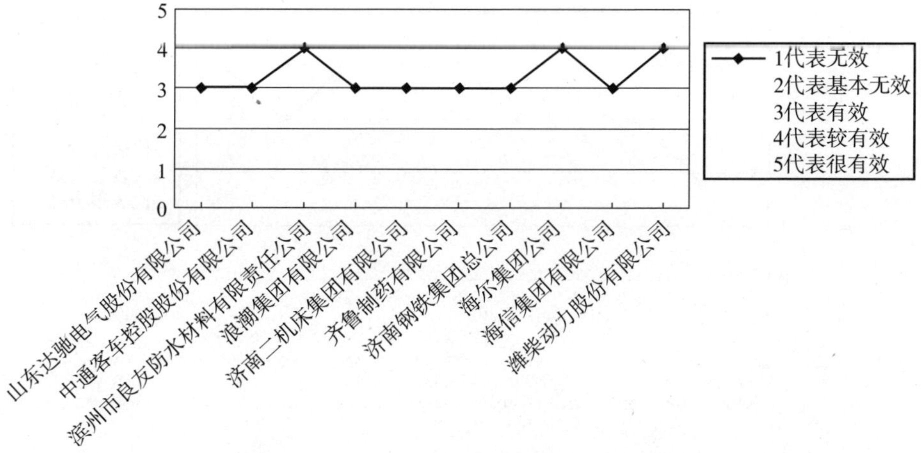

图6.12　企业家创新精神有效性分布图

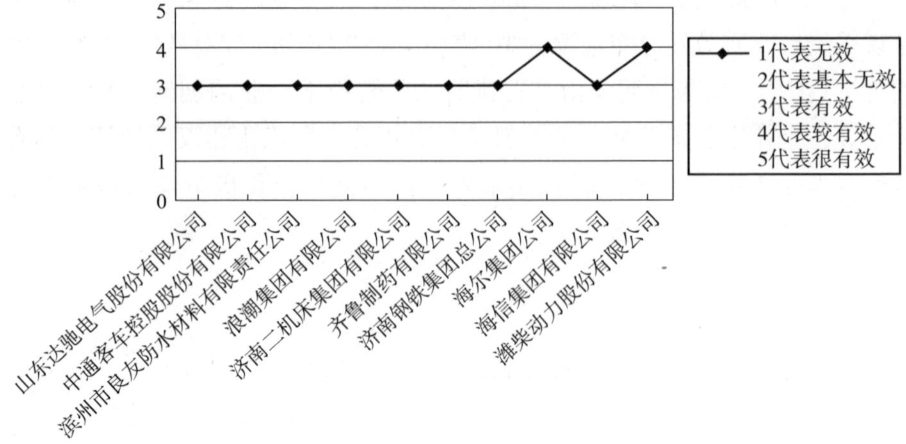

图 6.13　员工创新意识和员工合理化建议采纳情况有效性分布图

（三）创新激励机制有效性分布

创新激励机制指标下包含员工晋升机制完善度和创新奖励机制完善度 2 个三级指标，有效性分布如图 6.14、图 6.15 和图 6.16 所示。从其有效性的分布情况看，50% 的企业在创新激励机制及下设的 2 个三级指标方面是“较有效”的，其余 50% 为“有效”和“基本无效”，即有一半企业的创新激励机制有效性水平在一般及以下。因此，评价结果不容乐观。

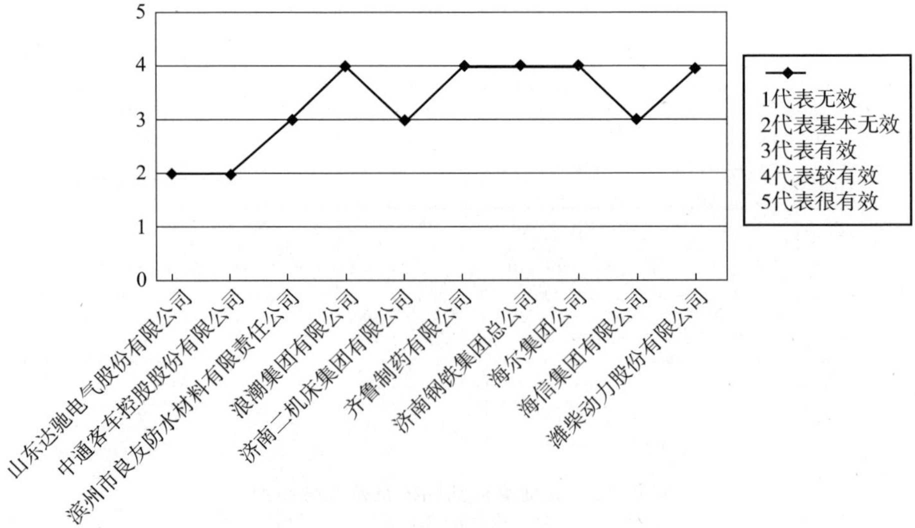

图 6.14　创新激励机制有效性分布图

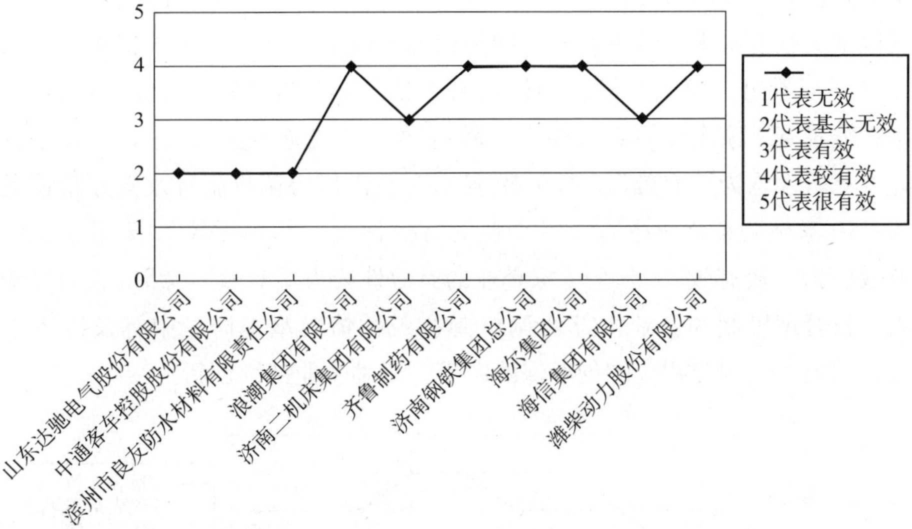

图 6.15 员工晋升机制完善度有效性分布图

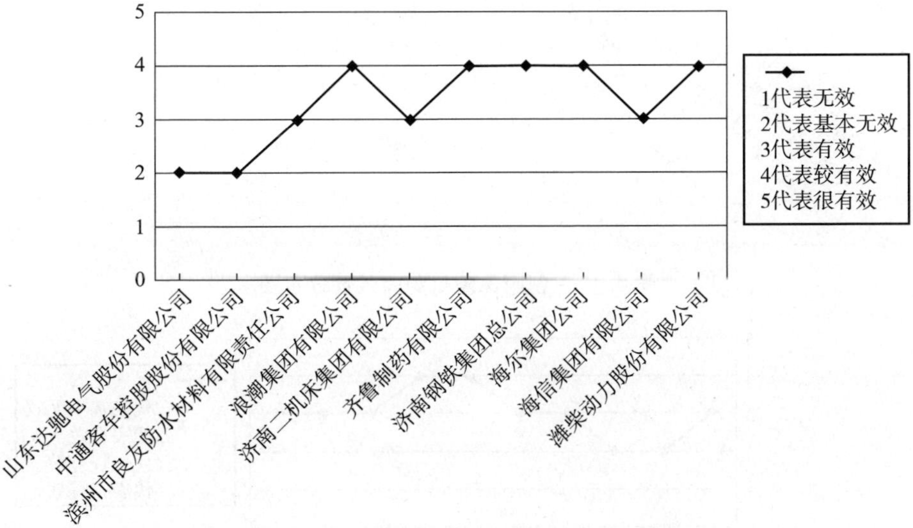

图 6.16 创新奖励机制完善度有效性分布图

（四）创新保障机制有效性分布

创新保障机制指标下包含知识产权管理机制和企业内部协调机制 2 个三级指标，从创新保障机制有效性的分布情况来看，80% 的样本企业在创新保障机制方面的有效性为“基本无效”和“有效”，绝大部分处于中等及以下关联度水平。结果表明，创新保障机制有效性状况令人担忧。由图6.18可以看出，知识产权管理机制有效性分布情况为：10家被调查企业中，分别有2家企业的有效性为“较有效”和“基本无效”，其余6家企业的有效性均为“有效”；图6.19显示企业内部协调机制有效性分布情况为：10家被调查企业中有1家企业的有效性为“基本无效”，2家企业的有效性为“较有效”，其余7家企业的有效性均为“有效”。结果表明，知识产权管理机制和企业内部协调机制有效性情况基本居于中等及以下水平，需要政府制定相应的创新保障政策，激励企业持续创新。

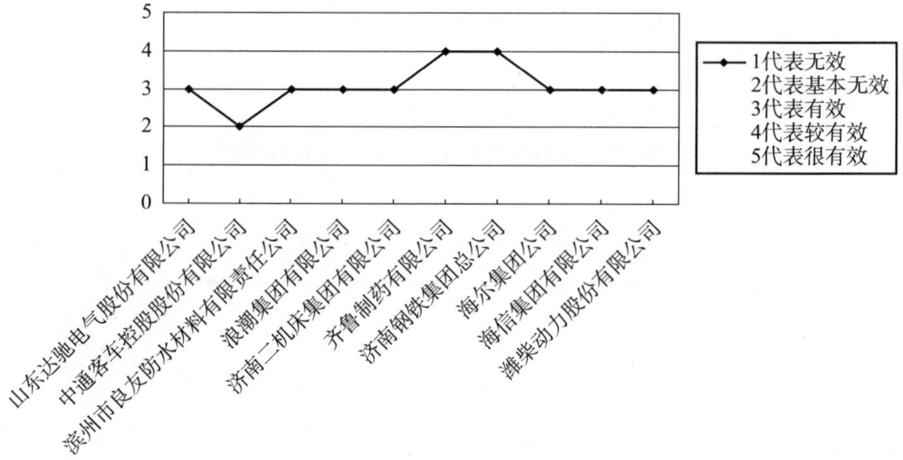

图6.17 创新保障机制有效性分布图

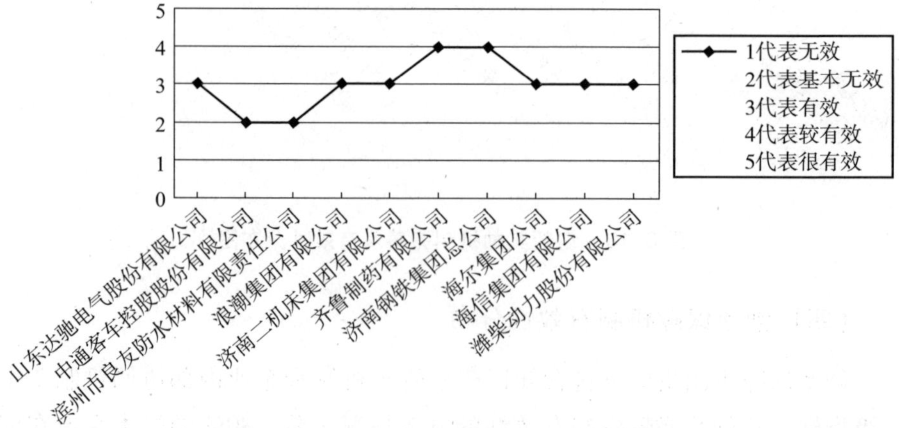

图6.18 知识产权管理机制有效性分布图

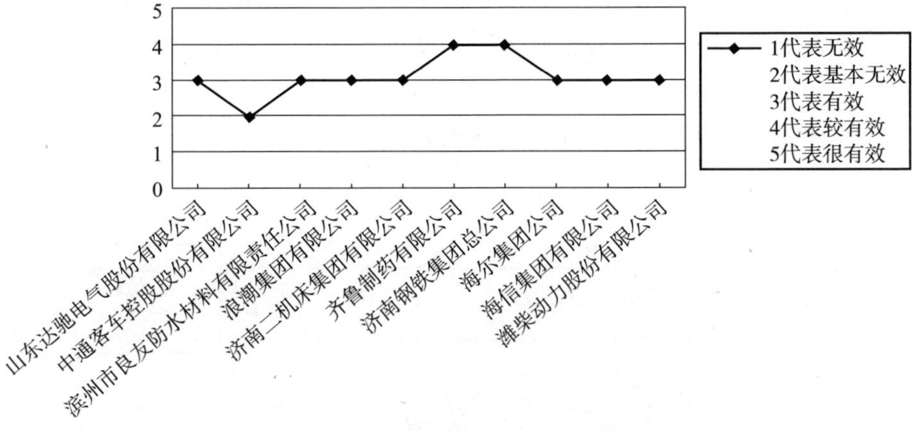

图 6. 19　企业内部协调机制有效性分布图

（五）创新投入能力有效性分布

创新投入能力指标下包含研发经费投入强度、研发人员比例和技术装备水平 3 个三级指标，其有效性分布如图 6. 20 和图 6. 21 所示，其中 3 个三级指标的有效性分布图一致，用图 6. 21 描述。从创新投入能力有效性的分布情况来看，60% 的企业在创新投入能力方面的有效性为“基本无效”和“有效”，半数以上处于中等及以下关联度水平，结果表明创新投入能力有效性状况差强人意。

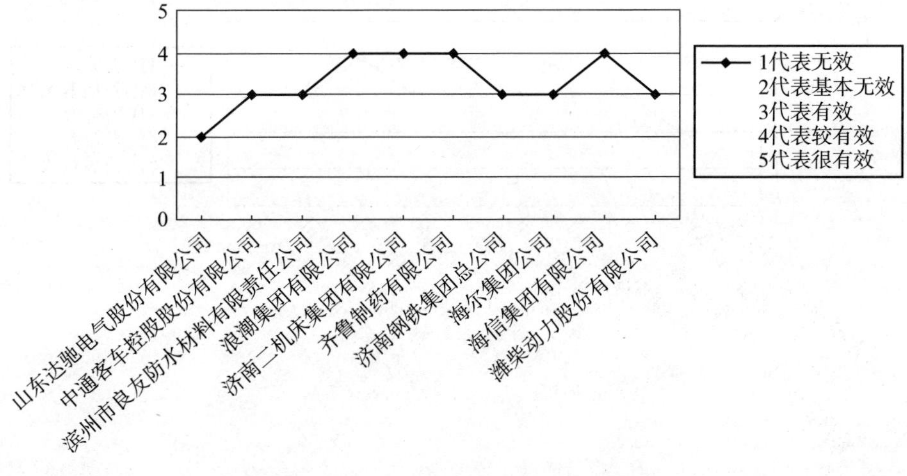

图 6. 20　创新投入能力有效性分布图

图6.21显示，研发经费投入强度、研发人员比例和技术装备水平有效性分布情况为：20%的有效性水平为“基本无效”，“有效”和“较有效”的各占40%，表明山东省创新型企业的研发经费投入强度有待进一步加强，研发人员结构需要优化比例，技术装备水平亟须提升。

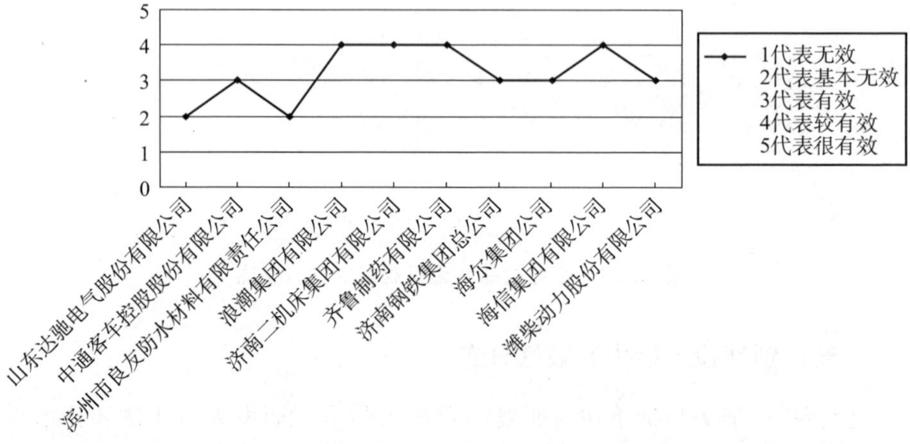

图6.21　研发经费投入强度、研发人员比例和技术装备水平有效性分布图

（六）研究开发能力有效性分布

研究开发能力指标下包含研发成果转化率、新产品平均开发周期和信息技术平台建设3个三级指标，其有效性分布用图6.22、图6.23和图

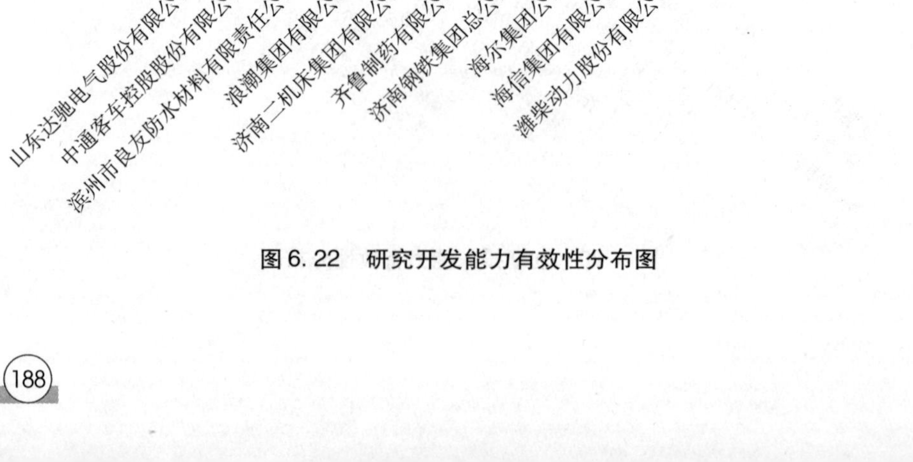

图6.22　研究开发能力有效性分布图

6.24 描述，其中新产品平均开发周期和信息技术平台建设 2 个三级指标的有效性分布用图 6.24 表示。从研究开发能力、新产品平均开发周期和信息技术平台建设有效性的分布情况看，有 2 家企业的评价结果为“基本无效”，7 家企业的评价结果为“有效”，只有 1 家的为“较有效”。从研究成果转化率有效性分布图看，10 家被调查企业中，评价结果为“基本无效”和“较有效”的各占 20%，“有效”的占 60%。结果表明，山东省创新型企业研究成果转化率稍低，新产品平均开发周期较长，信息技术平台建设水平欠缺，企业的研究开发能力有效性水平尚待提升。

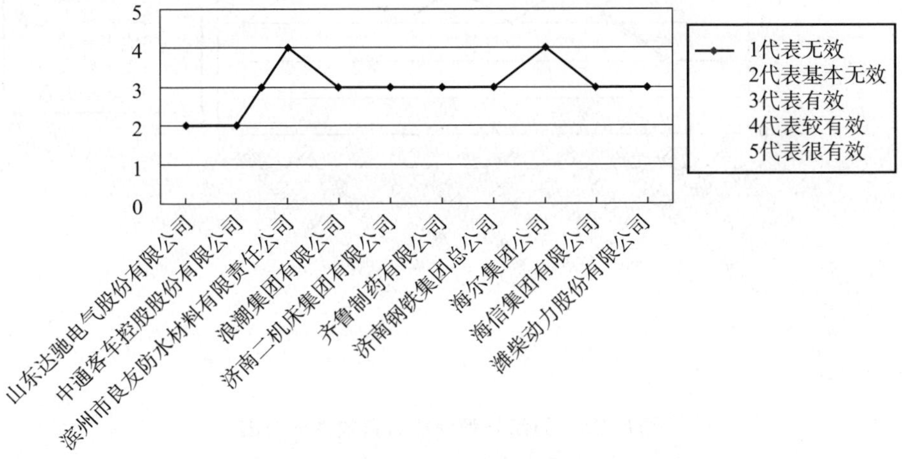

图 6.23 研发成果转化率有效性分布图

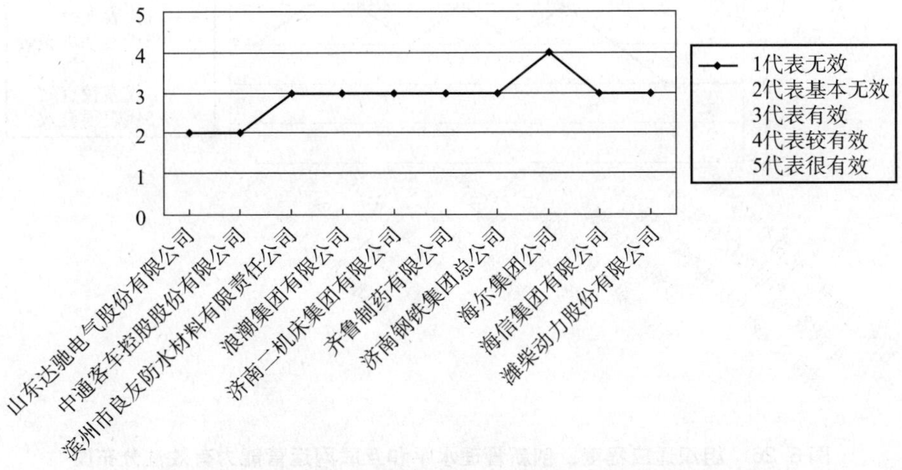

图 6.24 新产品平均开发周期和信息技术平台建设有效性分布图

（七）组织与管理能力有效性分布

从组织与管理能力及其所包含的三级指标的有效性分布情况来看，如图6.25、图6.26所示，有40%的企业拥有较好的组织与管理能力，40%的处于一般水平，20%的评价结果为“基本无效”，总体而言，企业的组织与管理能力有效性虽有一定的进步，但仍有半数以上的企业创新性在中等水平及以下，即总体程度不高，需要进一步提升。

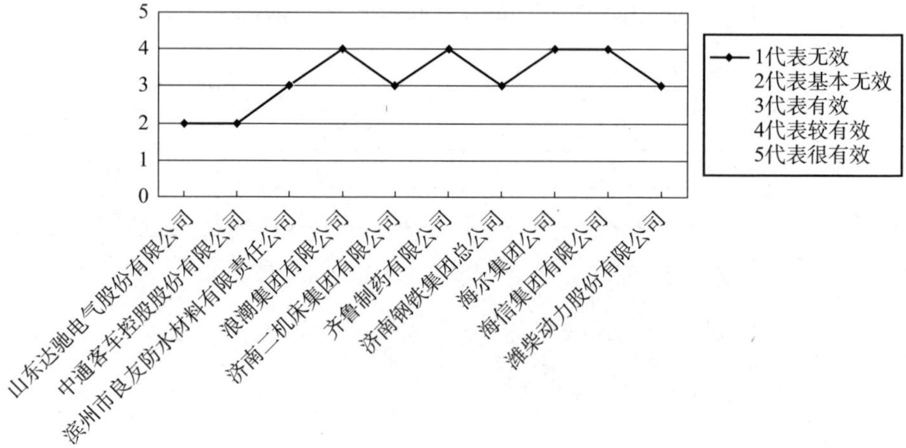

图6.25　组织与管理能力有效性分布图

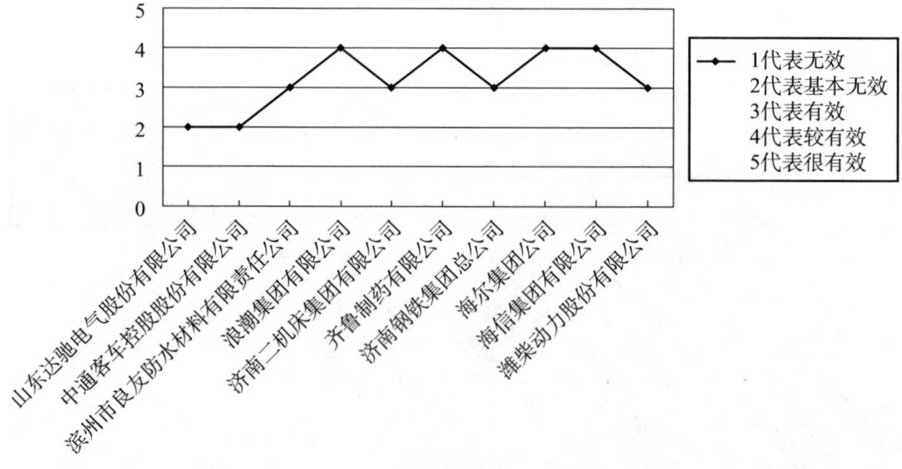

图6.26　组织适应程度、创新管理水平和互联网运营能力有效性分布图

（八）财务绩效有效性分布

从财务绩效及以下的三级指标有效性的分布情况看，如图 6.27、图 6.28 所示，90% 的被调查企业的有效性评价结果为“较有效”，处于高关联度水平，只有中通客车的财务绩效有效性一般，这与社会化的发展及私家车的迅速普及有一定的关联。数据显示山东省企业财务绩效有效性程度较高。

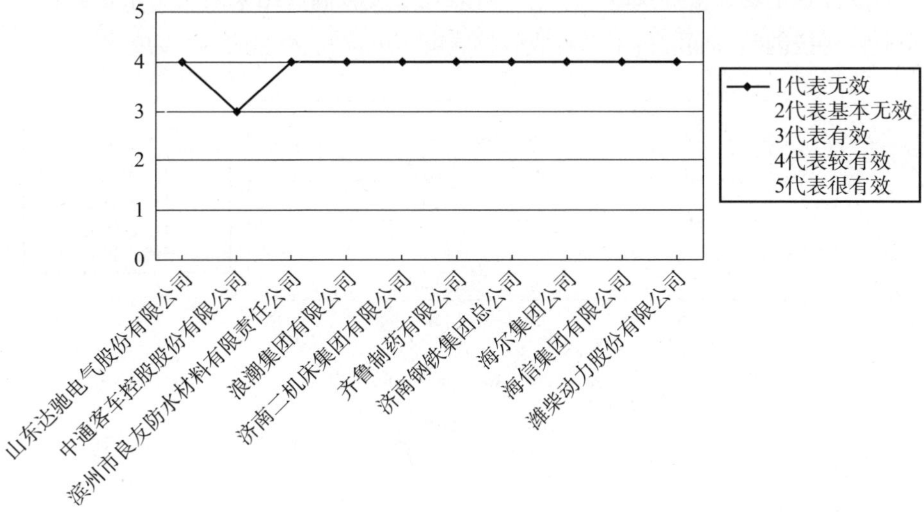

图 6.27　财务绩效有效性分布图

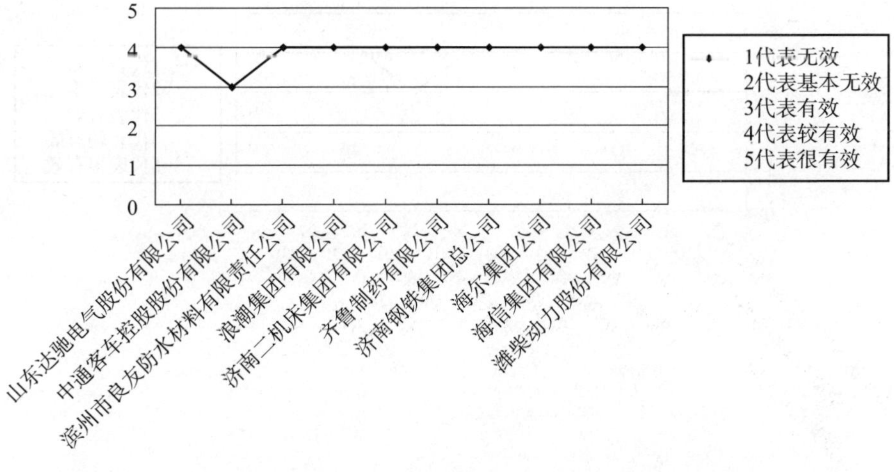

图 6.28　新产品销售收入占主营业务收入比重、新产品利润率和全员劳动生产率有效性分布图

（九）科技绩效有效性分布

科技绩效指标包含企业拥有专有技术成果数量、千名研发人员拥有的授权发明专利数和自主创新项目比重3个三级指标，从科技绩效及其三级指标有效性的分布情况看，如图6.29、图6.30所示，70%样本企业的评价结果为“较有效”，30%的评价结果为“有效”，即被随机抽取的10家样本企业的科技绩效有效性水平均在中等及以上水平，有效性程度较高。结果表明山东省创新型企业在科技创新方面取得了卓有成效的成就，顺应科技经济的大发展。

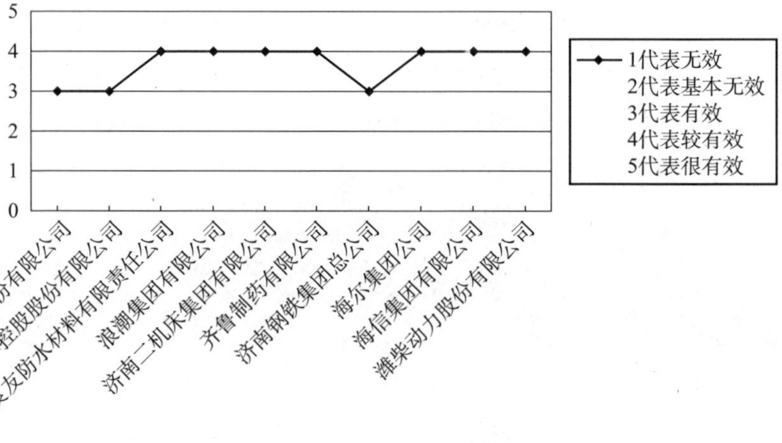

图6.29　科技绩效有效性分布图

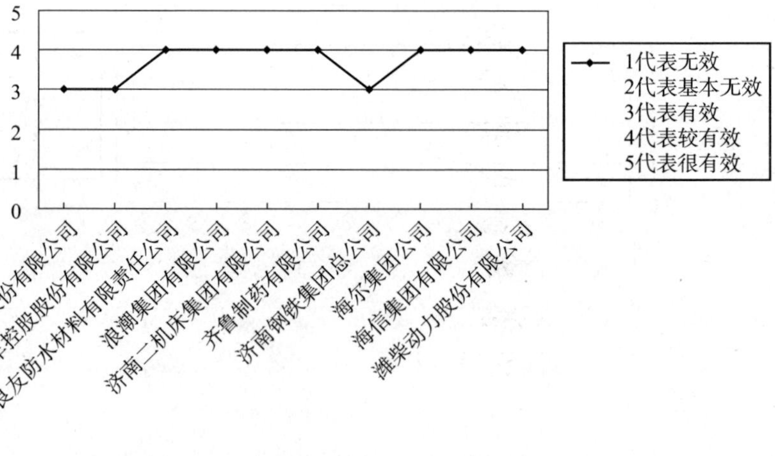

图6.30　企业拥有专有技术成果数量、千名研发人员拥有的授权发明专利数和自主创新项目比重有效性分布图

（十）企业管理潜能有效性分布

企业管理潜能指标包含国家政策环境匹配度和创新发展愿景适宜度2个三级指标，从企业管理潜能及其三级指标有效性的分布情况看，如图6.31、图6.32所示，60%的样本企业有效性处于一般水平，40%的较好，统计结果表明山东省创新型企业的企业管理潜能有效性程度一般，评价结果不尽如人意。

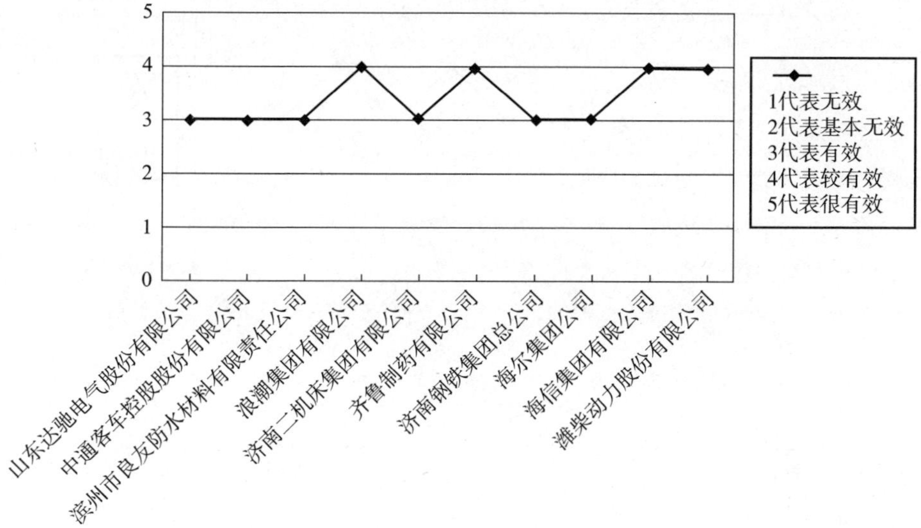

图6.31 企业管理潜能有效性分布图

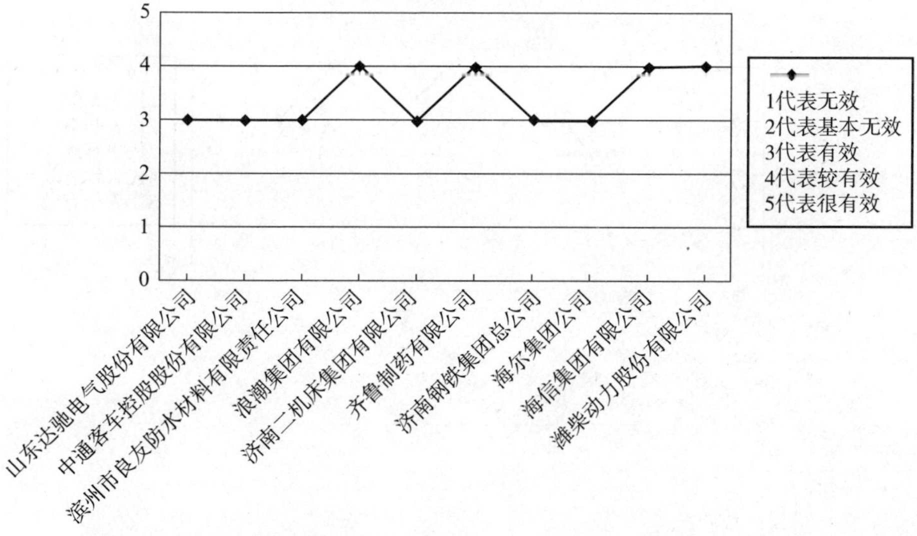

图6.32 国家政策环境匹配度和创新发展愿景适宜度有效性分布图

（十一）员工创新潜能有效性分布

员工创新潜能指标包含员工培训次数和员工参加创新活动积极性 2 个三级指标，从员工创新潜能及其三级指标有效性的分布情况看，如图 6.33、图 6.34、图 6.35 所示，80% 的样本企业有效性水平处于中等水平，只有 20% 的企业情况稍好一些，结果显示员工创新潜能有效性程度不够理想。

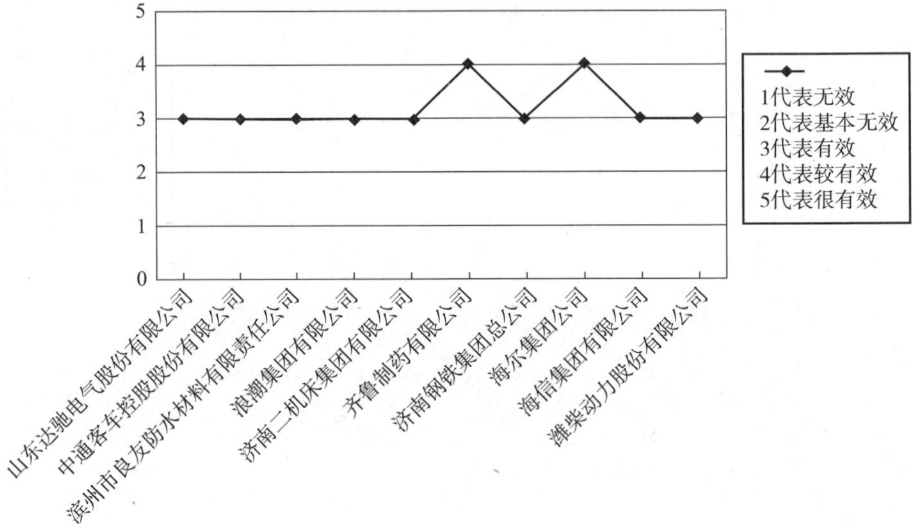

图 6.33　员工创新潜能有效性分布图

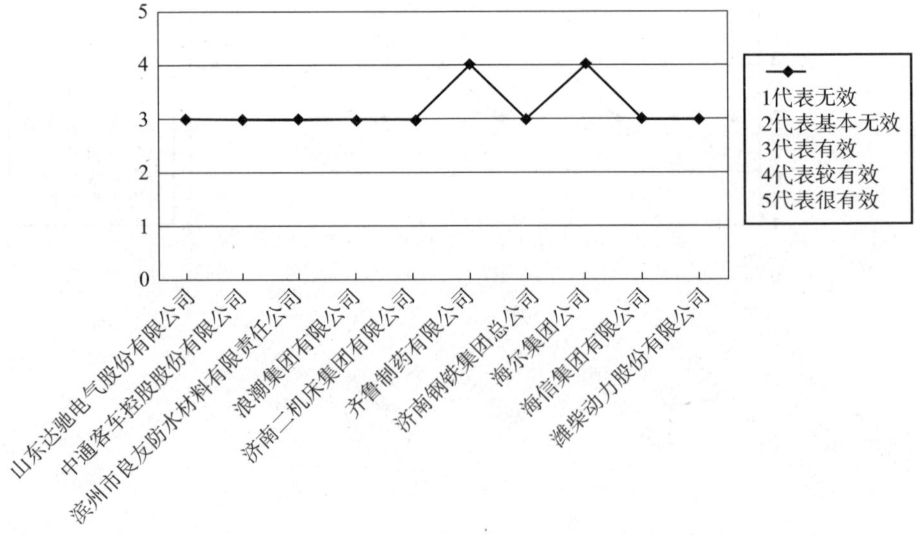

图 6.34　员工培训次数有效性分布图

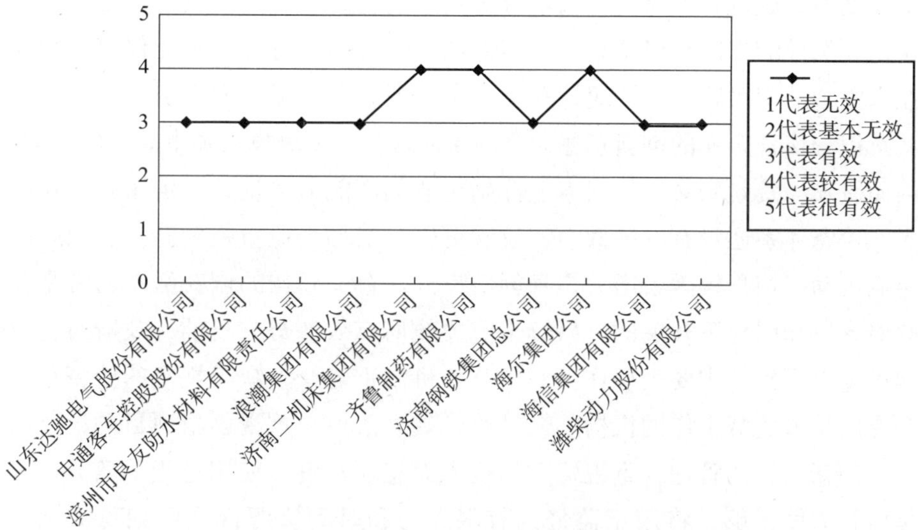

图 6.35 员工参加创新活动积极性有效性分布图

根据上述对山东省样本企业的评价，整理出各评价指标的有效性情况及有效性分布图，结果显示新旧动能转换下山东省企业发展过程中仍存在着政府扶持引导力度不够，研发投入低，缺乏自主知识产权，自主创新能力低，产学研合作模式、人才激励机制、创新环境政策不够完善等问题。整体来看，山东企业的科技力量较为薄弱，这极大地限制了其创新能力的提高，而山东省科教资源丰富，大学和科研机构的科技力量比较雄厚，但其科技成果转化率不高。山东省产学研合作模式存在一定问题，企业与高校和科研机构之间的合作对接有待深化。同时，山东省的创新人才激励机制也有待进一步健全。企业要想留住科技人才，就必须提高科技人员的收入待遇，使科技人员收入和普通职员的收入拉开合理差距，对具有突出贡献的科技人员加大奖励力度，从而调动科技人员对企业的忠诚，提高工作积极性。企业的创新能力建设既体现为技术创新，也体现为管理创新。技术创新是企业盈利的关键动力，而管理创新则关乎技术创新的这种拉动能否得到有效发挥。此外，企业管理能力还影响着技术创新的可持续性，只有管理创新能力伴随着技术创新而提升，才能够为持续创新提供条件。山东企业管理创新投入不足，应该重视创新文化的培育，树立起尊重创新的企业氛围。在企业的自主创新能力还比较低的阶段，政府的扶持和引导对企业创新的成败影响巨大。山东省对企业创新的扶持力度值得肯定，但是扶持和引导的方向有待调整。具体来说，政府的扶持方式不能仅仅停留在注入资金的初级阶段，更应该在企业家培训和专利保护方面引导企业的创新意识，培育企业的创新意愿。①②创新通常是一项对投入要求颇高的活动，因而研发经费紧张必然从根本上抑制企业创新能力的提升。山东省在建的多元投资体系还没有发挥效力，政府更应当引导企业重视创新，从而鼓励企业调动一切积极因素增大自身创新投入。企业起初的创新活动通常是在政府支持和引导下开展的，后续也需要政府有效监督。目前，政府对企业建设监督不到位主要表现在：一是监督机制不健全，缺乏规范的监督程序和专门从事监督工作的机构。二是监管观念落后，重视创新项目的设立而忽视创新项目的管理，重视资金的投入而忽视对资金使用过程的监管。三是监管力度不够，将用于监督的有限人力和时间资源都集中到重大项目上，对于基础创新项目则关注不够，使得政府科技投入的效果不佳。虽然山东企业的自主创新活动有了长足的进步，但是由于各个行业之间的差距较明显，使山东企业自主创新的总体平均水平偏低。企业的发展与所处环境密切相关，环境不仅是地理环境，而且也包含能为企业发展提供服务和支持的软环境。但山东省在知识产权保护、地方法规等方面还存在一定不足。

结合新旧动能转换下山东省代表性创新型企业的实证研究，得出企业在发展过程中的整体状况及关键增值点：①企业创新有效性程度较低，整体状况不佳。②企业在创新动力、创新机制、创新能力、创新绩效和创新潜能五个维度上的有效性程度不一致，创新机制和创新能力有效性程度较低，创新动力和创新潜能有效性程度一般，创新绩效有效性程度较高。③企业创新性的关键增值点为有效性评价结果位于中等及以下的因子：创新文化、创新激励机制、创新保障机制、创新投入能力、研究开发能力、组织与管理能力、企业管理潜能和员工创新潜能。

①② 张洋．山东省创新型企业创新绩效评价及培育路径研究［D］．青岛科技大学，2013.

本章小结

综合考虑本书的研究特点，本章选取新旧动能转换下山东省东中西部10家具有代表性的创新型企业作为被调查对象，引入物元分析法和网络分析法对企业创新性进行实证分析。本章首先对新旧动能转换下山东企业创新经济效益和创新绩效进行了分析，然后确定评价方法，最后选取典型代表进行实证研究。实证结果显示，企业成长过程中的整体状况不佳，创新文化、创新激励机制、创新保障机制、创新投入能力、研究开发能力、组织与管理能力、企业管理潜能和员工创新潜能是提升企业创新性的关键增值点。完善创新机制，提升创新动力、创新能力，激发创新潜能是企业的主要努力方向。

「第七章」

企业成长路径优化设计

随着经济全球化的深入，全球各个市场的竞争愈发激烈，在新的经济形势下，企业创新体系和创新能力的构建受到世界各国的热切关注。对于企业来说，提高持续创新能力对企业自身的发展具有日益凸显的重要性。当前，中国的大部分企业都具有灵活的运行机制和较快的发展速度，开拓市场和配置资源的能力较强。同时，大部分企业也存在缺乏创新与科技资源、缺乏科技创新体系的完善措施等问题，这些问题致使大多数企业缺乏较强的自主创新能力，不能有效地提高企业自身的竞争力。提升企业的持续创新能力，是企业成长的必然要求，也是创新型国家发展的必经之路。为了加强对创新环境的改善、创新资源的集聚、创新能力的增强，市场中的行业和企业以及政府需要采取相应的激励措施，这些措施分别在政策环境创新、管理体制改革、基础设施建设、人才资源培养、激励考核制度建立等方面具体展开。

第一节　创新创业生态全力打造

改革开放以来，中国各级政府为了加快企业发展和创新的建设，相继出台了众多促进创新的政策和措施，并取得了明显的效果。随着社会的不断变革，致使企业创新的相关政策的制定范围、实施周期、针对的问题等与现实中企业的发展出现脱节现象，政策本身也存在空白、重复以及自相矛盾的问题。这一系列的问题导致中国缺乏系统有效地促进企业创新的政策，没有形成统一、科学的创新政策体系。支持企业持续创新的政策环境分为微观和宏观，微观方面是指针对企业创新的政策制度，宏观方面是指考虑宏观经济政策的制度体系。另外，以政府为客体进行生态导向，建设有益于企业创新与成长的创新政策环境也应该从微观和宏观两方面入手。

一、动能转换体制机制建立

企业的持续健康发展离不开政府优良的环境政策。要构建优良的政策环境，必然要结合经济社会的发展规律，同时也要考虑企业自身发展的特点，积极探索企业创新发展的道路，积极与当地政府沟通，促使政府及时制定并出台有利于企业发展及创新的政策。除了政府制定政策之外，企业也可以构建一套符合自身发展，用于支持创新政策的体系。这一体系可以分为四种类型，分别为：激励型政策、引导型政策、保护型政策和协调型政策。其中，激励型政策主要是为企业创建利于创新活动实施的外部环境，促使企业获得丰富且充足的创新动力，该政策主要包括提供资金的金融及财政政策、降低创新成本的资源分配和税收政策、提供服务的创新型信息和设施政策等。引导型政策主要是为企业引领符合社会发展规律的创新和发展方向，促进产业结构优化升级，该政策主要有人才政策、科技政策和产业政策。保护型政策主要是为了保护企业的创新成果，该政策主要包括成果保护专利政策以及创新成果交易政策等。协调性政策主要是用于处理创新过程各主体之间的矛盾，即创新主体间及各地区间的矛盾，该政策主要包括产学研合作政策、各区域协调发展政策等。

有利于创新企业发展的公共政策的制定与实施，需要政府的参与。政府可以通过良好的财政、税收以及金融政策为企业的技术创新提供强有力的支持。自改革开放以来，政府的相关因素一直是企业创新发展关注的焦点。首先，政府是政策的制定者和实施者。其次，政府可以通过制定相关政策、设定定向资金、支持创新项目、提供公共服务等有效的政策工具为企业创新提供支持。再次，政府在积极引导企业加强自主创新建设和加大科技投入方面投入更多的精力，积极按照引进、消化吸收再创新的模式发展，加强对资源深度进行合理的开发和充分的利用。然后，政府可以实施强有力的财政政策，改善金融环境，加强扶持企业技术创新的力度，进一步拓宽企业的融资渠道，为企业的技术创新提供充足的资金保障。最后，还需要进一步完善技术进步、技术创新以及改造技术结构，加大技术和先进设备引进等方面的政策，提高政府对企业创新的财税、技术、金融以及价格等方面的支持。对于有助于工业基地改造、传统产业提升和科技创新水平提高的项目给予重点支持。如加大 R&D 经费投入，对老工业基地改造的重大科技攻关项目、产业化基金项目以及火炬项目等给予重点支持。对于进驻大学科技园和高校科技企业创新中心的产学研联盟企业，给予减免所得税等优惠待遇。

（一）加强对企业的金融支持

企业为了提高自身的科技创新能力，必须注重高新技术的发展并加快科研成果转化为实际的技术和产品，这一过程的实现必然需要大量的资金。为了达到这一目的，需要政府为企业建立相应的创新基金，并积极将基金应用到企业的科技创新活动中，提高创新资金的引导效益。在 2015 年 1 月 14 日的国务院常务会议上，国务院总理李克强指出，要建立国家新兴产业投资引导基金，其总规模达 400 亿元，利用这些基金对初创期、早中期的创新型企业进行重点投资。创新基金是企业进行科技创新的加速器，是大批具有较强开拓性能力、较高经营管理能力、持续的创新意识的企业发展的“催化剂”，也是有效地解决企业创新发展过程中遇到的资金问题。另外，创新基金可以为企业的资源投入进行引导和激励，推动金融资本市场多层次化、多元化的支撑体系。在企业创新的资金方面，仅仅依靠政府的帮助而不利用市场和民间力量，是远远不够的，而且会降低社会资源的使用效率。另外，企业要加强风投建设，促进市场各类资金的建立与发展，并引导基金积极向企业投资。该投资过程需要加强企业、担保机构以及金融机构三方的积极合作，企业所需的融资可以通过知识产权、固定资产、股权资产及其组合的质押方式为基础，从政府和金融机构处获得，使企业得到全社会的金融服务。

美国的科技聚集区硅谷在建立和发展过程中，主要是利用来自民间风投的资金。因此，中国企业的发展也可以借鉴硅谷的发展经验，推动来自民间风投资本的建立，并积极发挥风投资金与企业相互促进的能力。在多元化的市场体制下，我们主要建立三种类型的风投公司：第一，建立政府独资的风险投资基金，它的作用是支持刚刚进入发育期的企业。第二，建立混合型投资公司，它的作用是汲取大量的社会资本，利用风投资本的进入和退出机制，逐渐降低政府资金在企业创新所需资金中所占的比例，提升相应的社会资本占比。第三，建立由专业风投专家所经营的风投公司，该类公司的资金主要来源于民间资本。

（二）进一步完善人才激励机制

随着社会和经济结构的快速发展，用于激励人才的方法的效用正逐渐发生着变化。从当前经济社会的发展趋势来看，较短的一次性激励人才的措施比较缺乏效率，长期具有针对性的激励方式对人才的发展和企业的进步具有更加积极的推动作用。对于持续创新的企业来说，具有创新能力的人才队伍和强有效的人才管理机制是必不可少的。为了促使企业创新能力的产生，经营管理者必须加强对长远利益的重视，提升知识和知识创造者的地位。

创新型人才的激励机制、加强企业长远利益和创新需求相适应的管理人才机制的建立，需要政府和企业的共同参与。通过高层次的具有创新能力人才的专项基金的建立，将基金积极向创新型企业引导，加大高新技术和前沿科技所需人才的引进力度，加强创新人才平台建设，为引进更多优秀企业家而努力。另外，创新型企业需要积极地探索更加公平和有效率的工资分配和管理制度，积极促进收入向创新型人才倾斜，向注重发明创造成果和科技创新的人才倾斜，推进知识、人才、技术等要素在收益方面的合理分配。与此同时，企业应该更加积极地将企业组织的目标与创新型人才的能力的有效结合，促使组织和个人目标的相互融合，步调一致地协调发展。

（三）健全知识产权保护机制

企业的自主创新活动需要在健全的知识产权保护体制下进行。在发展迅速的市场环境中，如果没有保护知识产权的相应机制，企业的自主创新成果将轻易地被对手模仿，不仅严重损害到企业的创新收益，而且还会降低企业创新的积极性。因此，作为监管市场主体的政府，必须加强对知识和人才的保护机制，以此作为保障企业的自主创新效益以及提高创新性的重要手段。另外，政府可以通过加强知识产权保护的法律体系的构建，有效地促进企业和个人利益的提高。相应地，企业可以通过知识产权工作机构的建立，增加具有较高素质的创新型人才的引进，有利于激发工作人员的积极性，对企业构建符合企业特点的保护知识产权体系具有至关重要的作用。

（四）建设“政产学研”创新合作长效机制

与外部环境相一致的是，企业的创新活动也需要多方的积极合作，利用政府、产业、高等院校的积极配合，才能达到发展创新的目的。在“政产学研”中，政府发挥积极引导、加强支持力度、提高服务质量、提升监督和保障机制的作用，通过政府这一系列的作用，资源可以得到有效整合，以企业为主体的平台得以构建。

“政产学研金”合作机制的根本目的是以市场中的企业为主导，促进企业各方形成优势互补的良好趋势，促使技术不断地在企业间积累。在优良的金融体制机制下，政府通过与高等院校及产业建立实验室、高新技术研究中心等以创新为主要发展目的的基地，提高企业的自主创新能力，并为自主创新提供技术上的支持，有利于创新合作机制的长期发展。

（五）改革科技管理体制

科技管理体制是科技活动的组织结构、管理体系和制度的总称。科技进步与经济发展联系紧密，经济体制的改革和经济的发展也对科技管理体制提出了新的要求。在新形势下，加深科技管理机制的变革，加大高新技术创新的管理机制、完善技术创新的评估机制具有重要的意义。

1. 健全科技创新宏观管理体制

培育全社会范围内的创新体系，实现科技创新与产业升级的有机结合，形成吸引人才的组织结构，促进持续创新覆盖全社会和整个产业体系等，都有赖于完善的科技宏观管理体制和机制。中国原有的科技体制是高度中央集权的政治体制和经济体制的产物。它在集中全国科技资源、发挥集体协议精神等方面发挥了一定的优势，也取得过很大成就。但总体来看，随着经济体制改革的深入，出现了制度与经济发展严重脱节的现象。

深化科技体制改革，建立健全的科技创新宏观管理体制。在建立机制方面，宏观协调管理机制的建立是必不可少的，因为它起到统揽科学技术的作用。该机制相关科技政策的制定与实施是由专门的科技行政主管部门负责的，因此可以实现有效的投入分配，并实现对各个领域和部门的科学计划和投入。我们需要加强科技决策咨询机制的构建，成立科学技术咨询委员会，设立动态专家库，由政府、科研机构、企业及其他相关领域的专家组成，提供科技发展战略和科技政策方面的决策咨询，针对经济社会发展中凸显的重大科学与技术问题提出重大计划和项目等相关建议，并参与科技计划执行过程的技术监督。

2. 建立与创新相适应的管理体制

市场经济体制改革的进一步深化和创新对于企业创新具有重要意义，使得传统的科技管理体制已不能完全符合新时期的新要求。为了鼓励企业的自主创新，并为其技术创新创造良好的环境，应当将原有的科技管理体制进行改革，将原有的企业的管理体制升级使之能够与创新要求相适应，为企业持续创新能力的提升提供坚实的基础。

只有彻底解决了企业在加大投融资力度、提升技术标准、促进对外贸易、加大政府采购制度等方面的激励企业创新的政策，企业才能真正建立与市场上自主创新要求相吻合的科技管理体系。另外，为了提高政府的公共服务水平，提升科技管理体制的合理性和有效性，需要建立包括各行业和各级政府部门等参与主体的管理机制，不断推进企业重大科技创新和决策的科学化、民主化。

二、创新创业生态环境优化

政府重点在营造创新创业环境方面下功夫，企业要根据经济社会的实际发展情况，加强自主创新能力建设，提高自身在市场中的竞争力。

（一）建立公平竞争、规范法治的市场环境

在建立公平的市场环境方面，政府应该降低进入的市场准则，降低市场熔断水平，助力市场形成公平有效的相互竞争的环境；在法治方面，政府应该助力市场诚信体系的构建，加强企业产权的保护政策，建立标准统一的执法标准；在政府和市场合作方面，为了进一步促使企业的技术创新与进步，政府应该减少对政府的干预，加强对市场安全、交易环境、网络健康等方面体系的构建。

（二）健全多层次的资本市场，调动民间资本的积极性

资本市场是企业建立和发展所需资金的重要来源。资本市场的建立需要通过加大风险投资力度，提升中小型企业的信用担保程度，促使企业拓

宽融资的通道。为了使资本市场更好地服务企业，需要加强资本市场的保护措施：在风险投资建立的同时，应该加强风险投资退出渠道的建设；在提升中小型企业的信用担保程度的同时，应该加大中小板企业规模的建设，加强中小型企业在证券交易市场的交易程度；在税收方面，政府应该建立鼓励企业创新的税收政策，为健全资本市场和调动民间资本提供更大的积极性。

（三）转变政府支持方式，提高公共财政的利用效率

政府对战略性新兴产业的发展起着坚实的后盾作用。为了促进企业创新及发展的便利化，需要政府简政放权并利用商事制度改革。一方面，政府应加强对小微企业的减免税收的力度，减少对某个企业的直接资助水平，降低研究开发所得税，增强政府采购创新产品的实施政策，扩大政府对企业创新的支持力度；另一方面，政府应该加强公共服务平台的建设，通过加强研发力度、提升创新水平等方式促进政府对企业的公共服务效率。

（四）打破条块分割，加强政策协调配套

为了形成强有力的政策合力，需要政府、市场、企业的相互配合，达成企业创新政策、金融财政政策、贸易政策等政策的相互结合。通过建立公开透明、积极有效的激励机制，增强所实施政策的效力，对资本市场的投资回报可形成预期，激发投资者的长期投资。一方面，企业内部实施的人才激励政策需要进一步落实，达到充分调动职工积极性的目的；企业内部还应实施加强产权保护的政策，促使具有创新精神的人才勇于向困难宣战，为企业创新营造开放包容、保障失败的企业文化。另一方面，企业应该打破内部部门的屏障，加强各部门的交流，促使各生产要素的优化配置，提高全要素的生产率。

（五）创业创新必然有风险，市场主体要防止盲目性

企业创新的动力来源于企业的收益，资本市场的投资者和企业中的创新者需要在尊重市场规律的基础上，树立风险和效益意识。防止市场主体单纯为了利益的目的而盲目地投入创业活动，增大创新活动的风险。

第二节　创新产业链优化设计

行业一般是指其按生产同类产品或具有相同工艺过程或提供同类劳动服务划分的经济活动类别，如饮食行业、服装行业、机械行业、金融行业、移动互联网行业等。行业中包含着从事同类经济活动的企业，企业是行业的重要组成部分。处于某一行业中的企业可以通过与同行业其他企业进行比较，发现自身存在的差距，也可以通过与行业平均水平的对比了解自身在行业的位置。行业与企业之间相互影响，企业的发展形态和速度直接反映在行业的活跃度中，而行业的生命周期与发展状态又会对其中的每一个企业产生影响。加大创新基地建设、组建公共研发机构以及选择适宜的培育模式都将促进企业的快速发展，以行业为契机实施协同发展也将会有力地提升企业的创新动力、创新能力及创新潜能。

一、强化双创基地建设

创业创新基地建设即双创基地建设，将紧密结合“大众创业，万众创新”的思想，以促进经济发展竞进提质、升级增效，实现充分就业为目标，强化企业主体地位，园区载体建设和科技支撑作用，充分利用闲置库房、工业厂房以及新增场地，打造众创空间、小微企业辅导基地、新型孵化器以及中小商贸流通企业、微型企业孵化园等创业创新基地。中国应结合特色行业基础以及转型升级要求，示范城市将通过加强创新基地建设、搭建众创空间平台、打造创业创新辅导基地、培育科技孵化器以形成不同形式的创业创新基地。

（一）加强创新基地建设

创新基地是资源要素集成、经济结构调整、经营体制创新、创新活动实施的重要平台，该平台是政府的政策和公共服务与企业创新资金及人才的有机集合体。该平台的建立企业创新发展有重大意义。首先，创新基地的形成有利于企业制定清晰的创新目标，厘清创新的方向，凝聚科学的力量，保障企业实施创新战略研究的实施。其次，建设创新基地有利于政府为企业提供优良的创新政策和环境的支持。第三，有利于行业优惠政策的实施，促使企业积极加大创新的力度，激发企业持续创新的积极性。各行业应该加强对创新基地的建设，通过该平台的建设将所有的有效资源集中到一起，促使产学研合作机制的产生及创新式发展。

（二）搭建众创空间平台

2014 年，李克强总理提出“大众创业、万众创新”的思想，在该思想下，利用机制市场化、企业服务专业化、融资途径资本化构建的富有开放式、要素集成式、低成本等创新型服务平台，形成了顺应当前信息时代发展要求的众创空间。众创空间的发展，众创空间平台的发展需要全社会的集中力量，积极学习国家自主创新示范区、发展迅速的高新区、高等院校以及科研院所的创新式发展模式，保持好政府、企业、高等院校之间的密切联系，集成政府政策、高等院校创新思想、企业的研发人员于一体的自主创新平台，实现信息时代下“线上与线下”高效率结合、创新平台发展与投资相结合，创新性思维与创业平台相结合，为创业者提供广阔的自主创新空间。

随着科技社会的发展，科技创新模式也在不断地发生变化，以用户为中心、以开放式创新为特色、以实践为发展目的的创新 2.0 模式正在形成。传统的创新模式主要以技术发展为中心导向、以科研人员为创新主体、以实践为载体为主要特点，该传统模式的特点已经不足以应对信息技术发展与知识社会进步带来的新机遇、新挑战，因此，发展适应当前社会发展特色的创新 2.0 模式是必然的。2015 年，李克强总理强烈关注创新创业的形势下，“创客”的发展越来越受到人们的关注。李克强总理在深圳视察时，特意强调科研机构的创新要积极聆听市场的需要，吸取民间创新的思想，杜绝闭门造车现象的发生。

为了构建顺应信息网络时代的发展要求，推动“大众创业、万众创新”政策的实施，政府及企业应该采取积极的做法：首先，企业在推动“创客”空间发展的基础上，应加大对众创空间市场化经营、专业化技术、网络化运营的建设力度，加强线上线下相结合，集成资源与投资的创新平台的建设，助力小微型创新企业的发展。其次，政府要加大扶持政策的力度。“众创空间”的企业具有小而多的特点，资金、技术等方面的基础都不太成熟，政府需要通过简化各个创新企业的登记入市手续，对“众创空间”企业提供必要的房租、网络、公共服务补贴，为“众创空间”中创新企业的注册发展等提供便利条件。再次，要完善市场中的创业投融资机制。处于创业初期的企业，资金与技术相对匮乏，政府要利用税收减免和创新基金引导政策等对企业创新提供资金和技术支持。政府还可以通过加强互联网股权融资机制的建立，鼓励金融机构开发利于投融资的担保机制，使处于初创期的中小型创新企业在融资方面获得更多的渠道。最后，要打造良好的创新创业环境。在政府提供资金和技术支持的前提下，要健全创新创业的辅导机制，强烈支持各地区创业大赛、创新集训营形式的创新辅导的发展，提高全民的创新创业意识。

（三）打造创新创业辅导基地

建设创新创业辅导基地的目标，一是全面提升中国现有小企业创新创业辅导基地服务能力；二是进一步加强小企业创新创业辅导基地建设；三是加大培育创新创业辅导基地力度，抓典型样板示范基地。具体措施有：

1. 加强创新创业人员培育，不断激发创新创业主体活力

充分释放全社会创业创新潜力，重点做好青年和大学生创业创新者、大企业高管及连续创业者、科技人员创业者和留学归国创业创新人员为代表的创业创新“新四军”培育工作，推动更多的群体投身创业创新活动。

2. 强化高校创业辅导基地建设，注重开展面向青年和大学生的创业创新培训与教育

支持高校院所开设创业教育课程并纳入学分管理，建设与创业教育相适应的、专兼职结合的高素质创业教师队伍，通过全新的教育理念和教育方式，为大学生开展创业教育。鼓励高校开办创业创新学院，支持大学生创业创新基地建设，鼓励国内外高校院所采取多种方式在中国建立大学科技园、研究院等创业创新教育、实践和活动有机的结合。积极与高校院所联合推动科技成果转化和技术转移平台建设，进一步创新运营机制和管理模式，为科技成果转化和创业创新者提供更加优惠和便捷的中试开发、技术转移、成果孵化等专业服务。

3. 积极支持大企业高管及连续创业者再创业

大企业高管以及连续创业者有着丰富的创新资源与经验，相比于微小型企业的创业者来说，他们更具有创新的动力并更易取得更加优异的成果。大企业高管以及连续创业型人员应该积极利用现有的资金技术经验，凭借创新型行业在管理、技术资源等方面的优势，加大对产业孵化和产业创新的追求，裂变出具有全新前沿技术和经营模式的创新型企业。

4. 广泛吸引高校院所科技人员及大力招揽留学归国人员进行创业创新

结合国家科技成果转化法修订案，促进高校以及科研院所成果的转化，加强对创新创业市场的激励机制，进一步完善高校、科研院所、国有企业和事业单位科技人员在职和离岗产业办法，鼓励高校院所的科技人员利用科学知识、科研成果、知识产权和信息以兼职或离岗等方式，走出来创办、领办或与企业家合作创办科技型企业、科技服务机构。

为了大力招揽留学归国人员，可以采取以下对策：深入实施“5150”高层次人才引进计划和科技创业企业扶持计划，切实发挥好中组部海外高层次人才创业创新基地、留学人员创业园等国家级创业载体的作用，积极加强与海外人才服务机构的合作，重点引进一批具有国际视野和拥有国际领先成果的高层次领军人才孵化和创办科技型企业。

（四）培育科技孵化器

科技孵化器是指加快科研成果转化、以培养高新技术企业和企业家为宗旨的服务于科技型创业的机构。在国家创新体系的建设中，创业中心的建立占据了重要的地位，对区域型创新也带来了知识和技术支持。科技孵化器应该利用服务机制，为中小型创新企业提供基础的技术设施和物理发展空间，促进高校和科研院所成果的转化效率，降低企业初创者的风险成本，注重创新型企业与企业家的培养。科技孵化器的发展有助于完善国家的创新体系，促进区域创新体系的繁荣。在新型孵化器的建设过程中，我们需要做到：

1. 建设小微企业新型孵化体系模式

进一步完善“创业苗圃、孵化器、加速器”创业孵化链条，采取企业自建与联建相结合、工业产地激发传统孵化器活力等方式，加速推进研发设计产业，以及计算机硬件、工业电子、汽车电子及电信基础设备等智能制造产业。同时，探索多元化建设发展模式，鼓励和引导更多民间资本参与载体建设。积极探索基于互联网的新型孵化方式，创业创新服务体系信息平台，采用线上线下相结合的服务模式，搭建网络创业孵化平台；建立“专业孵化＋创业导师＋天使投资＋中介服务”多管齐下的孵化服务模式；建立开放式新型创业服务机构，提供创业导师、产品构建、创业交流、创业培训、股权投资等深度服务；建立新型创业服务基地，引进创新型孵化器，并探索在国内外设立异地孵化器。

2. 促进小微企业服务平台功能升级

在现有的公共技术服务平台的基础上，进一步集聚国内外资源，引进国内外大院名校共建创新载体，升级现有公共技术服务平台；引导产业联盟开展协同创新，鼓励以联盟整体方式承接研发项目，带动产学研合作和产业链环节的资源整合与共享；加强高等院校和科研院所在技术和公共服务方面的建设，促进具备条件的科技企业孵化器、研发设计、检验检测认证机构承担行业公共服务平台功能，对外提供科技服务。

3. 不断壮大小微企业研发创新能力

依托产业链条中龙头企业带动作用，全面开展面向高端的研究开发、企业孵化、成果转化，打造“自主创新和技术引进、消化吸收、再创新”的创新体系，促进科技型小微企业创业创新；引领科研院所及高等院校整合知识和科技资源，促使服务团队的专业化，为市场上的研发活动提供坚实的服务基础；积极培育市场化新型研发组织、研发中介，向社会提供更加专业化的第三方服务，促进研发服务外包新业态发展。

4. 大力推动技术合作与交易活动

加强高等院校与科研院所技术及知识的集成，鼓励技术集成中心的建设，促使以高等院校和科研院所为技术后盾的技术专业中心的技术转移服务，为周边地区的科技企业、高校院所、服务机构及个人提供集交易、共享、服务、交流“四位一体”的技术转移服务，推动技术资本化和产业化。

5. 鼓励传统孵化器体制机制转换和模式创新

传统型科技孵化器要加快组织创新和机制创新，吸引民营孵化器、企业和风险资本等参与，实现国有孵化器、民营孵化器等交叉持股、相互融合，激发孵化器发展活力；推动传统孵化器与新型创新企业的相互转化及互补；加强政府、企业、高等院校合作基础上“创业苗圃—孵化器—加速器”的创新孵化链条，为初创企业提供全流程服务。

二、组建公共研发机构

（一）搭建共性技术研发平台

应该建立以企业为主体，与高等院校和科研院所积极协调配合的研发平台，促进各方的优势互补，共同攻克难关，形成由政府、企业、高等院校和科研院所为主体的领先平台，为创新型企业的快速发展奠定坚实的基础，提升创新型企业在全国企业中的地位。根据不同的行业，选取科研实力较强的行业，组建创新型企业共性技术研发平台，从行业发展的信息、政策以及资金资源方面，将创新型企业汇集成为不同的层次，其中各层次包括高等院校、科研院所、金融界代表、技术方面的专家、领头行业发展的动态情况等，通过各个层次的分析探索创新型企业发展的前沿问题。

（二）共建联合技术研发中心

相关部门应该充分利用高等学校、科研院所的优势，聚集具有创新性的人才、学科、技术等优势资源，推动创新产业的发展，加大对创新型企业的支持。在政府、企业、高等院校及科研院所间形成的有机的整体，促使企业得到更多有效的创新建议，充分发挥高等人才在政策制定、规划创新目标、培训创新型人才中的作用。

为了推动科技创新式发展，加快区域性创新产业的集聚，企业的相关管理部门应该为企业和高等院校的合作建立相应的平台，促进“高校—企业”创新平台的建设。创新平台是企业及高校实施创新措施的研究中心，研究中心中的企业和高等院校理应派出各自的精英，为整合高校的研究能力以及企业创新经验起到强有力的推动作用，同时确保高等院校及研究院的创新技术能够付诸实践，具体工作包括开发关键技术、预见前沿技术、攻克技术难关，为企业发展提供重要保障。

（三）鼓励创新型企业参与政府科技计划项目

企业是行业的主要组成部分：一方面，企业的创新活动和创新精神会影响到行业中的其他企业；另一方面，创新型企业的创新思想会助力创新意识和创新理念在整个行业内实施，可以间接地鼓励创新型企业积极参与政府的重点扶持项目。企业创新活动不仅依赖于外部的社会环境，也依赖于内部的企业环境，该环境下，鼓励创新与研究开发的社会价值评价体系以及宽容创新失败的社会氛围更有助于促进企业的创新发展。另外，竞争环境的公正公平、知识产权保护的增加与交易成本的降低、支持相关产业的政策实施等对创新型企业的发展具有积极的推动作用。政府应该积极配合创新型企业的活动，积极通过加大财政投入和资金支持力度，鼓励创新政策实施，加强知识产权的保护政策，促使创新型企业低成本、高保障、高资源集聚地进行创新式发展。政府鼓励创新型企业创新以实施重大项目为企业的主导，促进创新型企业形成科技投资与技术创新的主体。当前在中国实施的一些国家计划中，已经强调了创新型企业的发展，而且创新型企业的主体大部分是高等院校和科研院所，企业还没有在创新型企业的发展过程中占据重要的作用，因此国家项目还未能为创新型企业提供充分的支持。在市场中，企业一直起主体作用，它们既是创新技术的应用者也是创新产品的生产者，更重要的是，企业的研发部门是新技术以及新产品的开发者。只有不断加强企业的自主研发能力，才能在市场竞争中赢得主动。因此，各个行业应当结合自身的发展特点和生命周期阶段，通过行业领军企业的带动，引导和支持创新型企业参与各级科技计划项目的实施，充分利用政府提供的各项优惠政策，把握提升自主创新能力的契机，为企业的创新发展夯实基础。

三、培育多元创新模式

在国家和企业创新式发展过程中，新旧动能转换下企业的产生和发展占据重要的地位。企业的培育模式不应该保持不变，需要政府以及企业对企业创新的内容、创新模式以及创新机制做出研发探讨，并根据实践结果确定出企业的创新模式。由于各行业都具有自身独特的特点，因此在制定创新模式时，各企业应该结合自身特点，培育出适合企业自身发展的多种创新模式。培育多元创业创新模式，帮助新旧动能转换下企业持续创新发展，开发适销对路和有竞争力的产品，实现新旧动能转换下企业的转型升级，延长企业的生命周期。

（一）“互联网 +”的大众创业模式

网络时代下，“互联网 +”成为大众创业的主要模式之一。在这种模式下，企业作为创新的主导者和发起者，应通过互联网寻求大众参与创新。企业首先基于市场需求识别创新目标，然后将研发过程中的创新难题分解为模块化的创新需求，通过建立或借助有效的网络平台寻求大众的合作与参与。目前，这种模式在高新技术产业与电子商务、新型现代服务业中都得到了广泛应用。

（二）自主创新主导的培育模式

为了提高创新成果的转化效率，新时代企业需要加强自主创新能力，自主创新倡导的企业培育模式是指主要依靠自主技术创新，推动企业的创新式发展。这种培育模式主要适合于技术密集型行业，技术密集型行业主要通过产品创新和工艺创新实现技术上的改进，并发展成为新的创新型行业。技术密集型行业创新的本质特征是持续创新，本质特征主要包括两个方面的因素：一是创新型行业持续技术创新活动，坚持企业自身的技术改造创新产品的开发；二是创新型行业必须把技术开发置于核心的地位，把技术开发、生产、销售一体化，实现开发成果的商业化、市场化，实现科技与经济的成功结合，形成开发、生产、销售互动机制并实现持续创新。技术创新型行业的培育模式应选择以自主创新为主导模式，考虑其他模式的支持作用。创新型行业需要根据市场需求事先确定好自主创新目标，根据目标设定情况确定自主创新计划，完善自主创新体系的创新理念和功能。自主创新可以细分为原始创新、集成创新和模仿创新，因此是与“自己创新”相区别的。自主创新的发展需要强有力的技术和资金支持，同时也需要研发投入能力和风险抵御能力的加强。自主创新主导模式是技术密集型行业的必然选择。

（三）管理创新主导的创新模式

管理创新主导的培育模式是一种以管理创新为主的培育模式。它突出了管理在企业创新中的主导地位。行业要以创新求发展，就要对原有的管理方式和方法进行改进和改革。创新是实现管理在思想、手段、方法以及人才现代化的重要抓手，是创新资源的有机组合，重新确定新的管理体系，决策者利用管理创新将资源进行合理分配。管理创新模式是劳动密集型创新产业的主要培育模式，也是其他培育模式的支撑。劳动密集型行业创新的主要特征之一是生产要素中人的因素对企业经济的重要作用。通过管理创新来实现行业中劳动者能力和水平的重大改善和提高，行业经济效益持续增长。管理创新主导模式认为，行业想要持续发展，应该依据客观规律和现代科学技术的发展态势，进行管理创新，来建立新的管理体系以实现管理要素更加合理地组合运行，取得更高的效率。决策者对资源的分配往往倾向于管理创新，并努力营造相对稳定的组织环境，为技术创新、市场创新等营造合适的管理体系。

（四）战略创新主导的培育模式

战略创新主导的培育模式是行业以战略创新为主的培育模式，主要适合于资金密集型行业。行业要适应不断变化的市场竞争，并在激烈的竞争中以创新求得生存和发展，必须进行战略创新，即对行业进行识别、监视环境变化，创造性地组织资源，以达到获取竞争优势。战略管理创新模式具有全局性、长远性、应变性和风险性等特点，战略创新可以改变行业的竞争地位。资金密集型行业是指行业的资金密集程度与单位产品产量或产值的投资成正比，与单位投资额所需的劳动力成反比。资金密集型行业单位产品所需投资多、技术装备程度较高。这类型行业中的企业有较多的资金，必然应重点关注投资效益，注重企业的战略选择和创新。由柯布—道格拉斯生产函数可知，对资金密集型行业而言，通过对资本追加投入对行业产出的影响远远大于对技术、劳动力的追加投入。资金密集型行业创新培育模式主要选择战略创新主导模式。行业应根据外部环境和内部条件分析，弄清有利于行业发展的机会和存在的威胁，以及行业自身的竞争优势和劣势，进行企业战略创新，提高资金的使用效率。资金密集型行业在创新培育时应该采取并购战略，实现跨越式发展。企业战略创新可以通过并购、重组等方式，有效整合资源和市场，使企业迅速扩大规模来提高经济效益，实现非常规的发展。

（五）知识创新主导的培育模式

知识创新主导的培育模式是指创新型行业发展过程中，充分利用行业的知识资本，创造性地发展与各利益相关者的关系而积累新知识与新经验。通过知识创新可以提高企业的运作效率，以更强的适应能力应对环境的变化。知识创新可以形成局部垄断、地区垄断或短时垄断，可以改变市场结构，形成产业集中，或能以更高效率、低成本满足顾客的需要，使企业的发展易于形成竞争优势。

知识创新主导模式可以帮助企业形成知识密集型行业，知识密集型行业主要的活动是知识的加工、创新、传播，对传入企业的知识资本和知识型员工进行匹配，生产创新的知识性产品和服务，满足不断变化的市场需求，保证企业能够继续追求持续创新发展。知识密集型行业的业务模式是知识业务持续优化组合的结果，主要包括成本领先模式和差异化模式两种类型。知识密集型行业的创新培育模式主要选择知识创新主导模式，再考虑其他模式的支持作用。知识密集型行业通过知识创新活动促进自身的不断发展。知识创新型企业的目的是追求企业自身的创意与理想，这个目的激励着创新型企业的持续性创新发展。知识创新的本质是在创新的本质上，根据事先设定好的目标，制定连续创新的小目标，使企业处于连续创新的过程中。在知识创新企业的发展过程中，知识创新以一种指导企业创新活动的行为和生存方式而存在，在这种模式下，所有的员工都可能成为知识的创造者。知识密集型行业内，企业的培育模式是由知识型企业的领导者、被领导者和情境因素互动作用的产物，主要包括价值导向、愿景驱动、战略牵引、伦理约束、沟通制胜、激励创新等要素。

第三节　创新能力全面提升

企业发展战略必须立足于企业创新发展的内在要求，始终以企业为实施主体。为了帮助企业吸引更多的创新资源，建立健全自主创新机制，探讨出适合企业创新发展的特有模式。一方面，企业应该根据市场需求制定自身的创新实施方案，重点从公司战略制定、规划资源配比、培养人才队伍、营造创新文化、建立健全创新机制等方面积极开展有关工作；另一方面，企业应当发挥引导示范的作用，带动企业吸引更多的区域或行业投入自身建设中，通过实践活动评价企业当前的创新体系，找出自身差距，明确努力方向，根据企业自身存在的问题进一步修正企业的创新体系，建立有利于企业创新发展的有效机制。

一、实施创新驱动发展战略

党的十八届三中全会提出，要通过建立健全原始创新、集成创新、引进消化吸收再创新的创新机制，引导技术创新，指导企业创新，积极发挥市场对要素配置、顾客需求、研发路径等的导向作用。党的十九大报告指出，要坚定实施创新驱动发展战略，加快创新型国家的建设。创新驱动对于企业创新发展，实现国家的创新战略有着重要的意义。所谓“战略”，是指企业高层领导者根据企业所拥有的资源、所面临的行业形势及所经历的宏微观经济环境，结合企业自身的愿景和目标，制定的长远发展规划。战略能够为企业的生存和发展指明方向，国内外许多企业之所以能够迈过创业初期并最终生存和发展壮大，其中一个重要原因就是它们都有明晰的战略为其指明发展思路。创新型企业强调在各个方面都力图创新，这使得企业既要面对内部组织的波动性又要面对外部环境的瞬息万变，这对企业的发展提出了更高的要求。因此，有必要制定一系列科学合理的创新发展战略，保证其各项创新工作能够始终围绕企业的战略目标来开展。

企业的战略制定应当充分考虑以下几点：一要实施系统创新，从技术、制度、管理和文化等多方面展开创新活动，力争实现全要素创新的目标；二要不断提升企业的自主创新能力，巩固企业的核心竞争力并形成企业发展的持久动力；三要打造产学研合作机制，多层次提升自主创新能力；四要力图打造知名品牌，利用品牌效应扩大企业的市场份额并增强市场竞争力。

（一）制定系统创新战略，打造全面协同创新模式

企业在谋求长远发展的进程中，首先要明确制定一套系统、全面的创新战略。所谓“系统创新战略”，是指企业创新要考虑全员创新、全要素创新及全时空创新的有机结合。全员创新是指企业的全体员工及企业的利益相关者都参与到企业创新发展中，例如员工、顾客、股东和关联方等在各自的领域进行变革，提升生产链的效率。全要素创新是指企业各创新要素的创新，包括技术、管理、文化及制度等方面，其中技术创新是全要素创新的关键和重点。全时空创新是指各时段、各地域等进行同步同纬度的

立体创新模式。由于企业的生产运行依靠各类要素支撑，因此，企业在制定系统创新战略时，应当着重规划全要素创新战略。

1. 技术创新战略

企业创新发展过程中，技术创新处于核心位置，为企业创新能力的提升提供了根本途径。加大技术创新建设：一要加大创新投入的力度，建立一批技术成果转化基地和产业孵化器，完善科技研发中心和技术创新平台；二要充分整合并利用企业的人才资源和技术优势，不断提高成果转化能力和技术创新能力，加强产学研深入合作，始终坚持以市场为导向，研究开发具有自主知识产权的关键技术，形成企业的竞争核心，同时关注国外先进技术成果，通过引进、吸收和再创新，形成持续创新竞争力；三要加强国际项目合作，建立国际创新联盟，推进创新国际化的进程，为开辟国际市场、增强国际竞争力积累经验。

2. 制度创新战略

企业发展的过程中，制度创新是至关重要的。所谓制度创新，是指通过规划新的生产要素组合方式，变革原有的生产关系，不断满足市场经济发展条件，不断适应现代生产力要求。在改革开放和市场经济的推动下，亟须对企业的各项制度进行改革，完成向创新型企业的转变。创新型企业应当摒弃束缚企业自主创新的机制体制，加快推进现代企业管理制度改革，克服自主创新的体制性障碍，加强创新动力机制。通过深化制度创新，建立使生产要素之间相互调节、相互制约的有效的企业经营管理机制，提升持续创新的能力。

3. 管理创新战略

管理创新是企业实现创新发展的有力保障。尽管技术创新是企业创新过程中的重头戏，但一套行之有效的管理方式和管理理念能够保证并促使企业的技术创新持续高效地运行。管理方式的创新在企业的发展过程中发挥着积极的作用，企业应该赋予更高的重视程度，加快管理创新的步伐，推进企业技术创新进程。

4. 文化创新战略

党的十九大报告指出，社会主义先进文化的发展是现实发展的需要，创新企业发展也需要注重文化创新的发展。战略性新兴产业发展的精神支柱和动力源泉之一是注重文化创新。首先，文化创新是企业通过提高创新能力来提升市场竞争能力的重要渠道；其次，企业通过文化创新，可以为自身营造良好的创新氛围，凝聚企业发展的向心力，为企业的发展提供强有力的支持。

在企业实施文化创新的过程中，企业首先应该注重创新政策的实施，为创新活动提供技术和资金支持，对企业文化的发展创建开放、共享的环境，为以“创新”为核心价值观的文化体系的形成奠定坚实的基础。其次，企业要积极引进和学习先进的创新思想与技术，向优秀企业借鉴发展的经验，使企业形成良好的创新氛围，加强企业文化对企业创新发展的促进作用。最后，企业在注重创新思想和技术的同时，还应该加强对员工精神的激励，加深员工的创新意识，使员工意识到自己对创新政策实施的重要性，加强员工将企业自身的创新活动转化为自身行动的主动性。

每个企业的发展都需要制定创新战略，创新战略是在宏观角度定位企业发展目标，为企业的发展指明前进的方向。系统创新战略能够在技术、制度、管理和文化等方面提高企业的竞争实力，使企业在激烈的市场竞争中保持可持续发展的态势。

（二）全面提升自主创新能力，坚持以企业为创新主体

企业的发展必须有明确的发展目标，企业最重要、最紧迫的战略目标是全面提升企业的自主创新能力，企业发展的关键也要依靠于创新，是企业获取发展潜能和道路以及增强自身竞争能力的关键。企业应当依靠自主创新来提升自身的研发能力，保证科研开发与科技创新的主体地位，通过原始创新、集成创新和引进消化吸收再创新，迅速掌握国内外先进研究成果与技术，并最终形成拥有自主知识产权的核心技术。在提升自主创新能力的过程中，企业要注重自身自主能力的强化，坚持企业自身是创新活动的决策制定和实施主体、创新活动主体以及受益主体，通过自身的努力和实力，增强企业科技创新的实力与独立性。

企业在进行创新活动的过程中，应该始终以企业自身为创新型主体，立足企业创新发展的内在要求，坚持政府引导和市场机制相结合，通过政府创新政策的实施，企业可以加快各种要素的集聚，完善自身创新发展的发展模式，优化自主创新的内在机制。在企业的创新活动中，首先要制定

详细的工作方案，结合自身的实际情况，重点从建设企业的研发能力、培养企业的创新能力、营造企业的创新文化、健全企业的创新机制等方面积极开展相关工作。其次，企业应当根据工作方案和评价体系，了解到自身差距和努力方向，认识到开展研发活动对企业竞争力提升的重要性。最后，企业还应该积极地参加创新活动，提升自身的创新能力，促使自主创新成为企业的自觉行动，推动企业的持续创新发展。

（三）建设产学研创新合作长效机制，多层次提升自主创新能力

企业创新活动的实施，需要市场中相关技术及要素的相互配合。在创新活动中，技术创新的主体是企业，但是缺乏创新思想的企业是难以达到技术创新目的的。因此，企业需要加深与高等院校和科研院所的合作，加强创新要素的配合，从而在市场中达到有优势的竞争地位。根据“产学研”政策的实施，企业、高等院校以及科研院所实现了资源的合理配置，实现合作各方的良心互动，提高全要素的生产率。因此，企业必须加强产学研的合作力度，并以企业的技术创新为合作重点，积极引导全社会的创新要素向产学研合作体系集聚，促进产学研有机联盟在创新领域的快速发展，以及在战略层面形成长期有效的合作机制，为产业关键技术突破、自主创新能力的增强、技术创新成果产业化提供支撑。产学研合作涉及政府、企业、高等院校及研究院所之间的相互合作，合作范围包括经济、科技以及社会等诸多领域。产学研的合作各方应加强工作合力建设，在资源的合理配置和利用、管理观念及体制创新、有效合作机制的探讨等方面加大力度，形成坚固的工作凝聚力。

企业必须建立新型的自主创新体系，在体系的创建过程中应该始终坚持以市场为主导、以企业为主体、产学研相结合的模式，应着重从以下三点入手：第一，加强企业与高等院校和科研院所的合作开发项目，实行研究、开发、制造相结合的具有整体连贯性的合作模式；第二，企业应该加强自主创新能力建设，提高企业自身的研发创新水平，加大与高等院校及科院机构的合作力度，提升企业整体的技术水平；第三，促进企业、高等院校以及科研机构的有机结合，加强各方的合作，在共享利益的同时共同承担创新的风险。

综上所述，企业为了应对经济全球化和世界科技的快速发展，应该全

面加强自身的自主创新能力，增强企业在市场中的创新主体地位，推行产学研的协同发展。这些举措是企业提升自主创新能力、适应市场需求、调整企业经营方式的必然要求，有助于企业的生存和发展，为企业可持续发展夯实基础。

（四）塑造知名品牌，突出企业优势

随着经济全球化程度的加深，企业间的竞争越来越激烈。现在企业间的竞争主要是指品牌之间的竞争，而不是之前的产品和价格竞争，因此，在当今国际市场上，哪个品牌的实力强，谁就能在国际市场上占据一席之地。在此背景下，企业应该加大优势品牌的建设，助力企业形成利己的品牌优势。品牌代表企业的形象，直接影响着企业的经营效率，好的品牌需要企业持久的积累和宣传，同时还与产品质量和企业技术能力密切相关。可靠的质量是品牌塑造的关键，广告只能使产品在短时间内出名，要想经得住市场长期的考验，需要对产品质量进行持之以恒的管理和维护，企业及其产品才能最终被消费者所认可。在高速发展的信息时代，信息传播速度非常快，产品质量的任何问题都会对企业造成致命的打击，一个小的失误可能会给企业品牌带来巨大损失。除此之外，技术创新在品牌塑造过程中也具有重大作用。一方面，企业通过技术进步提供高性能产品，可以增加产品差异化，获得品牌优势并扩大市场份额；另一方面，企业通过技术创新，持续研发并推出新产品，既体现企业灵敏的市场反应度，又突出了企业实力，为消费者留下好的印象。因此，塑造知名品牌战略，既为企业创新发展指明了前进目标，又为企业产品创新和技术创新提出了更高的要求。经过多年的努力和发展，中国已经拥有了一大批知名品牌。例如海尔、浪潮、潍柴动力以及歌尔声学等品牌已经在全世界形成了很高的知名度，为企业的品牌塑造起到了良好的示范作用。

企业在实施品牌塑造战略的过程中，应着力加强具有自主知识产权企业的建设，加强具有更高国际竞争力的品牌建设。该建设可以根据以下五种途径来进行：第一，加强品牌创新理念的构建，建立品牌创新机制，基于自身优势制定企业专属的品牌竞争优势策略；第二，积极学习国外先进的企业创新管理经验并加以借鉴，增强企业在品牌创新、品牌保护以及品牌国际化方面的意识；第三，加大对科技能力的重视程度，聚集有效资源

并达到整合品牌资源的目的，全面提升企业创新产品的质量和品牌的影响效力；第四，拓宽品牌的传播途径，增强自身品牌在市场上的影响效力，进一步增强企业品牌的市场竞争力；第五，根据全球市场需求的变化，不断调整企业品牌的建设路径，优化国际品牌的建设进程，使企业创建的品牌在全球竞争中处于优势地位。

综上所述，企业通过制定系统创新战略，从技术、制度、管理和文化角度打造全面协调创新体系。与此同时，企业发挥创新主体作用，加强产学研创新合作，力图塑造具有国际竞争力的知名品牌。这些战略将会为创新型企业的发展起到先行作用，使企业创新活动和谐开展，提高创新效率，保证企业的持续竞争优势。

（五）系统创新战略

对于企业而言，创新是一个复杂而全面的系统，它包括全要素创新、全员创新、全时空创新。其中，全要素创新的关键是技术创新，其中制度创新、管理创新、文化创新等构成了企业各创新要素全方位创新。全员创新分为广义和狭义两个方面。在广义方面，全员创新指的是包括员工、供应商、合作伙伴以及股东的所有利益相关者的创新活动；在狭义方面，全员创新指的是企业中的全部个人的创新活动。全时空创新指的是企业全时、全地域创新等全时空维度的立体持续创新。

二、搭建资金人才保障体系

在企业的发展过程中，人才、技术等资源的投入占据重要的作用。没有足够的资源支持，创新只能是一句空话。因此，企业应该从人才、技术以及资金方面加强各类资源的集成，合理配置各项资源，加大关键项目资源投入，提高创新资源的使用效率，为企业的发展奠定坚实的资源基础。

（一）资金

资金投入是企业创新发展的物质基础，但如果资金得不到及时的筹集、合理的配置与利用，企业仍然不能发挥资金的推动作用。为此，为了使企业的持续创新发展成为可能，必须有坚实的资金支持，企业应当开辟多元化的融资渠道，建立合理的资金配置机制，选择高效的资金投入方式。

1. 开辟多元化融资渠道

企业在科研开发过程中需要大量的资金，因此稳定而多元化的融资渠道对于企业的持续性研发活动至关重要，对企业的创新发展具有深远的意义。企业创新的主要资金来源有两个：一是政府财政补助；二是金融机构的贷款。根据资金来源特点，政府、金融机构与企业可以协力开辟有利于满足企业资金需求的融资方案。首先，政府应该积极发挥自身的资金引导作用，拓宽企业的融资渠道，为企业技术创新活动设立专项基金，制定并实施创新型企业的奖励政策，表彰成功入选国家级创新型企业的优秀代表。其次，强化银行与企业的对接，鼓励商业银行设置专项信用贷款，综合运用贷款贴息、风险投资、补助等方式对企业技术创新活动给予重点支持，引导金融资金流向企业。最后，企业需要从自身出发，积极探索企业之间互惠互利的融资模式，逐步形成多元化的融资体系。

2. 建立合理的资金配置机制

企业发展过程中具有众多的创新成果，创新成果到实践要经历四个阶段：创建、成长、扩张、成熟。创新成果只有经历了这四个阶段才能转化为产品，从而助力产业形成一定的规模。在这个过程中，需要大量的资金进行科研的开发、工业性的试验以及市场的试验等。由于不同阶段企业对资金的需求不尽相同，因此只有对资金进行合理的配置才能使其达到优化和效用最大化。一方面在资金管理上要加强经费预算管理、政府总体规划和绩效评估；另一方面在资金配置上要按阶段按功能划分专项资金，统筹使用各类科技资金。与此同时，逐步探索具体项目的委托管理模式，根据不同情况委托公共专业服务机构、基金管理机构或者其他管理机构进行管理。

3. 选择高效的资金投入方式

企业的技术创新活动具有高投入、高风险和高效益的特点，因此灵活高效的资金投入方式在很大程度上决定了企业创新发展的进程。选择正确的资金投入方式并进一步提高资金投入的效益，对企业创新活动的资金运转至关重要。企业应将资金优先投入重大科技攻关项目及拥有自主知识产权的核心技术上，从而有效提高企业的创新能力及其市场竞争力。

（二）人才

党的十九大报告指出，中国社会主要矛盾已经转化为人民日益增长的美好生活需要和不平衡不充分的发展之间的矛盾。即经济发展过程中，起决定性作用的是人力资源，知识及知识型人才在经济发展中具有越来越重要的地位。在培养创新型人才方面，企业应该加大培育和引进企业创新所需要的人才的力度，组建一支具有卓越创新意识与创新能力的团队，加强人才激励机制的建设，为企业的持续创新提供坚实的人力资源后盾。

1．集聚和培育创新人才，组建科技创新团队

企业在吸引、使用和培育人才时要采用新思路、新机制和新条件，为企业的建设和发展集聚科研人才和管理人才。

首先，为了创新工作的顺利开展，创新型企业应该加强具有创新观念的人才的培养，其中主要是有创新观念的企业家。企业家一般都具有敏锐的洞察力，能够及时地发现市场需求的变化，另外，他们还具有相对较强的创新精神，进而推动企业乃至整个行业的创新式发展，促进具有创新精神的企业文化诞生。企业在建设具有创新精神的企业家队伍时，可以采用的途径有：第一，在企业家的绩效考核方面，坚持以经济效益为主的考核标准。考核体系必须将促进企业长期经济效益和实现经济稳定增长为标准，适应市场经济模式的变化，健康发展，适应市场需求的新模式。第二，在任职方面实行职业经理人的制度。制度旨在推行企业家的职业化，淘汰以往的官员化企业家制度，使创新型企业可以根据自身的创新需求到人力资源市场上寻求与企业业务相匹配的经营者，选择具有高级管理经验的管理人员，进一步促进人才与企业间的双向选择机制的发展，提高创新人才的效率。第三，创新企业家的收入分配方法。收入是员工实现劳动价值的重要体现工具，企业应该根据企业家的创新成果以及企业自身的收益增长率来确定企业家的收入状况，并结合年薪制将创新成果的奖励收入发放到企业家的手中。第四，企业应该为创新型企业家创造良好的工作环境。企业旨在构建具有创新能力的企业家队伍，这不但需要政府和企业的帮助，更加需要企业家自身的努力程度。

其次，企业应当培育一批创新型人才，并营造适合创新型人才成长和发展的环境。在培育创新型人才的过程中，企业应该注重引进国外优秀的人才，加强以人为本的企业发展观的建设，建设积极的创新发展环境，实施科学的人才集聚策略，为企业的发展提供强有力的高科技人才保证。与此同时，要制定相应的高层次人才激励政策，为人才进行创新活动提供技术、资金等方面的支持。另外，企业应该积极结合高等院校及科研院所的资源优势，促进高层次人才向企业流动。

最后，企业要着力组建科技创新团队。一是以省内重点实验室、博士后科研工作站、工程（技术）研究中心等为坚实的平台支撑，为企业的发展提供优良的科研创新条件，引进具有创新意识的领军人物，为企业吸引更多的融资渠道；二是通过不定期举办讲座、培训、国外进修等方式，帮助企业科研人员掌握先进的科学技术知识和企业管理知识，从而形成企业坚实的创新团队基础；三是对为企业做出突出贡献的科技人员、管理人员授予股权奖励、分红激励以及采取股票期权的方式吸引创新型人才。

2. 完善人才激励机制，促进人才成长

在企业创新的人才培养方面，企业应该加强人才激励机制的建设，为企业创新需求的实现提供强劲的人才基础，实现企业创新的长远利益。在不同的社会发展阶段，企业对创新型人才进行激励的方法和措施是截然不同的。在当前的社会形势下，对于创新型人才来说，长期的激励方式比短期的激励方式更能起到激发员工积极性的作用。对于持续创新发展的企业来说，必须要拥有德才兼备的创新型人才队伍和与之匹配的长期有效的创新人才管理机制。在创新企业的人才管理系统方面，经营者都是基于企业自身的长远利益来进行人才培养方案的制定，旨在通过创新人才激励方案的实施，实现企业内在的创新实力。

创新人才的激励方案是从人才的物资、精神以及发展方面共同实施的。首先，在人才的物质激励方面，创新型企业应该积极响应国家“按劳分配”的劳动政策，加大生产要素的生产效率，提高各要素的结合力度，促使高层次人才收入的分配方案中包含企业在技术、资本以及管理方面的要素。对于处在企业关键位置的高层次人才，企业可以通过股权期权制或谈判工资制来鼓励高层次人才的活动。相应的，企业应该建立合理有效的绩效考评与评估机制，根据绩效成果决定奖励程度的大小。企业可以对创新型人才实行年薪制，将高层次人才的薪酬与其绩效挂钩，激发企业内部创新的活力。另外，为了激发创新型人才长期创新的积极性，企业可以实施创新成果长期激励机制，即根据创新人才的累积业绩实施更高的奖励机制。其次，在人才的精神激励方面，创新型企业可以采用多样的激励措施，例如带薪休假、资助创新活动、树立榜样等形式的激励措施的实施，能够充分地激发创新人才的创新动力。最后，在人才的发展激励方面，创新型企业应该根据事先确定好的创新战略与发展目标，开展相应的创新项目，并由创新型人才队伍进行项目的研究及生产过程的安排。只有企业美好的愿景和创新人才目标的完美结合，才能促使创新型企业的持续发展。

总之，创新型人才在企业的发展过程中起着至关重要的作用。企业需要通过鼓励高层次人才进行积极的创新工作，努力打造市场上具有创新意识及技术的人才，生产更符合市场需求的产品及服务，掌握市场前进方向的主动权。通过人才激励机制的构建，不仅能够发挥老专家的积极作用，也能发挥年轻一代高层次人才的创新技能，发挥全社会具有创新能力的人才的作用。为了保证高层次创新型人才的持续性创新活动，企业应该更加注重对科技人员的奖励措施，使科技人员有丰富的资源条件、丰厚的资金奖励、富有影响力的社会地位，提高高层次人才的流动性，努力达到各尽其职、人尽其才的水平。

三、优化创新成果转化机制

企业发展过程中，创新成果是否能有效地转化成市场中的产品是企业创新发展状况的重要评估依据。因此，创新型产业需要不断地探索提升创新成果转化率的途径，促使创新型产业的连续性创新发展，实现全要素生产率的提升，提高企业的竞争力。

（一）强化市场导向意识

市场需求是创新型企业运行发展的基础，企业在进行创新活动前期，应先通过各种市场调研了解并分析市场需求，再制定相应的创新方案。创新成果转化为产品方面时，需要不断提升市场意识，为创新成果转化率的提升提供基础，进一步提升创新型企业的绩效。在产学研战略联盟中，应该突显企业的主体地位，强化市场意识，充分利用学研方的设备、人才、知识，提升智力资源和人才资源的利用效率，实现创新资源优化配置，不断提升创新成果的转化率。企业可以通过购买、合作等形式，与高校、科研院所加强合作，充分利用高校、科研院所的专利、技术资源，不断转化科研成果，加大新产品开发力度，提高企业新产品产值的比重，增强核心竞争力。

（二）充分利用外部平台

在创新成果的转化过程中，涉及复杂的社会系统。这个复杂的系统包括不断流动的信息、形态各异的知识类型、各类资金的流动等动态的信息，因此需要借助外部平台，促进创新成果的顺利转化。创新型企业在利用外部平台的同时，也应该注重信息、知识、人才以及技术方面的结合，加强创新成果转换平台的建设。对于仅靠企业自身力量难以转化为产品或服务的科研成果来说，更加需要外部平台的帮助，提高企业创新成果的整体转化水平。

（三）努力争取科技金融支持

在企业经营过程中，对技术水平的要求越高，企业自身所需承担的风险越大。对于大部分的企业来说，为了保证企业自身的收益水平，企业的创新成果过程中，将选择承担部分的风险。为了缓解市场中这一消极的局面，充分激发企业的活力，应该加大对市场中的金融的重视力度，通过金融的功能加快创新成果的转化效率。因此，企业应该加强与政府的沟通，积极争取金融机构的扶持，充分利用金融推动创新产品转化的优势，进一步为创新成果的转化提供强有力的保障。

四、营造浓厚创新氛围环境

党的十八届六中全会向全党明确提出了“增强国家文化软实力，弘扬中华文化，努力建设社会主义文化强国”的战略任务，这对企业提出了新要求，要不断营造创新氛围，展现文化创意。人类因梦想而伟大，企业因文化而长青。企业文化具有鲜明的本质内容，其中包括反映企业经济行为和经营性质的价值观念，还包括通过实践活动检验企业创新活动成效的价值观念。所有的企业都有适合自身发展的文化理念，并将持续创新的创新精神作为企业文化的核心，促使企业创新文化的培养，实现企业的可持续健康发展。企业可以通过将市场中成功的、先进的创新理念和方法运用到企业的发展中，提升创新企业的文化水平，在更高的文化底蕴上营造丰厚的自主创新氛围，促使企业经营与企业文化的相互融合与相互支撑，构建更加富有蓬勃朝气与活力的创新创业精神，完善企业发展的内部与外部环境。企业创新发展过程中，必须加强文化建设，将文化建设与企业的发展战略和目标相结合，促进创新型企业各个环节的创新式发展。

（一）开展职工创新活动，营造创新氛围

企业应当积极组织职工深入开展以开发具有自主知识产权的核心技术为重点，以推动技术创新为主题的职工技术创新活动。围绕培育创新精神，积极开展多种形式的群众创新活动和科普活动，评选“创新能手”“创新示范岗”，举办职工技术创新成果展和创新事迹报告会等，大力培养、选拔、表彰和宣传创新人才，激发职工的创新热情，促进“尊重人才、尊重知识、尊重创造”良好风尚在企业中形成。企业工会应当积极开展宣传教育和思想带动工作，教育引导职工认识自主创新的重要意义，明确目标任务，以实际行动推进企业创新发展。

（二）宽容失败，鼓励竞争

创新精神决定着企业成员的思维方式和行为方式。美国管理之父德鲁克曾经说过：组织的目的只有一个，就是使平凡的人能够做出不平凡的事。通过宽容失败和激励创新措施的实施，高层次人才能够在压力较低的情况下进行创新，为达到创新目标而奋斗。如果让每个员工发挥他最大的创造力，就能保证企业实现更高效率的创新，进一步鼓舞员工创新的士气，形成促进企业长期创新的企业文化。企业独特的创新文化相当于企业的“大功率发动机”，创新文化带来的全体智慧的结晶、共同合作的精神、积极创新的活力将是“发动机”高效助燃剂，为企业持续创新发展提供源源不断的动力。

因此，企业要着重塑造两种企业文化：一种是宽容失败的文化。创新过程中充满了未知的探索活动，不免会发生失败或失误，对于企业而言，创新失败的保障力度是企业创新动力的关键影响因素。通过创新保障的实施，企业的创新人员可以得到有效的保障，并减轻创新活动中的消极观念，使创新型人才能够有勇气重新面对挫折并最终取得成功。另一种则是竞争合作的文化。竞争与合作是创新型企业发展必不可少的阶段。缺乏竞

争，企业的创新效率就会受到制约，连续创新发展将失去向心力；缺乏合作，企业的创新将步履维艰，运行机制将僵化不前。只有保证企业能够在竞争中有效地合作，在合作中实现公平竞争，才能积极调动企业创新的积极性，保持企业持续创新发展。总之，创新型企业应该在宽容失败的前提下，建立合作与竞争并存的企业文化。

（三）全力营造创业文化和创新文化

企业的动力机制包括内部动力机制和外部动力机制。内部动力主要是指企业内部的效率，企业通过自身的创新活动为市场和社会注入新的活力。外部动力机制主要是指企业承受的来自市场的竞争压力，企业应该加强企业文化的建设，加强企业文化的宣传活动，同时，对于企业建设成功的案例，应该作为创新的典型案例进行经验分享，促使创新在全社会内盛行。对社会的推动作用主要体现在三点：第一，改变原有单纯追求利润的保守思想。第二，在企业内部建立包容性文化，使这种文化可以在创新活动中鼓励冒险、激励成功案例、宽容对待失败。自主创新是指企业根据自身特点，选择适合自身发展的创新式道路，存在一定的风险，因此，要允许失败和失误的发生，而且要有相应的保证措施。第三，要打造企业的特有品牌，保护企业的知识产权。产品的品牌分为产品品牌、企业品牌和地域品牌，这些品牌的建立能够加强创新型企业市场规则的建立及有效实施，做到“诚实守信、规则规范，平等合作、有序竞争”。现代企业家的创新精神、创业和敬业精神以及团队精神等组成了创新型的文化氛围，现代企业中的企业家大部分都拥有这些精神。对于创新型的企业，都要具有这样的文化和精神。

本章小结

本章紧密结合对企业有显著影响的指标，提出了从多方面入手，多措并举，切实设计企业的成长路径。本章对第六章锁定的关键增值点所形成的若干条建议进行交叉分析、凝练整合，设计了企业发展的三条路径：即创新创业生态全力打造；创新产业链优化设计；创新能力全面提升。通过政府、行业、企业层面策略的实施，可以促进政府的创新政策的形成及创新体制的建设，可以加强行业创新创业基地的建设和创新人才的引进，可以提升企业的创新驱动发展战略的实施效果以及搭建创新保障机制等方面的内容。同时更加注重各方政策措施内在关联性的探析，使得本章关于企业成长路径优化设计的研究更具系统性、针对性、可操作性。本章得出企业成长的3大策略、9项综合措施和35条具体建议，将为政府有关创新政策的制定，为创新行业基地建设、创新人才引进制定相应的培养方案，为企业的持续性发展和创新驱动发展战略的实施提供有力的借鉴和帮助。

「第八章」

研究展望

本书在述评国内外相关研究的基础上，以创新理论、企业成长理论、投入产出理论、生命周期理论、发展战略理论、评价理论等相关知识为理论基础，对企业创新及成长进行了理论探索；探讨了企业创新性的影响因素；基于新旧动能转换视域构建了企业创新性评价体系；进而运用 ANP 的方法确定权重，并结合物元分析，以山东省 10 家具有代表性企业为例，进行实证分析，锁定关键因素，总结企业发展过程中存在的问题；围绕关键影响因素及存在的问题从内外部环境两个方面分析企业的发展环境；最后设计出企业成长优化路径。本书的研究从一定程度上丰富了企业研究的理论、方法和应用，现将本书所做的工作和得到的结论总结如下：

（1）在文献归纳和实地调研的基础上，采用问卷调查法，选取新旧动能转换下全国不同区域、不同行业具有代表性的企业实施两轮大样本问卷调查，以确保基本影响因素遴选的全面性、独立性。选取 50 家新旧动能转换下创新型企业作为调查样本，实施两轮问卷调查，筛选出了影响企业创新性的 28 个因素：研发经费投入强度、研发人员比例、新产品销售收入占主营业务收入比重、千名研发人员拥有的授权发明专利数、企业拥有专有技术成果数量、研发成果转化率、企业家创新精神、新产品平均开发周期、员工创新意识、员工合理化建议采纳情况、新产品利润率、创新战略制定、创新战略实施、信息技术平台建设、创新奖励机制完善度、员工晋升机制完善度、组织适应程度、创新管理水平、知识产权管理机制、全员劳动生产率、自主创新项目比重、企业内部协调机制、技术装备水平、员工培训次数、员工参加创新活动积极性、国家政策环境匹配度、创新发展愿景适宜度、互联网运营能力。

（2）本书运用 SPSS22.0 统计软件对 28 个企业创新性影响因素（三级指标）进行了聚类分析，凝练出一级指标 5 个（创新动力、创新机制、创新能力、创新绩效、创新潜能）；二级指标 11 个（创新战略、创新文化、创新激励机制、创新保障机制、创新投入能力、研究开发能力、组织与管理能力、科技绩效、财务绩效、企业管理潜能和员工创新潜能)，并将网络分析法 ANP 及超级决策软件 SD 运用于复杂决策问题中，赋予各指标权重，构建了企业创新性评价体系，从而使企业创新性评价体系由理论层面步入了操作层面。

（3）本书选取新旧动能转换下山东省东、中、西部 10 家具有代表性的企业作为被调查对象，引入物元分析法和网络分析法对样本企业创新性进行实证分析。通过实证分析对比 10 家样本企业的实证数据，最终锁定企业创新性的关键影响因素在于创新动力、创新机制、创新能力和创新潜能四个维度下的 8 个评价指标（创新文化、创新激励机制、创新保障机制、创新投入能力、研究开发能力、组织与管理能力、企业管理潜能和员工创新潜能)。

（4）实证评价结果显示企业在创新动力、创新机制、创新能力、创新绩效和创新潜能五个维度上的有效性程度不一致。创新机制和创新能力有效性程度较低，创新动力和创新潜能有效性程度一般，创新绩效有效性程度较高。关键增值点主要包括创新文化、创新激励机制、创新保障机制、创新投入能力、研究开发能力、组织与管理能力、企业管理潜能和员工创新潜能。针对山东省企业发展过程中存在的研发投入低、政府扶持引导力度不够、缺乏自主知识产权、自主创新能力低、产学研合作模式、人才激励机制、创新环境政策不够完善等问题，从外部环境和内部环境两个方面分析企业的发展环境，为设计其成长优化路径奠定基础。

（5）针对制约企业创新性的关键影响因素，从政府引导的生态性、行业发展的协同性、企业个体创新的持续性三个维度，制定政府、行业、企业“三位一体”的成长路径。就政府引导的生态性层面，实行生态发展、制度创新等战略的实施，是企业实现持续、快速发展的牵引力；就行业发展的协同性层面，实行行业发展协同机制、战略联盟机制等战略的实施，是企业实现持续、快速发展的助推力；就企业个体创新的持续性层面，建立持续创新动力机制、实现资源配置有效机制、完善创新人才激励机制、推行绩效评价机制等战略的实施，是企业实现持续、快速发展的原动力。

本书在经济新常态背景下基于新旧动能转换视域对企业创新性评价及成长路径加以探索，实证分析取得了阶段性成果，具有一定的创新性、理论意义和现实价值。但是相对于企业成长理论、发展战略理论的丰富内涵，还需要进一步充实和发展，需要在以下方面做进一步探索：

（1）本书探讨性地建立了企业创新性评价体系，实现了定性与定量相结合的研究。但需要在今后不断进行深入研究，积累数据和经验，不断检验和修正评价指标，使评价的结果更符合实际，进而充实这一研究领域的理论与实践。

（2）本书对企业创新性的评价分析，采用的是网络分析法与物元分析法相结合的方法。在后续的研究中，将尝试使用 BP 神经网络赋予各评价指标以权重，运用结构方程模型（SEM）、数据包络法（DEA）来研究相对有效性的问题，将多种方法综合运用，更有利于复杂问题决策的科学化。

（3）由于数据较难取得的原因，本书评价时只是选取新旧动能转换下山东省 10 家样本企业做实证分析。若有条件支持，应该把样本扩大到更多优秀企业进行研究，这样可以更有效地比较出中国企业与世界优秀企业的差距，对指导中国企业建设具有重要的意义。

参考文献

［1］刘吉．论创新型企业［J］．中国软科学，2007（2）：4－7.

［2］官建成，王军霞．创新型组织的界定［J］．科学学研究，2002（3）：319－322.

［3］冯海昱．创新型企业内涵新探［J］．科技管理研究，2007（4）：24－26.

［4］高建．中国企业技术创新［M］．北京：清华大学出版社，1998.

［5］陈卫东，徐靖怡．创新型企业评价体系研究［J］．统计与决策，2007（22）：181－183.

［6］王丽平，许娜．技术创新模式的代际转变：中小企业可持续成长的关键［J］．科技进步与对策，2012，29（2）：80－85.

［7］蔡齐祥，张威，卢霞．创新型企业评价标准研究的若干问题探讨［J］．科技管理研究，2007（1）：40－43.

［8］祝爱民，刘盈君，徐英杰．创新型企业评价体系研究［J］．科学学研究，2009，26（2）：578－582.

［9］陶秋燕，孟猛猛．网络嵌入性、技术创新和中小企业成长研究［J］．科研管理，2017，38（S1）：515－524.

［10］林如海，彭维湘．企业创新理论及其对企业创新能力评价意义的研究［J］．科学学与科学技术管理，2009（11）：118－121.

［11］蔡侃．生态经济理论与中国产业政策导向［D］．东华大学，2010.

［12］王万山．生态经济理论与生态经济发展走势探讨［J］．生态经济，2001（5）：14－16.

［13］F. D. Peter. Management：Tasks，Responsibilities，Practices［M］. New York Harper & Row，1973.

［14］L. A. Lefebvre. The Innovative Business Firm in Canada：An Empirical Study of CAD/CAM Firms［J］. International Labor Review，1988，127

(4): 497.

[15] L. William. The Theory of the Market Economy and the Social Foundations of Innovative Enterprise in Economic and Industrial Democracy [M]. New Jersey Sage Publication Ltd, 2003.

[16] S. Kannebley, G. S. Porto, E. T. Pazello. Characteristics of Brazilian Innovative Firms: An Empirical Analysis Based on Industrial Research on Technological Innovation [J]. Research Policy, 2005, 34 (6): 872-893.

[17] 潘磊．我国上市企业股利政策分析 [D]. 西南财经大学，2013.

[18] 张会恒．论产业生命周期理论 [J]. 财贸研究，2004 (6): 7-11.

[19] 马费成，望俊成，张于涛．国内生命周期理论研究知识图谱绘制 [J]. 情报科学，2010 (3): 334-340.

[20] 宋福铁，梁新颖．企业生命周期理论与上市公司现金股利分配实证研究 [J]. 财经研究，2010 (9): 123-133.

[21] 潘康宇．基于生命周期理论的企业绩效评价研究 [D]. 天津大学，2007.

[22] 徐忠伟．中国民营企业可持续成长影响因素的实证研究 [D]. 复旦大学，2005.

[23] 科技部政策法规与体制改革司．中国科技法律法规与政策选编 [M]. 北京：法律出版社，2009.

[24] 陈永星．创新型企业及其基本特征 [J]. 企业管理，2007 (4): 108-109.

[25] 马永红，赵凌晨，刘拓．创新型企业评价体系的构建研究 [J]. 技术经济，2007 (10): 1-3.

[26] 蔡齐祥．创新型企业评价标准研究的若干问题探讨 [J]. 科技管理研究，2007 (1): 40-42.

[27] 胡珑瑛，蒋樟生．基于 BP 神经网络的创新型企业评价研究 [J]. 软科学，2008, 22 (2): 116-119.

[28] 魏巍．创新型企业评价研究 [D]. 吉林大学，2008.

[29] 刘耀．创新型企业发展模式及其实现持续创新机制研究 [D]. 南昌大学，2009.

[30] 赵莉晓. 创新政策评估理论方法研究——基于公共政策评估逻辑框架的视角 [J]. 科学学研究, 2014, 32 (2): 195-202.

[31] 罗杰. 创新型企业内涵探析 [J]. 当代经济, 2010 (14): 54-55.

[32] C. Freeman. The Economics of Industrial Innovation [M]. 2nd Edition, London: Francis Pinter, 1982.

[33] 丁云伟. 创新型企业的内涵与特征 [J]. 学术交流, 2008 (3): 92-96.

[34] 张赤东. 建设创新型企业: 战略意义、内涵、特点与着力点 [J]. 中国科技论坛, 2010 (5): 47-52.

[35] 许家暖. 创新型企业关键特征分析及评价体系研究 [D]. 青岛大学, 2011.

[36] 田波. 创新型企业评估理论与方法研究 [D]. 吉林大学, 2008.

[37] 李光红, 杨晨. 高层次人才评价体系研究 [J]. 科技进步与对策, 2007, 24 (4): 186-187.

[38] 王文亮, 王丹丹. 创新型企业的要素特征分析和评价指标设计 [J]. 科研管理, 2008 (29): 223-227.

[39] 向刚, 李兴宽, 熊觅. 基于持续创新动力、能力和绩效的创新型企业评价研究 [J]. 经济问题探索, 2010 (12): 122-125.

[40] 陈坤. 创新型企业创新路径选择和绩效评价研究 [D]. 中国科学技术大学, 2010.

[41] 李兴宽. 基于持续创新动力、能力、绩效的创新型企业评价研究 [D]. 昆明理工大学, 2010.

[42] S. Stern. How Companies Can be More Creative [J]. HR Magazine, 1998, 43 (5): 59.

[43] C. Heine, A. Higgins. Is Your Company Innovative? [J]. Machine Design, 2001, 73 (14): 84-88.

[44] 郭韬, 史竹青. 创新型企业研究综述 [J]. 科技进步与对策, 2011, 28 (19): 155-160.

[45] L. E. Westphal, Y. W. Rhee, P. Gany. Sources of Technological Capability in South Area [M]. Technological Capability in Third World, 1984,

163 –279.

［46］刘思峰．灰色系统理论及其应用［M］．北京：科学出版社，2005.

［47］姜睿清．江西省创新型企业创新绩效评价［D］．南昌大学，2010.

［48］贲友红．创新型企业评价模型的构建［J］．财会月刊，2007（12）：45 –48.

［49］陈晓丽．创新型企业的持续创新动力评价研究［D］．昆明理工大学，2010.

［50］马丹．创新型企业的形成机理和评价研究［D］．哈尔滨工业大学，2008.

［51］李兴宽．基于灰色系统理论的创新型企业评价模型及应用［J］．科技管理研究，2012（19）：49 –53.

［52］冯海昱．创新型企业评价体系研究［D］．河海大学，2007.

［53］黄德春，陆艳．创新型企业评价体系指标的测度及赋权方法［J］．统计与决策，2007（22）：173 –175.

［54］刘耀，黄新建．创新型企业创新能力评价体系研究［J］．南昌大学学报，2008，39（1）：80 –87.

［55］赵文彦．创新型企业创新能力评价体系的构建与设计［J］．科技管理研究，2011（1）：14 –18.

［56］罗亚非，李望月，张赤东．创新型企业技术创新评价指标的确定［J］．科技管理研究，2011（13）：35 –39.

［57］武旭．创新型试点企业的创新绩效测度研究［D］．合肥工业大学，2012.

［58］龚惠群，黄超，王永顺．战略性新兴产业的成长规律、培育经验及启示［J］．科技进步与对策，2011（12）：78 –81.

［59］严凯旋．创新型企业创新绩效评价研究［D］．合肥工业大学，2012.

［60］刘沛旭．协同创新视角下山西省科技型小微企业成长机理研究［D］．山西财经大学，2017.

［61］T. L. Saaty. The Analytic Hierarchy Process［M］. McGraw Hill Inc,

1980.

[62] T. L. Saaty. How to Make A Decision. The Analytic Hierarchy Process [J]. European Journal of Operational Research, 1990 (48): 9 – 26.

[63] 王莲芬，许树柏．层次分析法引论 [M]. 北京：中国人民大学出版社，1990.

[64] 许树柏．层次分析法 [M]. 天津：天津大学出版社，1988.

[65] 唐小丽，冯俊文．ANP 原理及其运用展望 [J]. 统计与决策，2006 (6): 138 – 140.

[66] G. Tuzkaya, U. R. Tuzkaya, B. Guisun. An Analytic Network Process Approach for Locating Undesirable Facilities: An Example from Istanbul Turkey [J]. Journal of Environmental Management, 2008, 88 (4): 970 – 983.

[67] M. A. B. Promentilla, T. Furuichi, K. Ishii, N. Tanikawa. Evaluation of Remedial Countermeasures Using the Analytic Network Process [J]. Waste Management, 2006, 26 (12): 1410 – 1421.

[68] B. Simunich. In the Fall of 2002, The ANP Had Shown A Better Way to Deal With Iraq [J]. Mathematical and Computer Modelling, 2007, 46 (7 – 8): 1130 – 1143.

[69] O. Bayazit, B. Kappak. An Analytical Network Process – Based Framework for Successful Total Quality Management (TQM): An Assessment of Turkish Manufacturing Industry Readiness [J]. International Journal of Production Economics, 2007, 105 (1): 79 – 96.

[70] S. Jharkharia, R. Shankar. Selection of Logistics Service Provider: An Analytic Network Process (ANP) Approach [J]. Omega, 2007, 35 (3): 274 – 289.

[71] E. W. L. Cheng, H. Li. Analytic Network Process Applied to Project Selection [J]. Journal of Construction Engineering and Management, 2005 (4): 459 – 66.

[72] GulPolat, Umit Donmez. ANP – Based Marketing Activity Selection Model for Construction companies [J]. Construction Innovation, 2010 (1): 89 – 111.

[73] Huan – Jyh Shyur. A Semi – Structured Process for ERP Systems

Evaluation: Applying Analytic Network Process [J]. Journal of E - Business, 2003 (3): 33 - 49.

[74] 陈学中，李文喜，李光红. 投资项目选择的风险评价 AHP 模型及其应用 [J]. 数学的实践与认识，2004 (4): 23 - 29.

[75] 陈学中，马力，李光红. 投资项目选择的评价体系和模糊综合评价模型 [J]. 数量经济技术经济研究，2001 (10): 55 - 58.

[76] 陈学中，李光红，王利. 投资项目选择的层次分析模型 [J]. 山东建材学院学报，2000 (2): 152 - 155.

[77] 李光红，孙丽丽. 高校学生创新能力管理绩效评价研究 [J]. 山东社会科学，2011 (2): 97 - 99.

[78] 徐志勇，张徐东. 基于 ANP 的多层次模糊综合评价法的电网建设项目后的评价研究 [J]. 华东电力，2009 (3): 488 - 490.

[79] 胡艳曦. 基于模糊物元分析模型的人力资源选拔测评研究 [J]. 统计与决策，2009 (9): 181 - 183.

[80] 徐卫红，于福亮，龙爱华. 基于熵权的模糊物元模型在水资源可持续利用评价中的应用 [J]. 中国人口·资源与环境，2010 (2): 157 - 160.

[81] 徐佩. 软件研发项目团队有效性研究 [D]. 河海大学，2006.

[82] 陈衍泰，陈国宏，李美娟. 综合评价方法分类及研究进展 [J]. 管理科学学报，2004 (2): 69 - 79.

[83] 张林. 创新型企业绩效评价研究 [D]. 武汉理工大学，2012.

[84] 赵文彦. 我国创新型企业绩效评价体系研究 [D]. 东华大学，2010.

[85] 熊觅. 创新型企业的持续创新绩效评价研究 [D]. 昆明理工大学，2010.

[86] 鲁诚至，刘愿. 区域创新网络、异质企业成长与区域创新 [J]. 科研管理，2017，38 (2): 77 - 83.

[87] 李扬州. 辽宁省创新型企业创新动力评价研究 [D]. 辽宁大学，2012.

[88] 中国企业家调查系统，仲为国，李兰，路江涌，彭泗清，潘建成，郝大海. 企业进入创新活跃期：来自中国企业创新动向指数的报告——2016·中国企业家成长与发展专题调查报告 [J]. 管理世界，2016 (6):

67－78.

［89］张钦．创新型企业的评价体系和方法研究［J］．科学管理研究，2009，27（6）：20－23.

［90］廖玲．我国创新型企业评价体系研究［D］．重庆大学，2011.

［91］朱云鹃．共识性创新型企业核心评价指标统计分析［J］．经济管理，2009（3）：159－163.

［92］中国创新型企业发展报告编委会．中国创新型企业发展报告［M］．北京：经济管理出版社，2009：233－262.

［93］陈敬全．欧洲创新体系的测度与评估——基于欧洲创新记分牌的指标、方法和应用情况的分析［J］．全球科技经济瞭望，2010，25（12）：5－18.

［94］李俊亭．以企业项目管理模式实施企业战略发展导向［J］．科技管理研究，2009（9）：437－439.

［95］李昱颖．技术创新、竞争优势与企业成长的关系研究［D］．天津商业大学，2016.

［96］赵文彦，曾月明．创新型企业创新能力评价体系的构建与设计［J］．科技管理研究，2011（1）：9、14－17.

［97］宋英华，庄越，张乃平．创新型企业成长的内部影响因素实证研究［J］．科学学研究，2011（8）：1274－1280.

［98］牛雄鹰，李鑫伟．中小企业技术创新、资源空间关联与企业成长——基于中国省际面板数据的空间计量分析［J］．技术经济，2016，35（4）：1－8.

［99］余维臻，李文杰．核心资源、协同创新与科技型小微企业成长［J］．科技进步与对策，2016，33（6）：94－101.

［100］张志强，雍兰利．新兴产业创新生态系统的集成与企业成长路径［J］．改革与战略，2016，32（3）：127－130.

［101］李雪涛，严龙茂．金融集聚、研发创新与民营制造企业成长［J］．财会月刊，2016（5）：91－95.

［102］李左峰．创新型企业创新投入要素的产出弹性估计［J］．管理世界，2013（2）：176－177.

［103］朱学冬，陈雅兰．创新型企业创新绩效评价研究——以福建省

为例［J］. 中国科技论坛，2010（9）：77－82、92.

［104］张玲. 开放式创新、技术商业化能力与企业成长关系研究［D］. 华南理工大学，2016.

［105］向刚，陈晓丽，李兴宽，熊觅. 创新型企业的持续创新动力评价模型构建与应用［J］. 科技管理研究，2011（4）：53－56.

［106］曾凡付，彭晨明，吕朋悦，赵红. 知识积累与创新型企业成长动态关系研究［J］. 数学的实践与认识，2016（6）：120－131.

［107］黄东兵，刘骏. 中小型高新技术企业创新驱动成长机制研究［J］. 科技进步与对策，2015，32（21）：94－99.

［108］杨勇军，周任重，于洪彦. 基于生命周期的企业创新与成长路径分析——以“京东商城”和“天音通信”为例［J］. 商业经济研究，2015（19）：89－90.

［109］向刚，李兴宽，章胜平. 创新型企业评价体系研究［J］. 科技管理研究，2009（6）：122－124、130.

［110］李建钢，李秉祥. 创新型企业成长过程中创新演化的阶段特征及仿真模拟［J］. 运筹与管理，2015，24（3）：227－233.

［111］王成城，倪清，石朝树，李敏. 中国创新型企业成长差异性：基于组织身份理论的计量分析［J］. 科技进步与对策，2015，32（9）：100－104.

［112］倪标，向刚. 创新型企业持续创新重大风险管理能力评价体系研究［J］. 科技进步与对策，2013（2）：133－137.

［113］郭勇，杨彬. 美、德企业创新的启示之三美国中小企业成长的启示［J］. 经营与管理，2014（12）：8－9.

［114］汪永飞，陈留平，陈爱民. 创新型企业的评价体系及其评价模型［J］. 统计与决策，2007（5）：81－82.

［115］李德玲. 创新型企业创新发展战略研究［J］. 中国科技论坛，2007（7）：19－22.

［116］田先钰，王晓. 科技型中小企业管理创新演化路径及实证研究——基于成长理论视角［J］. 科技进步与对策，2014，31（21）：94－98.

［117］张军，许庆瑞. 知识积累、创新能力与企业成长关系研究［J］. 科学学与科学技术管理，2014，35（8）：86－95.

[118] 王茂祥，李东．创新型企业评价方法改进与创新能力提升路径探究 [J]．科技进步与对策，2014 (15)：128 - 132.

[119] T Kumpe, PT Bolwijn. Toward the Innovative Firm—Challenge for R&D Management [J]. Research Technology Management, 1994, 37 (1): 38.

[120] E McGirt. The World's 50 Most Innovative Companies [J]. Fast Company, 2010, (143): 52 - 110.

[121] Pak Tee Ng. The Learning Organization and the Innovativeorganization [J]. Human Systems Management, 2004, (23): 93 - 100.

[122] BestMH. New Competitive Advantage: the Renewal of Alneriean Industry [M]. Oxford: New York Oxford University Press Premium, 2001.

[123] Diamond, Tony. Is your Company Innovative and Ready for the Future? [J]. Austin Business Journal, 1997, 17 (23): 10 - 11.

[124] Carmen Cabello Medina, Antonio Carmona Lavado, Ramón Valle Cabrera. Characteristics of Innovative Companies: An ease study of Companies in Different Sectors [J], Creativity and Innovation Management, 2005, 14 (3): 272 - 287.

[125] Aghion Philippe, Klemm Alexander, Marinescu Ioana, Bond Stephen. Technology and Financial Structure: Are Innovative Firms Different? [J]. Journal of the European Economic Association, 2004, 2 (2): 277 - 285.

[126] Sergio Kannebley, Geciane S. Porto, Elaine Toldo Pazello. Characteristics of Brazilian Innovative Firms: An Empirical Analysis Based on PINTEC Industrial Research on Technological Innovation [J]. Research polity, 2005, 34 (6): 872 - 893.

[127] Michael A Matos. The Creative Enterprise: Managing Innnovative Organizations and People [J]. Journal of Business & Finance Librarianship, 2008, 13 (4): 536 - 537.

[128] Harold L. Angle, Charles C. Manz, Andrew H. van de Ven. Integrating Human Resource Management and Corporate Strategy: Apreview of the 3M Story [J]. Human Resource Management, 1985, 24 (1): 51 - 68.

[129] Chen G, Ployhart RE, Thomas HC, ete. The Power of Momentum: A New Model of Dynamie Relationships between Job Satisfaction Change and

Turnover Intentions [J]. Academy of Management Journal, 2011, 54 (1): 159 - 181.

[130] Semadeni Matthew, Anderson Brian S. The Follower's Dilemma: Innovation and Limitation in the Professional Services Industry [J]. AAP Online Journals, 2010, 53 (5): 1175 - 1193.

[131] Trips as M. Unraveling the Process of Creative Destruction: Complementary Assets and Incumbent Survivalin the Typesetter Industry [J]. Strategic Management Journal, 1997 (18): 119 - 142.

[132] 王毅达．网络零售商定价能力的影响因素与渠道使用研究 [D]. 浙江大学, 2006.

[133] 谢云臣．设备可拓更新理论及方法研究 [D]. 吉林大学, 2007.

[134] T. , Chalermsak. Effect of Information Systems Resources and Capabilities on Firm Performance: A Resource Based Perspective [J]. Journal of Management Information Systems, 2005, 21 (4): 237 - 276.

[135] 宋建元．成熟型大企业开展破坏性创新的机理与途径研究 [D]. 浙江大学, 2006.

[136] 张军, 许庆端．企业知识积累与创新能力演化间动态关系研究——基于系统动力学仿真方法 [J]. 科学学与科学技术管理, 2015, (1): 128 - 138.

[137] 苏屹, 李柏洲．大型企业原始创新支持体系的系统动力学研究 [J]. 科学学研究, 2010, 26 (1): 141 - 150.

[138] R. G. Cooper, E. J. Kleinschmid. Success Factory Product Innovation [J]. Industrial Marketing Management, 1987, 16 (3): 215 - 223.

[139] Droge Cornelia, Calantone Roger. New Product Strategy, Structure, and Performance in Two Environments [J]. Industrial Marketing Management, 1996, 25 (6): 555 - 566.

[140] Yamin Shahid, Gunasekaran A. Innovation Index and Its Implieationson Organizational Performance [J]. International Journal of Technology Management, 1999, 17 (5): 495.

[141] 蒂姆·琼斯．创新的前沿 [M]. 科学出版社, 2006.

[142] Walker, Damanpour, Devece. Management Innovation and Organiza-

tional performance: The Mediating Effect of performance Management [J]. Journal of public Administration Research and Theory, 2011, 21 (2): 367 - 386.

[143] Amahil. Exploration and Exploitation in Organizational Learning [J]. Organization Science, 1991 (2): 71 - 87.

[144] Gurteen. Individual and Organizations: The Cultural Match [J]. Training and Development Journal, 1983 (2): 29 - 35.

[145] OECD. The announcement of OECD, 2000.

[146] Khurum M, Fricker S, Gorschek T. The contextual nature of Innovation - An Empirical Investigation of Three Software Intensive Products [J]. Information and Software Technology, 2015 (1): 595 - 613.

[147] Meyer, Goes. Innovative Capability and Export Performance of Chinese Firms [J]. The innovation, 2003, 4 (9): 234 - 250.

[148] Drucker. Strategy Management of the Technology and Innovation [M]. Meoraw - Hill New, 2004 (2): 100 - 123.

[149] Porter, Stern. The New Challenge to American's Prosperity: Finding from Innovationindex [M]. Harvard Business Schoo1, 1999.

[150] Minna Kanerva, Hugo Hollanders and Anthony Arundel. 2006 Trend Chart report: Can We Measure and Compare Innovation in Services, European Trend Chart on Innovation [R], 2006.

[151] 中国科技统计. 欧洲创新记分牌及对我们的启示 [EB/OL]. http: //www. sts. org. cn/fxyj/zbtx/documents/20070119. htm, 2007 - 03 - 20.

[152] 关晓静，赵利婧. 从《欧洲创新记分牌》看我国创新型国家建设面临的挑战 [J]. 统计研究，2007，(3)：74 - 77.

[153] Porter, Stern, Furman. The Determinants of National Innovative Capacity [J]. Research Policy, 2001, 31 (6): 899 - 933.

[154] 康纳利斯，波特，施瓦布. 世界经济论坛 2002 - 2003 年全球竞争力报告 [M]. 北京：机械工业出版社，2003：205 - 603.

[155] The World Competitiveness Yearbook 2002 [EB/OL]. http: //www. imd. ch/research/publications/wcy/.

[156] 张炜，张世龙. 创新型企业的组织创新性结构关系模型检验 [J]. 科学学与科学技术管理，2008，(8)：73 - 76.

[157] Barney J. Firm Resources and Sustained Competitive Advantage [J]. Journal of Management, 1991, 17 (1): 99.

[158] 张会荣，张玉明．技术创新、股权结构与中小企业成长 [J]. 山东社会科学，2014 (2): 114 – 119.

[159] 张玉明，梁益琳．创新型中小企业成长性评价与预测研究——基于我国创业板上市公司数据 [J]. 山东大学学报（哲学社会科学版），2011 (5): 32 – 38.

[160] 周密，盛玉雪，丁明磊．后发新兴大国、创新型企业与组织双元性研究——基于国家级创新型企业的实证分析 [J]. 科学学与科学技术管理，2014 (3): 126 – 134.

[161] 李建钢，李秉祥．创新型企业成长动力机制的系统动力学解释 [J]. 科技管理研究，2014 (19): 137 – 140.

[162] 刘洪德，史竹青，于新宇．黑龙江省创新型中小企业成长现状、问题及对策研究 [J]. 科技进步与对策，2010 (14): 36 – 40.

[163] 张倩，张玉喜．创新型企业柔性：区域差异与空间效应 [J]. 科技进步与对策，2017 (7): 40 – 46.

[164] 沈丽梅．我国创新型企业测度研究 [J]. 科技进步与对策，2013 (5): 132 – 137.

[165] 何建洪，贺昌政．创新型企业的形成——基于网络能力与创新战略作用的分析 [J]. 科学学研究，2013 (2): 298 – 309.

[166] 刘钒，钟书华．国内创新型小微企业研究述评 [J]. 科技进步与对策，2013 (15): 156 – 160.

[167] 陈恒，徐睿姝，郎益夫．分布式创新、组织特异性免疫与企业成长绩效研究 [J]. 科技进步与对策，2014，31 (12): 98 – 104.

[168] 戚文海．经济转轨国家的国家创新体系评析——以俄罗斯为研究案例 [J]. 俄罗斯中亚东欧研究，2005 (5): 37 – 45.

[169] 樊增强．日本、欧盟中小企业技术创新支持政策的比较分析及其对我国的启示与借鉴 [J]. 现代日本经济，2005 (1): 41 – 45.

[170] 陈志超，向刚，倪彪，李宁．基于系统动力学的创新型企业产品持续创新风险动态分析 [J]. 科技进步与对策，2012 (19): 82 – 86.

[171] Stuart Toby E., Podolny Joel M. Local Search and the Evolution of

Technological Capabilities [J]. Strategic Management Journal, 1996, 17: 21 -38.

[172] Kumpe P. Towards the Innovative Firm - Challenge for R&D Management [J]. Research Technology Management, 1994 (1): 38 -44.

[173] Gary P. Pisano, David J. Teece. How to Capture Value from Innovation: Shaping Intellectual Property and Industry Architecture [J]. California Management Review, 2007 (50): 278 -296.

[174] Yang J. Zhang F, Jiang X. Strategic Flexibility, Green Management, and Firm Competitiveness in an Emerging Economy [J]. Technological Forecasting & Social Change, 2015, 101 (9): 347 -356.

[175] Richard A. Strategic Management of Technology and Innovation [J]. Small Business Economics, 1993, 5 (4): 331.

[176] Ritter T, Gemunden HG. The Impact of a Company's Business Strategy on Its Technological Competence, Network Competence and Innovation Success [J]. Journal of Business Research, 2004, 57 (5): 548 -556.

[177] Kazuyuki Motohashi, Xiao Yun. China's Innovation System Reform and Growing Industry and Science Linkages [J]. Research Policy, 2007, 36 (10): 1251 -1260.

[178] MVL. Knowledge Integration and Information Technology Project Performance [J]. MIS Quarterly, 2006, 30 (4): 919 -939.

[179] AAMT. Knowledge Integration in Virtual Teams: the Potential Role of KMS [J]. Journal of the American Society for Information Science and Technology, 2002, 53 (12): 1029 -1037.

[180] J. CSYL. The Impact of Information Technology and Transactive Memory Systems on Knowledge Sharing, Application, and Team Performance: A Field Study [J]. MIS Quarterly, 2010, 34 (4): 855 -870.

[181] U. L. Absorptive Capacity, Environmental Turbulence, and the Organizational Learningprocesses [J]. Academy of Management Journal, Complementarily of 2009, 52 (4): 822 -846.

[182] Chin WW. Modern Methods for Business Research [M]. Lawrence Erlbaum Associates, Mahwah, NJ, 1998.

［183］殷国鹏，陈禹．企业知识整合活动对信息系统吸收的影响研究［J］．科学学研究，2009（27）：750－758.

［184］贺明明，王铁男，肖漩．IT 管理气候和知识应用过程对 IOS 吸收的研究［J］．科学学研究，2011（10）：1520－1531.

［185］简兆权，吴隆增，黄静．吸收能力、知识整合对组织创新和组织绩效的影响研究［J］．科研管理，2008（1）：80－86.

［186］EADBL. Mansfield's Missing Link：the Impact of Knowledge Spillovers on Firmgrowth［J］．Journal of Technology Transfer，2005，30：207－210.

［187］ACLC. Do Universities Knowledge Spillovers Impact on Newfirm's Growth？Empirical Evidence from U. K.［J］．International Entrepreneur Management Journal，2008（4）：453－465.

［188］Turner KLMM. The Role of Organizational Controls in Managing-knowledge［J］．Academy of Management Review，2006，31（1）：197－217.

［189］CALSJ. Knowledge Acquisition in University－industry Alliances：An Empirical Investigation from a Learning Theory Perspective［J］．JOURNAL OF PRODUCT INNOVATION MANAGEMENT，2008，25（2）：162－179.

［190］陈卫东，卫维平．企业家精神与企业绩效关系的结构方程建模［J］．系统工程学报，2010，25（2）：171－176.

［191］袁晓玲，李政大，白天元．基于市场环境调节的企业家精神与 EVA 绩效研究［J］．西安交通大学学报（社会科学版），2012，32（3）：36－42.

［192］杨东，李垣．公司企业家精神、战略联盟对创新的影响研究［J］．科学学研究，2008（5）：1114－1118.

［193］Agrawal RERFA. Knowledge Transfer through inheritance：Spinout Generation，Development and Survival［J］．Academy of Management Journal，2005（4）：501－522.

［194］水常青，许庆瑞．企业创新文化理论研究述评［J］．科学学与科学技术管理，2005（3）：138－142.

［195］J. T D. Managing Intellectual Capital：Organizational，Strategic，and Policy Dimensions［M］．U. K.：Oxford University Press，2001.

［196］毛凯军．技术创新：理论回顾与探讨［J］．科学学与科学技术

管理，2005（10）：55－59.

［197］Denning S. A Leader's Guide to Radical Management of Continuousinnovation［J］. Strategy & Leadership，2010，38（4）：11－16.

［198］Denning S. Reinventing management：The Practices that Enable Continuous Innovation［J］. Strategy & Leadership，2011，39（3）：16－24.

［199］Liao S，Wu C. System Perspective of Knowledge Management，Organizational Learning，and Organizationalinnovation［J］. Expert Systems with Applications，2010，37（2）：1096－1103.

［200］Xu J，Houssin R E M，Caillaud E，etal. Fostering Continuous Innovation in Design with an Integrated Knowledge Management Approach［J］. Computers in Industry，2011，62（4）：423－436.

［201］Bjork J，Boccardelli P，Magnusson M. Ideation Capabilities for Continuous Innovation［J］. Creativity and Innovation Management，2010，19（4）：385－396.

［202］Xu J，Houssin R E M，Caillaud E，et al. Macro Process of Knowledge Management for Continuous Innovation［J］. Journal of Knowledge Management，2010，14（4）：573－591.

［203］Dayan M，Di Benedetto C A，Colak M. Managerial Trust in New product Development Projects：Its Antecedents and Consequences［J］. R&D Management，2009，39（1）：21－37.

［204］向刚．企业家创新效益的定量评价方法初探［J］．中国管理科学，2003：406－411.

［205］庞艳桃．企业持续创新体系运行机制研究——以海尔为例［J］．科技进步与对策，2010（18）：74－76.

［206］Shang Shari S. C.，Wu Se－Hwa，Yao Chen－Yen. A Dynamic Innovation Model for Managing Capabilities of Continuous Innovation［J］. International Journal of Technology Management，2010，51（2）：300－318.

［207］Si－Hua Chen. The Influencing Factors of Enterprise Sustainable Innovation：An Empirical Study［J］. Sustainability，2016，8（5）：425.

［208］常修泽．现代企业创新论——中国企业制度创新新研究［M］．天津：天津人民出版社，1994.

［209］ T. A. Kappel. Perspectives on Roadmaps：How Organizations Talk About the Future ［J］. Journal of Product Innovation Management，2001，18：39－50.

［210］ 丁宝军，朱桂龙．基于知识结构 R&D 投入与技术创新绩效的实证分析［J］. 科学学与科学技术管理，2008（6）：29－34.

［211］ 杜栋．企业技术创新评价的 DEA 方法［J］. 系统工程理论方法应用，2001（1）.

［212］ 卢珂，吴价宝．基于动态视角的创新型城市创新绩效指数研究［J］. 科技管理研究，2014（11）：21－25.

［213］ 李常官，聂丽霞．创新型孵化器运行绩效评价研究——以中关村创新型孵化器为例［J］. 中国流通经济，2014（6）：69－75.

［214］ 王茂祥，李东．创新型企业评价方法改进与创新能力提升路径探究［J］. 科技进步与对策，2014（15）：128－132.

［215］ 郭玉明．创新型企业发展影响因素实证研究——以河北省创新型企业为例［J］. 河北大学学报（哲学社会科学版），2013（6）：129－132.

［216］ 倪标，向刚．创新型企业持续创新重大风险管理能力评价体系研究［J］. 科技进步与对策，2013（2）：133－137.

［217］ 马佳琴，冒乔玲．技术创新对中小企业成长影响的文献综述——基于特定公司治理环境的视角［J］. 科技管理研究，2014，34（8）：191－195.

［218］ 左健民．产学研合作与高校创新型人才培养［J］. 教育发展研究，2013（1）：76－80.

［219］ 刘钒，钟书华．国内创新型小微企业研究述评［J］. 科技进步与对策，2013（15）：156－160.

［220］ 王茂祥，李东．基于系统化管理视角下的创新型企业构建［J］. 管理现代化，2013（5）：76－78.

［221］ 张华平．创新型城市评价体系研究［J］. 求索，2012（8）：26－28.

［222］ 姚禄仕，许欣．创新型企业高管薪酬激励政策研究——基于中部地区创新型企业数据的实证分析［J］. 科技进步与对策，2012（23）：119－122.

[223] 代明，张晓鹏．创新型城市与创新型企业发展潜因素路径影响分析——基于结构模型路径图法的深圳实证检验 [J]．科学学与科学技术管理，2011 (1)：60 - 66.

[224] 孙骞，欧光军．双重网络嵌入与企业创新绩效——基于吸收能力的机制研究 [J]．科研管理，2018，39 (5)：67 - 76.

[225] 王庆元，张杰军，张赤东．我国创新型企业研发经费与发明专利申请量关系研究 [J]．科学学与科学技术管理，2010 (11)：5 - 12.

[226] 罗亚非，孟韬，张杰军，张赤东．我国创新型试点企业创新能力差异分析 [J]．科学学与科学技术管理，2010 (12)：23 - 28.

[227] 杨东涛，苏中锋，褚庆鑫．创业企业创新成长的政商环境影响机理研究 [J]．科技进步与对策，2014，31 (15)：84 - 88.

[228] 彭维湘，卢千里，袁炎清，林如海．创新型企业的评价指标体系构建 [J]．统计与决策，2009 (19)：175 - 177.

[229] 徐久香，李华，王春元．基于破坏性创新的企业成长模式研究 [J]．科学学与科学技术管理，2014，35 (2)：134 - 142.

[230] 周松兰．韩国创新型中小企业建设模式研究 [J]．科技管理研究，2008 (5)：15 - 19.

[231] 陈卫东，徐靖怡．创新型企业评价体系研究 [J]．统计与决策，2007 (22)：181 - 183.

[232] 柳卸林．技术创新经济学 [M]．北京：中国经济出版社，1992.

[233] 张凤武．基于核心竞争力的企业技术创新决策系统研究 [J]．科技管理研究，2005 (3).

[234] 魏江，寒午．企业技术创新能力的界定及其与核心能力的关联 [J]．科研管理，1998 (6).

[235] Lin C, Kuo T. The Mediate Effect of Learning and Knowledge on Organizational Performance [J]. Industrial Management & Data Systems, 2007, 107 (7): 1066 - 1083.

[236] Smeds R, Boer H. Continuous Innovation and Learning in Industrial Organizations [J]. Knowledge and Process Management, 2004, 11 (4): 225 - 227.

[237] Teece D, Pisano G. The Dynamic Capabilities of Firms: An Intro-

duction [J]. Industrial and Corporate Change, 1994, 3 (3): 537-556.

[238] Davison G, Hyland P. Continuous Innovation in a Complex and Dynamic Environment: The Case of the Australian healthservice [J]. International Journal of Technology Management & Sustainable Development, 2006, 5 (1): 41-59.

[239] Galloway M R A. Enterprise Resource Planning and Organizational innovation: A Management perspective [J]. Industrial Management and Data Systems, 2005, 105 (3): 280-290.

[240] 斯蒂芬·P. 罗宾斯，玛丽·库尔特，孙健敏（译）. 管理学[M]. 北京：中国人民大学出版社，2008.

[241] 罗伯特·卡普兰，戴维·诺顿. 平衡记分卡——业绩衡量与驱动的新方法 [J]. 哈佛商业评论，1992.

[242] See H. Driva K. S. , Pawar U. Menon. Measuring product development manufacturing Organizations [J]. International Journal of performance in Production Economics, 2000: 147-159.

[243] 许庆瑞，吴志岩，陈力田. 转型经济中企业自主创新能力演化路径及驱动因素分析——海尔集团1984-2013年的纵向案例研究 [J]. 管理世界，2013 (4): 121-134、188.

[244] 罗仲伟，任国良，焦豪，蔡宏波，许扬帆. 动态能力、技术范式转变与创新战略——基于腾讯微信“整合”与“迭代”微创新的纵向案例分析 [J]. 管理世界，2014 (8): 152-168.

[245] 赵增耀，章小波，沈能. 区域协同创新效率的多维溢出效应[J]. 中国工业经济，2015 (1): 32-44.

[246] 王伟光，马胜利，姜博. 高技术产业创新驱动中低技术产业增长的影响因素研究 [J]. 中国工业经济，2015 (3): 70-82.

[247] 李文莲，夏健明. 基于“大数据”的商业模式创新 [J]. 中国工业经济，2013 (5): 83-95.

[248] 隋杨，陈云云，王辉. 创新氛围、创新效能感与团队创新：团队领导的调节作用 [J]. 心理学报，2012 (2): 237-248.

[249] 陈伟，张永超，田世海. 区域装备制造业产学研合作创新网络的实证研究——基于网络结构和网络聚类的视角 [J]. 中国软科学，2012

(2)：96 – 107.

[250] 冒乔玲，许敏．技术创新驱动企业成长的绩效分析——基于创新型上市公司的实证研究 [J]．企业经济，2012 (4)：17 – 23.

[251] 洪银兴．科技创新中的企业家及其创新行为——兼论企业为主体的技术创新体系 [J]．中国工业经济，2012 (6)：83 – 93.

[252] 贺灵，单汨源，邱建华．创新网络要素及其协同对科技创新绩效的影响研究 [J]．管理评论，2012 (8)：58 – 68.

[253] 杨燕，高山行．创新驱动、自主性与创新绩效的关系实证研究 [J]．科学学研究，2011 (10)：1453、1568 – 1576.

[254] 胡浩，李子彪，胡宝民．区域创新系统多创新极共生演化动力模型 [J]．管理科学学报，2011 (10)：85 – 94.

[255] 洪银兴．科技创新与创新型经济 [J]．管理世界，2011 (7)：1 – 8.

[256] 毕克新，王禹涵，杨朝均．创新资源投入对绿色创新系统绿色创新能力的影响——基于制造业 FDI 流入视角的实证研究 [J]．中国软科学，2014 (3)：153 – 166.

[257] 张宗和，彭昌奇．区域技术创新能力影响因素的实证分析——基于全国 30 个省市区的面板数据 [J]．中国工业经济，2009 (11)：35 – 44.

[258] 刘云，石金涛．组织创新气氛与激励偏好对员工创新行为的交互效应研究 [J]．管理世界，2009 (10)：88 – 101、114、188.

[259] 白俊红，江可申，李婧．应用随机前沿模型评测中国区域研发创新效率 [J]．管理世界，2009 (10)：51 – 61.

[260] 卢宁，李国平，刘光岭．中国自主创新与区域经济增长——基于 1998—2007 年省际面板数据的实证研究 [J]．数量经济技术经济研究，2010 (1)：3 – 18.

[261] 韩晶．中国高技术产业创新效率研究——基于 SFA 方法的实证分析 [J]．科学学研究，2010 (3)：467 – 472.

[262] 解学梅．中小企业协同创新网络与创新绩效的实证研究 [J]．管理科学学报，2010 (8)：51 – 64.

[263] 解学梅．协同创新效应运行机理研究：一个都市圈视角 [J]．

科学学研究，2013（12）：1907－1920.

［264］李习保．中国区域创新能力变迁的实证分析：基于创新系统的观点［J］．管理世界，2007（12）：18－30、171.

［265］陈劲，陈钰芬．开放创新体系与企业技术创新资源配置［J］．科研管理，2006，（3）：1－8.

［266］韵江，刘立．创新变迁与能力演化：企业自主创新战略——以中国路明集团为案例［J］．管理世界，2006（12）：115－130.

［267］Charnes A.，Cooper W. W. Phodes E. Measuring the Efficiency of DMU［J］．European Journal of Operational Research，1978，11（6）：429－444.

［268］李海波，李桂茹，袭著燕，高晓瑾，李星洲．自主创新驱动区域发展的路径与对策研究——以山东省创新型企业为例［J］．科技进步与对策，2013（2）：47－50.

［269］肖海林，闻学．超级竞争条件下企业整体管理的基本维度与共生型控制模式——一个描述性案例研究［J］．管理世界，2006（12）：131－141.

［270］周寄中，汤超颖，卢涛．创新型企业的成型路径：目标、团队和投入的联动［J］．中国软科学，2014（11）：87－94.

［271］赵峰，连悦，徐晓雯．心理契约理论视角下创新型人力资源激励研究［J］．科学管理研究，2015（1）：96－99.

［272］何建洪，贺昌政，罗华．创新型企业的形成：基于网络能力与战略创新导向影响的研究［J］．中国软科学，2015（2）：127－137.

［273］张海波，李纪珍，余江，曾路．创新型企业：概念、特征及其成长［J］．技术经济，2013（12）：15－20、39.

附　　录

附录A　企业创新性影响因素调查问卷

第一轮问卷调查

首先感谢您参与我的本次问卷调查。本问卷旨在调查企业创新性影响因素的情况。对您提供的信息我一定保密，谢谢合作！

第一部分：背景资料

1. 所在单位：________________________
2. 单位性质：□信息科技　□医疗制药　□机械制造　□新兴技术、材料　□钢铁矿业　□电子电气　□综合
3. 您的性别：□男　　　□女
4. 您的学历：□高中及以下　□专科　□本科　□研究生
5. 您的职务：□高层决策者　□中层管理者　□研发人员　□技术人员　□普通职员

第二部分：企业创新性影响因素调查

企业创新水平与企业员工的创新素质密不可分，下列54个因素是在文献梳理的基础上给出的。请在您认为是影响因素的空格内画"√"；如有遗漏请补充在表尾的空白栏内。

企业创新性影响因素调查表

序号	企业创新性影响因素	是	序号	企业创新性影响因素	是
1	R&D经费投入强度		4	千名研发人员拥有的授权发明专利数	
2	R&D人员比例		5	企业拥有专有技术成果数量	
3	新产品销售收入占主营业务收入比重		6	R&D成果转化率	

续表

序号	企业创新性影响因素	是	序号	企业创新性影响因素	是
7	企业家创新精神		31	信息技术系统完备程度	
8	新产品平均开发周期		32	企业内部协调机制	
9	企业文化		33	技术装备水平	
10	员工创新意识		34	员工培训次数	
11	员工合理化建议采纳情况		35	制度机制情况	
12	新产品利润率		36	工人技术等级	
13	创新战略制定		37	信息采集与管理能力	
14	创新战略实施		38	员工参加创新活动积极性	
15	研发人员整体素质		39	薪酬制度满意度	
16	新产品成功率		40	Know - how 数量	
17	信息技术平台建设		41	驰名品牌或商标数量	
18	新产品市场占有率		42	管理人员水平	
19	创新奖励机制		43	顾客满意度	
20	员工晋升机制		44	产权明晰度	
21	市场研究投入强度		45	参与制定技术标准数	
22	组织适应程度		46	平均利税总额	
23	营销费用投入强度		47	国家政策环境匹配度	
24	创新管理水平		48	创新发展愿景适宜度	
25	知识产权管理机制		49	社会责任强度	
26	全员劳动生产率		50	国家政策识别度	
27	自主创新项目比重		51	互联网运营水平	
28	销售网络覆盖率		52	地区生态环境贡献度	
29	总资产周转率		53	企业文化培训与相关活动支出	
30	与国内外技术资源合作程度		54	装备水平改进系数	

附录 B　企业创新性影响因素问卷调查统计结果

第一轮问卷调查统计结果

根据文献梳理，汇总出企业创新性影响因素 54 个，在此基础上设计了半封闭半开放式问卷，采用随机抽样的调查方法，在 50 家企业发放纸质调查问卷，共 2000 份，总共回收 1949 份，回收率为 97. 45%，有效问卷 1816 份，有效回收率为 90. 80%。

根据第一轮问卷调查的结果，第二部分赞同率在 50% 以下的因素是：新产品成功率、制度机制情况、平均利税总额、地区生态环境贡献度和装备水平改进系数，这些因素进行第二轮调查问卷的设计时将被删除。

企业创新性影响因素调查统计结果

序号	企业创新性影响因素	赞同百分比	序号	企业创新性影响因素	赞同百分比
1	R&D 经费投入强度	96. 81	13	创新战略制定	67. 34
2	R&D 人员比例	90. 75	14	创新战略实施	67. 34
3	新产品销售收入占主营业务收入比重	78. 86	15	研发人员整体素质	60. 79
4	千名研发人员拥有的授权发明专利数	66. 74	16	新产品成功率	46. 53
5	企业拥有专有技术成果数量	83. 92	17	信息技术平台建设	67. 46
6	R&D 成果转化率	84. 00	18	新产品市场占有率	76. 49
7	企业家创新精神	67. 73	19	创新奖励机制	86. 34
8	新产品平均开发周期	58. 26	20	员工晋升机制	79. 79
9	企业文化	85. 24	21	市场研究投入强度	56. 28
10	员工创新意识	70. 98	22	组织适应程度	77. 09
11	员工合理化建议采纳情况	79. 19	23	营销费用投入强度	62. 33
12	新产品利润率	54. 35	24	创新管理水平	88. 66

续表

序号	企业创新性影响因素	赞同百分比	序号	企业创新性影响因素	赞同百分比
25	知识产权管理机制	78.36	40	Know - how 数量	69.22
26	全员劳动生产率	80.18	41	驰名品牌或商标数量	78.69
27	自主创新项目比重	85.52	42	管理人员水平	57.87
28	销售网络覆盖率	62.78	43	顾客满意度	68.06
29	总资产周转率	55.45	44	产权明晰度	60.74
30	与国内外技术资源合作程度	74.17	45	参与制定技术标准数	54.35
31	信息技术系统完备程度	82.00	46	平均利税总额	44.60
32	企业内部协调机制	72.36	47	国家政策环境匹配度	92.46
33	技术装备水平	88.60	48	创新发展愿景适宜度	88.38
34	员工培训次数	86.67	49	企业社会责任强度	50.10
35	制度机制情况	49.06	50	国家政策识别度	65.36
36	工人技术等级	63.82	51	互联网运营水平	84.64
37	信息采集与管理能力	84.86	52	地区生态环境贡献度	31.22
38	员工参加创新活动积极性	88.33	53	企业文化培训与相关活动支出	52.64
39	薪酬制度满意度	72.47	54	装备水平改进系数	48.40

附录 C　企业创新性影响因素重要性调查问卷

首先感谢您参与我的本次问卷调查。本问卷旨在调查企业创新性影响因素重要性的情况。对您提供的信息我一定保密，谢谢合作！

第一部分：背景资料

1. 所在单位：______________________
2. 单位性质：□信息科技　□医疗制药　□机械制造　□新兴技术、材料　□钢铁矿业　□电子电气　□综合
3. 您的性别：□男　□女
4. 您的学历：□高中及以下　□专科　□本科　□研究生
5. 您的职务：□高层决策者　□中层管理者　□研发人员　□技术人员　□普通职员

第二部分：企业创新性影响因素重要性调查

请您就以下 51 个因素对企业创新性重要性的分别做出相应选择。

企业创新性影响因素重要性调查表

序号	企业创新性影响因素重要性	很重要	重要	中等	不重要	很不重要
1	R&D 经费投入强度					
2	R&D 人员比例					
3	新产品销售收入占主营业务收入比重					
4	千名研发人员拥有的授权发明专利数					
5	企业拥有专有技术成果数量					
6	R&D 成果转化率					
7	企业家创新精神					
8	新产品平均开发周期					
9	企业文化					

续表

序号	企业创新性影响因素重要性	很重要	重要	中等	不重要	很不重要
10	员工创新意识					
11	员工合理化建议采纳情况					
12	新产品利润率					
13	创新战略制定					
14	创新战略实施					
15	研发人员整体素质					
16	信息技术平台建设					
17	新产品市场占有率					
18	创新奖励机制					
19	员工晋升机制					
20	市场研究投入强度					
21	组织适应程度					
22	营销费用投入强度					
23	创新管理水平					
24	知识产权管理机制					
25	全员劳动生产率					
26	自主创新项目比重					
27	销售网络覆盖率					
28	总资产周转率					
29	与国内外技术资源合作程度					
30	信息技术系统完备程度					
31	企业内部协调机制					
32	技术装备水平					
33	员工培训次数					
34	工人技术等级					
35	信息采集与管理能力					
36	员工参加创新活动积极性					
37	薪酬制度满意度					
38	Know – how 数量					
39	驰名品牌或商标数量					
40	管理人员水平					

续表

序号	企业创新性影响因素重要性	很重要	重要	中等	不重要	很不重要
41	顾客满意度					
42	产权明晰度					
43	参与制定技术标准数					
44	国家政策环境匹配度					
45	创新发展愿景适宜度					
46	企业社会责任强度					
47	国家政策识别度					
48	互联网运营水平					
49	企业文化培训与相关活动支出					
50	高层次人力资源结构					
51	风险规避能力					

附录D　企业创新性自我测评调查问卷

您好！感谢您参与本次问卷调查。这是一套关于“企业创新性评价体系”的自我测评问卷，旨在诊断影响企业创新发展的关键因素，以期探究企业发展提升的路径、方法与对策。该问卷调查不署名，仅作为本书研究参考之用，请您根据提示作答。衷心感谢您的大力支持与配合！

第一部分：背景资料

1. 所在单位：＿＿＿＿＿＿＿＿＿＿＿＿

2. 单位性质：□信息科技　□医疗制药　□机械制造　□新兴技术、材料　□钢铁矿业　□电子电气　□综合

3. 您的性别：□男　□女

4. 您的学历：□高中及以下　□专科　□本科　□研究生

5. 您的职务：□高层决策者　□中层管理者　□研发人员　□技术人员　□普通职员

第二部分：企业创新性自我测评表

请您对照“企业创新性自我测评表”中的评分标准，根据自身情况，对以下28个指标进行自测打分，分值应精确，保留到个位数，如“创新战略制定”项自测打分为96分。

企业创新性自我测评表

序号	指标 \ 评分	企业创新性测评评分标准					自测打分 0～100分
		0～59分	60～69分	70～79分	80～89分	90～100分	
1	创新战略制定	很差	较差	一般	较好	很好	
2	创新战略实施	很差	较差	一般	较好	很好	

续表

序号	评分 指标	企业创新性测评评分标准 0～59分	60～69分	70～79分	80～89分	90～100分	自测打分 0～100分
3	企业家创新精神	很差	较差	一般	较好	很好	
4	员工创新意识	很差	较差	一般	较好	很好	
5	员工合理化建议采纳情况	很差	较差	一般	较好	很好	
6	员工晋升机制完善度	很差	较差	一般	较好	很好	
7	创新奖励机制完善度	很差	较差	一般	较好	很好	
8	知识产权管理机制	很不完善	较不完善	一般	较完善	很完善	
9	企业内部协调机制	很不完善	较不完善	一般	较完善	很完善	
10	研发经费投入强度	很低	较低	一般	较高	很高	
11	研发人员比例	很低	较低	一般	较高	很高	
12	技术装备水平	很低	较低	一般	较高	很高	
13	研发成果转化率	很低	较低	一般	较高	很高	
14	新产品平均开发周期	很短	较短	一般	较长	很长	
15	信息技术平台建设	很不完善	较不完善	一般	较完善	很完善	
16	组织适应程度	很弱	较弱	一般	较强	很强	
17	创新管理水平	很低	较低	一般	较高	很高	
18	互联网运营能力	很弱	较弱	一般	较强	很强	
19	新产品销售收入占主营业务收入比重	很低	较低	一般	较高	很高	
20	新产品利润率	很低	较低	一般	较高	很高	
21	全员劳动生产率	很低	较低	一般	较高	很高	
22	企业拥有专有技术成果数量	很少	较少	一般	较多	很多	
23	千名研发人员拥有的授权发明专利数	很少	较少	一般	较多	很多	
24	自主创新项目比重	很低	较低	一般	较高	很高	
25	国家政策环境匹配度	很差	较差	一般	较好	很好	
26	创新发展愿景适宜度	很差	较差	一般	较好	很好	
27	员工培训次数	很少	较少	一般	较多	很多	
28	员工参加创新活动积极性	很低	较低	一般	较高	很高	

附录 E　样本企业创新性评价结果

为了得到评价指标数据的一手资料和实测数据，本书综合考虑了企业性质、所在区域、企业层次等方面的因素，选取新旧动能转换下山东省东、中、西部10家具有代表性的企业作为被调查对象，设计测评问卷——《企业创新性自我测评调查问卷》，对被调查企业的创新情况施测，其中总共发放调查问卷500份，回收468份，有效问卷452份，有效率为90.4%。针对所收集的反映企业创新性情况的数据，运用网络分析法和物元分析法进行统计分析，得出各企业目标层指标、5个一级评价指标、11个二级评价指标和28个三级指标等共45个评价指标的关联度，根据关联度结果获得各企业创新性评价指标的有效性，具体结果见以下表格：

表1　山东达驰电气创新性的关联度 K_{Nk}（X）及评价结果表

等级 指标	N_1 无效	N_2 基本无效	N_3 有效	N_4 较有效	N_5 很有效	$maxK_{Nk}$（X）	评价结果
X	-0.01188	0.00278	-0.00019	-0.00538	-0.00878	0.00278	基本无效
X_1	-0.00384	-0.00117	0.00274	-0.00241	-0.00601	0.00274	有效
X_2	-0.00854	0.00134	0.00093	-0.00431	-0.00688	0.00093	有效
X_3	-0.02060	0.00899	-0.00447	-0.00988	-0.01351	0.00899	基本无效
X_4	-0.00433	-0.00278	0.00031	0.00084	-0.00284	0.00084	较有效
X_5	-0.00694	-0.00355	0.00598	-0.00228	-0.00626	0.00598	有效
X_{11}	-0.02344	-0.00459	0.01378	-0.01810	-0.03140	0.01378	有效
X_{12}	-0.03647	-0.01511	0.03065	-0.01754	-0.06518	0.03065	有效
X_{21}	-0.06138	0.02346	-0.01275	-0.02906	-0.03997	0.02346	基本无效
X_{22}	-0.02377	-0.00804	0.01912	-0.01356	-0.02714	0.01912	有效
X_{31}	-0.04705	0.02385	-0.01061	-0.02278	-0.03100	0.02385	基本无效
X_{32}	-0.04427	0.02451	-0.01046	-0.02167	-0.02931	0.02451	基本无效
X_{33}	-0.08147	0.01834	-0.01513	-0.03770	-0.05253	0.01834	基本无效

续表

指标 \ 等级	N_1 无效	N_2 基本无效	N_3 有效	N_4 较有效	N_5 很有效	$maxK_{Nk}$（X）	评价结果
X_{41}	-0.05880	-0.04630	-0.02130	0.02590	-0.02394	0.02590	较有效
X_{42}	-0.02427	-0.01076	0.02347	-0.01062	-0.02427	0.02347	有效
X_{51}	-0.02967	-0.01491	0.02214	-0.00958	-0.02705	0.02214	有效
X_{52}	-0.06037	-0.03110	0.05487	-0.01995	-0.05427	0.05487	有效
X_{111}	-0.28425	-0.04567	0.13700	-0.23162	-0.39420	0.13700	有效
X_{112}	-0.30625	-0.07500	0.22500	-0.21831	-0.39011	0.22500	有效
X_{121}	-0.33200	-0.10933	0.32800	-0.20096	-0.38490	0.32800	有效
X_{122}	-0.35650	-0.14200	0.19832	-0.18234	-1.57400	0.19832	有效
X_{123}	-0.41300	-0.21733	0.34800	-0.12908	-0.36472	0.34800	有效
X_{211}	-0.61450	0.14500	-0.18153	-0.32487	-0.42548	0.14500	基本无效
X_{221}	-0.66660	0.33400	-0.09106	-0.28578	-0.41179	0.33400	基本无效
X_{222}	-0.25050	-0.00067	0.00200	-0.24975	-0.39992	0.00200	有效
X_{22}	-0.38950	-0.18600	0.44200	-0.15326	-0.37127	0.44200	有效
X_{311}	-0.65460	0.45400	-0.11617	-0.29625	-0.41537	0.45400	基本无效
X_{312}	-0.60090	0.00900	-0.19892	-0.33283	-0.42839	0.00900	基本无效
X_{313}	-0.65140	0.48600	-0.12236	-0.29887	-0.41628	0.48600	基本无效
X_{321}	-0.62230	0.22300	-0.17062	-0.31995	-0.42371	0.22300	基本无效
X_{322}	-0.64480	0.44800	-0.13450	-0.30408	-0.41809	0.44800	基本无效
X_{323}	-0.64420	0.44200	-0.13557	-0.30453	-0.41825	0.44200	基本无效
X_{331}	-0.60090	0.00900	-0.19892	-0.33283	-0.42839	0.00900	基本无效
X_{332}	-0.68750	0.12500	-0.03846	-0.26471	-0.40476	0.12500	基本无效
X_{333}	-0.62210	0.22100	-0.17091	-0.32008	-0.42376	0.22100	基本无效
X_{411}	-0.55700	-0.40933	-0.11400	0.22800	-0.30346	0.22800	较有效
X_{412}	-0.69625	-0.59500	-0.39250	0.21500	-0.15035	0.21500	较有效
X_{413}	-0.60875	-0.47833	-0.21750	0.43500	-0.26526	0.43500	较有效
X_{421}	-0.41625	-0.22167	0.33500	-0.12547	-0.36376	0.33500	有效
X_{422}	-0.38950	-0.18600	0.44200	-0.15326	-0.37127	0.44200	有效
X_{423}	-0.33300	-0.11067	0.33200	-0.20024	-0.38469	0.33200	有效
X_{511}	-0.35625	-0.14167	0.42500	-0.18254	-0.37952	0.42500	有效
X_{512}	-0.48075	-0.30767	0.07700	-0.03575	-0.34147	0.07700	有效
X_{521}	-0.38950	-0.18600	0.44200	-0.15326	-0.37127	0.44200	有效
X_{522}	-0.41600	-0.22133	0.33600	-0.12575	-0.36383	0.33600	有效

表2　中通客车创新性的关联度 K_{Nk}（X）及评价结果表

指标＼等级	N_1 无效	N_2 基本无效	N_3 有效	N_4 较有效	N_5 很有效	$maxK_{Nk}$（X）	评价结果
X	-0.01128	0.00129	0.00094	-0.00656	-0.01118	0.00129	基本无效
X_1	-0.00437	-0.00187	0.00396	-0.00198	-0.00445	0.00396	有效
X_2	-0.01093	0.00440	-0.00240	-0.00526	-0.00718	0.00440	基本无效
X_3	-0.01787	0.00345	0.00007	-0.01210	-0.01988	0.00345	基本无效
X_4	-0.00330	-0.00141	0.00286	-0.00150	-0.00336	0.00286	有效
X_5	-0.00705	-0.00370	0.00362	-0.00197	-0.00619	0.00362	有效
X_{11}	-0.02824	-0.01099	0.02941	-0.01458	-0.03037	0.02941	有效
X_{12}	-0.03895	-0.01843	0.02925	-0.01491	-0.03724	0.02925	有效
X_{21}	-0.06138	0.02346	-0.01275	-0.02906	-0.03997	0.02346	基本无效
X_{22}	-0.04499	0.01912	-0.01047	-0.02201	-0.02983	0.01912	基本无效
X_{31}	-0.02530	-0.00911	0.01639	-0.04056	-0.02816	0.01639	有效
X_{32}	-0.04462	0.02282	-0.00976	-0.02138	-0.02921	0.02282	基本无效
X_{33}	-0.08512	0.01093	-0.00752	-0.03454	-0.13896	0.01093	基本无效
X_{41}	-0.03473	-0.01420	0.02590	-0.01641	-0.03628	0.02590	有效
X_{42}	-0.02427	-0.01076	0.02347	-0.01062	-0.02427	0.02347	有效
X_{51}	-0.02967	-0.01491	0.02214	-0.00958	-0.02705	0.02214	有效
X_{52}	-0.06178	-0.03299	0.02600	-0.01621	-0.05342	0.02600	有效
X_{111}	-0.38425	-0.17900	0.46300	-0.15824	-0.37264	0.46300	有效
X_{112}	-0.30625	-0.07500	0.22500	-0.21831	-0.39011	0.22500	有效
X_{121}	-0.33200	-0.10933	0.32800	-0.20096	-0.38490	0.32800	有效
X_{122}	-0.43150	-0.24200	0.27400	-0.10754	-0.35908	0.27400	有效
X_{123}	-0.43800	-0.25067	0.24800	-0.09936	-0.35698	0.24800	有效
X_{211}	-0.61450	0.14500	-0.18153	-0.32487	-0.42548	0.14500	基本无效
X_{221}	-0.66660	0.33400	-0.09106	-0.28578	-0.41179	0.33400	基本无效
X_{222}	-0.60020	0.00200	-0.19976	-0.33322	-0.42853	0.00200	基本无效

续表

指标 \ 等级	N_1 无效	N_2 基本无效	N_3 有效	N_4 较有效	N_5 很有效	$\max K_{N_k}$ (X)	评价结果
X_{22}	-0.65580	0.44200	-0.11380	-0.29525	-0.41502	0.44200	基本无效
X_{311}	-0.38650	-0.18200	0.22700	-0.45400	-0.37206	0.22700	有效
X_{312}	-0.25225	-0.00300	0.00302	-0.99100	-0.39964	0.00302	有效
X_{313}	-0.37850	-0.17133	0.48600	-0.16353	-0.37412	0.48600	有效
X_{321}	-0.62230	0.22300	-0.17062	-0.31995	-0.42371	0.22300	基本无效
X_{322}	-0.66480	0.35200	-0.09503	-0.28741	-0.41234	0.35200	基本无效
X_{323}	-0.64420	0.44200	-0.13557	-0.30453	-0.41825	0.44200	基本无效
X_{331}	-0.60090	0.00900	-0.19892	-0.33283	-0.42839	0.00900	基本无效
X_{332}	-0.68750	0.12500	-0.03846	-0.26471	-0.40476	0.12500	基本无效
X_{333}	-0.69210	0.07900	-0.02502	-0.25950	-2.07900	0.07900	基本无效
X_{411}	-0.30700	-0.07600	0.22800	-0.21783	-0.38996	0.22800	有效
X_{412}	-0.44625	-0.26167	0.21500	-0.08848	-0.35423	0.21500	有效
X_{413}	-0.35875	-0.14500	0.43500	-0.18051	-0.37893	0.43500	有效
X_{421}	-0.41625	-0.22167	0.33500	-0.12547	-0.36376	0.33500	有效
X_{422}	-0.38950	-0.18600	0.44200	-0.15326	-0.37127	0.44200	有效
X_{423}	-0.33300	-0.11067	0.33200	-0.20024	-0.38469	0.33200	有效
X_{511}	-0.35625	-0.14167	0.42500	-0.18254	-0.37952	0.42500	有效
X_{512}	-0.48075	-0.30767	0.07700	-0.03575	-0.34147	0.07700	有效
X_{521}	-0.31450	-0.08600	0.25800	-0.21297	-0.38849	0.25800	有效
X_{522}	-0.46600	-0.28800	0.13600	-0.05986	-0.34719	0.13600	有效

表3 滨州良友创新性的关联度 K_{N_k} (X) 及评价结果表

指标 \ 等级	N_1 无效	N_2 基本无效	N_3 有效	N_4 较有效	N_5 很有效	$\max K_{N_k}$ (X)	评价结果
X	-0.00814	-0.00374	0.00507	-0.00283	-0.00785	0.00507	有效
X_1	-0.00575	-0.00371	0.00104	0.00093	-0.00387	0.00104	有效
X_2	-0.00644	-0.00288	0.00535	-0.00270	-0.00639	0.00535	有效
X_3	-0.01156	-0.00466	0.00869	-0.00552	-0.01215	0.00869	有效
X_4	-0.00514	-0.00387	-0.00132	0.00168	-0.00247	0.00168	较有效
X_5	-0.00612	-0.00246	0.00388	-0.00292	-0.00644	0.00388	有效
X_{11}	-0.04585	-0.03446	-0.01170	0.02179	-0.02299	0.02179	较有效

续表

指标＼等级	N_1 无效	N_2 基本无效	N_3 有效	N_4 较有效	N_5 很有效	$maxK_{Nk}$（X）	评价结果
X_{12}	-0.03765	-0.01669	0.03798	-0.01646	-0.03764	0.03798	有效
X_{21}	-0.03942	-0.02070	0.03347	-0.01224	-0.03484	0.03347	有效
X_{22}	-0.02377	-0.00804	0.01912	-0.01356	-0.02714	0.01912	有效
X_{31}	-0.02369	-0.00696	0.02037	-0.01515	-0.02854	0.02037	有效
X_{32}	-0.02342	-0.00799	0.02229	-0.01367	-0.02674	0.02229	有效
X_{33}	-0.05361	-0.02944	0.02557	-0.01327	-0.04529	0.02557	有效
X_{41}	-0.05963	-0.04741	-0.02297	0.02337	-0.02202	0.02337	较有效
X_{42}	-0.03467	-0.02462	-0.00453	0.00906	-0.02043	0.00906	较有效
X_{51}	-0.02480	-0.00841	0.01330	-0.01392	-0.02825	0.01330	有效
X_{52}	-0.05438	-0.02311	0.03646	-0.02423	-0.05553	0.03646	有效
X_{111}	-0.53425	-0.37900	-0.06850	0.13700	-0.31658	0.13700	较有效
X_{112}	-0.63125	-0.50833	0.47500	-0.26250	-0.24359	0.47500	有效
X_{121}	-0.38200	-0.17600	0.47200	-0.16033	-0.37323	0.47200	较有效
X_{122}	-0.30650	-0.07533	0.22600	-0.21815	-0.39006	0.22600	有效
X_{123}	-0.41300	-0.21733	0.34800	-0.12908	-0.36472	0.34800	有效
X_{211}	-0.43625	0.25500	-0.24833	-0.10159	-0.35755	0.25500	基本无效
X_{221}	-0.39150	-0.18867	0.43400	-0.15132	-0.37073	0.43400	有效
X_{222}	-0.25050	-0.00067	0.00200	-0.24975	-0.39992	0.00200	基本无效
X_{22}	-0.38950	-0.18600	0.44200	-0.15326	-0.37127	0.44200	有效
X_{311}	-0.33650	-0.11533	0.34600	-0.19770	-0.38394	0.34600	基本无效
X_{312}	-0.25225	-0.00300	0.00900	-0.24887	-0.39964	0.00900	基本无效
X_{313}	-0.37850	-0.17133	0.48600	-0.16353	-0.37412	0.48600	基本无效
X_{321}	-0.30575	-0.07433	0.22300	-0.21863	-0.39021	0.22300	较有效
X_{322}	-0.38700	-0.18267	0.45200	-0.15565	-0.37193	0.45200	有效
X_{323}	-0.33550	-0.11400	0.34200	-0.19843	-0.38415	0.34200	有效
X_{331}	-0.30225	-0.06967	0.20900	-0.22083	-0.39088	0.20900	有效
X_{332}	-0.46875	-0.29167	0.12500	-0.05556	-0.34615	0.12500	有效
X_{333}	-0.43025	-0.24033	0.27900	-0.10907	-0.35947	0.27900	有效
X_{411}	-0.60450	-0.47267	-0.20900	0.41800	-0.26895	0.41800	较有效
X_{412}	-0.72125	-0.62833	-0.44250	0.11500	-0.09350	0.11500	较有效

续表

等级/指标	N1 无效	N2 基本无效	N3 有效	N4 较有效	N5 很有效	$maxK_{Nk}$ (X)	评价结果
X_{413}	-0.50875	-0.34500	-0.01750	0.03500	-0.32935	0.03500	较有效
X_{421}	-0.56625	-0.42167	-0.13250	0.26500	-0.29757	0.26500	较有效
X_{422}	-0.53950	-0.38600	-0.07900	0.15800	-0.31371	0.15800	较有效
X_{423}	-0.50800	-0.34400	-0.01600	0.03200	-0.32970	0.03200	较有效
X_{511}	-0.28125	-0.04167	0.12500	-0.23333	-0.39474	0.12500	有效
X_{512}	-0.43075	-0.24100	0.27700	-0.10846	-0.35931	0.27700	有效
X_{521}	-0.26450	-0.01933	0.05800	-0.24253	-0.39762	0.05800	有效
X_{522}	-0.41600	-0.22133	0.33600	-0.12575	-0.36383	0.33600	有效

表4 浪潮集团创新性的关联度 K_{Nk} (X) 及评价结果表

等级/指标	N1 无效	N2 基本无效	N3 有效	N4 较有效	N5 很有效	$maxK_{Nk}$ (X)	评价结果
X	-0.01176	-0.00857	-0.00140	0.00249	-0.00566	0.00249	较有效
X_1	-0.00676	-0.00506	0.00137	-0.00098	-0.00302	0.00137	有效
X_2	-0.00915	-0.00649	0.00256	0.00039	-0.00496	0.00256	有效
X_3	-0.01809	-0.01337	-0.00374	0.00368	-0.00806	0.00368	较有效
X_4	-0.00583	-0.00478	-0.00270	0.00269	-0.00187	0.00269	较有效
X_5	-0.00805	-0.00504	0.00285	0.00014	-0.00575	0.00014	较有效
X_{11}	-0.05424	-0.04565	-0.02848	0.02304	-0.01370	0.02304	较有效
X_{12}	-0.04380	-0.02488	0.02590	-0.01001	-0.03592	0.02590	有效
X_{21}	-0.06208	-0.05091	-0.02858	0.03840	-0.02121	0.03840	较有效
X_{22}	-0.02853	-0.01439	0.02779	-0.00991	-0.02609	0.02779	有效
X_{31}	-0.05023	-0.04235	-0.02659	0.02069	-0.01261	0.02069	较有效
X_{32}	-0.02527	-0.01046	0.02030	-0.01187	-0.02624	0.02030	有效
X_{33}	-0.08485	-0.07109	-0.04358	0.03513	-0.02299	0.03513	较有效
X_{41}	-0.06435	-0.05370	-0.03240	0.03151	-0.01819	0.03151	较有效
X_{42}	-0.04118	-0.03330	-0.01754	0.01796	-0.01461	0.01796	较有效
X_{51}	-0.04334	-0.03313	-0.01271	0.02306	-0.02034	0.02306	较有效
X_{52}	-0.06276	-0.03430	0.04528	-0.01727	-0.05356	0.04528	有效
X_{111}	-0.70925	-0.61233	-0.41850	0.16300	-0.12293	0.16300	较有效
X_{112}	-0.63125	-0.50833	-0.26250	0.47500	-0.24359	0.47500	较有效

续表

等级 指标	N_1 无效	N_2 基本无效	N_3 有效	N_4 较有效	N_5 很有效	$\max K_{Nk}$（X）	评价结果
X_{121}	-0.40700	-0.20933	0.37200	-0.13557	-0.36645	0.37200	有效
X_{122}	-0.45650	-0.27533	0.17400	-0.07411	-0.35066	0.17400	有效
X_{123}	-0.46300	-0.28400	0.14800	-0.06446	-0.34830	0.14800	有效
X_{211}	-0.63625	-0.51500	-0.27250	0.45500	-0.23822	0.45500	较有效
X_{221}	-0.66125	-0.54833	-0.32250	0.35500	-0.20760	0.35500	较有效
X_{222}	-0.42550	-0.23400	0.29800	-0.11479	-0.36096	0.29800	有效
X_{22}	-0.38700	-0.18267	0.45200	-0.15565	-0.37193	0.45200	有效
X_{311}	-0.71150	-0.61533	-0.42300	0.15400	-0.11774	0.15400	较有效
X_{312}	-0.67725	-0.56967	-0.35450	0.29100	-0.18394	0.29100	较有效
X_{313}	-0.62850	-0.50467	-0.25700	0.48600	-0.24645	0.48600	较有效
X_{321}	-0.30575	-0.07433	0.22300	-0.21863	-0.39021	0.22300	有效
X_{322}	-0.36200	-0.14933	0.44800	-0.17784	-0.37817	0.44800	有效
X_{323}	-0.43550	-0.24733	0.25800	-0.10254	-0.35779	0.25800	有效
X_{331}	-0.60225	-0.46967	-0.20450	0.40900	-0.27085	0.40900	较有效
X_{332}	-0.66875	-0.55833	-0.33750	0.32500	-0.19697	0.32500	较有效
X_{333}	-0.70525	-0.60700	-0.41050	0.17900	-0.13181	0.17900	较有效
X_{411}	-0.63200	-0.50933	-0.26400	0.47200	-0.24280	0.47200	较有效
X_{412}	-0.69625	-0.59500	-0.39250	0.21500	-0.15035	0.21500	较有效
X_{413}	-0.70875	-0.61167	-0.41750	0.16500	-0.12406	0.16500	较有效
X_{421}	-0.65300	-0.53733	-0.30600	0.38800	-0.21847	0.38800	较有效
X_{422}	-0.53950	-0.38600	-0.07900	0.15800	-0.31371	0.15800	较有效
X_{423}	-0.68300	-0.57733	-0.36600	0.26800	-0.17448	0.26800	较有效
X_{511}	-0.63125	-0.50833	-0.26250	0.47500	-0.24359	0.47500	较有效
X_{512}	-0.50575	-0.34100	-0.01150	0.02300	-0.33074	0.02300	较有效
X_{521}	-0.43950	-0.25267	0.24200	-0.09742	-0.35649	0.24200	有效
X_{522}	-0.41600	-0.22133	0.33600	-0.12575	-0.36203	0.33600	有效

表5 济南二机床创新性的关联度 K_{Nk}（X）及评价结果表

等级 / 指标	N_1 无效	N_2 基本无效	N_3 有效	N_4 较有效	N_5 很有效	$maxK_{Nk}$（X）	评价结果
X	-0.23504	-0.13124	0.14521	-0.05452	-0.19550	0.14521	有效
X_1	-0.12193	-0.05395	0.10982	-0.05248	-0.12185	0.10982	有效
X_2	-1.01464	-0.57399	0.61457	-0.22754	-0.83407	0.61457	有效
X_3	-0.01509	-0.00937	0.00472	0.00032	-0.01088	0.00472	有效
X_4	-0.00553	-0.00439	-0.00211	0.00233	-0.00216	0.00233	较有效
X_5	-0.00587	-0.00213	0.00598	-0.00325	-0.00653	0.00598	有效
X_{11}	-0.02283	-0.00908	0.02563	-0.01162	-0.02430	0.02563	有效
X_{12}	-2.28284	-1.01174	2.04819	-0.97980	-2.27897	2.04819	有效
X_{21}	-4.05643	-2.38721	1.90246	-0.73505	-3.19786	1.90246	有效
X_{22}	-5.57061	-3.07279	3.84571	-1.39772	-4.69546	3.84571	有效
X_{31}	-0.04225	-0.03170	-0.01062	0.02027	-0.02114	0.02027	较有效
X_{32}	-0.02932	-0.01586	0.02212	-0.00805	-0.02520	0.02212	有效
X_{33}	-0.05235	-0.02776	0.03134	-0.01503	-0.04573	0.03134	有效
X_{41}	-0.05399	-0.03988	-0.01167	0.02025	-0.02850	0.02025	较有效
X_{42}	-0.04315	-0.03593	-0.02149	0.01962	-0.01257	0.01962	较有效
X_{51}	-0.02799	-0.01267	0.03185	-0.01205	-0.02766	0.03185	有效
X_{52}	-0.04875	-0.01561	0.04683	-0.02983	-0.05706	0.04683	有效
X_{111}	-0.38125	-0.17500	0.47500	-0.16102	-0.37342	0.47500	有效
X_{112}	-0.33125	-0.10833	0.32500	-0.20149	-0.38506	0.32500	有效
X_{121}	-0.46600	-0.28800	0.13600	-0.05986	-0.34719	0.13600	有效
X_{122}	-0.38950	-0.18600	0.44200	-0.15326	-0.37127	0.44200	有效
X_{123}	-0.33325	-0.11100	0.33300	-0.20006	-0.38463	0.33300	有效
X_{211}	-0.48625	-0.31500	0.05500	-0.02607	-0.33923	0.05500	有效
X_{221}	-0.41650	-0.22200	0.33400	-0.12519	-0.36369	0.33400	有效
X_{222}	-0.38025	-0.17367	0.47900	-0.16193	-0.37367	0.47900	有效
X_{22}	-0.46600	-0.28800	0.13600	-0.05986	-0.34719	0.13600	有效
X_{311}	-0.50625	-0.34167	-0.01250	0.02500	-0.33051	0.02500	较有效
X_{312}	-0.63025	-0.50700	-0.26050	0.47900	-0.24464	0.47900	较有效
X_{313}	-0.61350	-0.48467	-0.22700	0.45400	-0.26099	0.45400	较有效
X_{321}	-0.46400	-0.28533	0.14400	-0.06294	-0.34793	0.14400	有效

续表

指标＼等级	N_1 无效	N_2 基本无效	N_3 有效	N_4 较有效	N_5 很有效	$\max K_{Nk}$ (X)	评价结果
X_{322}	-0.38550	-0.18067	0.45800	-0.15706	-0.37232	0.45800	有效
X_{323}	-0.39225	-0.18967	0.43100	-0.15059	-0.37053	0.43100	有效
X_{331}	-0.30650	-0.07533	0.22600	-0.21815	-0.39006	0.22600	有效
X_{332}	-0.45600	-0.27467	0.17600	-0.07483	-0.35084	0.17600	有效
X_{333}	-0.41725	-0.22300	0.33100	-0.12434	-0.36346	0.33100	有效
X_{411}	-0.52400	-0.36533	-0.04800	0.09600	-0.32194	0.09600	较有效
X_{412}	-0.55900	-0.41200	-0.11800	0.23600	-0.30222	0.23600	较有效
X_{413}	-0.64350	-0.52467	-0.28700	0.42600	-0.23002	0.42600	较有效
X_{421}	-0.67800	-0.57067	-0.35600	0.28800	-0.18274	0.28800	较有效
X_{422}	-0.60900	-0.47867	-0.21800	0.43600	-0.26504	0.43600	较有效
X_{423}	-0.69275	-0.59033	-0.38550	0.22900	-0.15706	0.22900	较有效
X_{511}	-0.39125	-0.18833	0.43500	-0.15157	-0.37080	0.43500	有效
X_{512}	-0.35575	-0.14100	0.42300	-0.18294	-0.37963	0.42300	有效
X_{521}	-0.37450	0.49800	-0.16600	-0.16711	-0.37512	0.49800	较有效
X_{522}	-0.30725	0.22900	-0.07633	-0.21767	-0.38992	0.22900	较有效

表6　齐鲁制药创新性的关联度 K_{Nk} (X) 及评价结果表

指标＼等级	N_1 无效	N_2 基本无效	N_3 有效	N_4 较有效	N_5 很有效	$\max K_{Nk}$ (X)	评价结果
X	-0.01252	-0.00958	-0.00306	0.00457	-0.00544	0.00457	较有效
X_1	-0.00642	-0.00460	0.00013	0.00153	-0.00329	0.00153	较有效
X_2	-0.01052	-0.00832	-0.00391	0.00462	-0.00419	0.00462	较有效
X_3	-0.01836	-0.01373	-0.00324	0.00572	-0.00854	0.00572	较有效
X_4	-0.00557	-0.00445	-0.00219	0.00251	-0.00211	0.00251	较有效
X_5	-0.01104	-0.00903	-0.00499	0.00589	-0.00368	0.00589	较有效
X_{11}	-0.05293	-0.04391	-0.02587	0.02826	-0.01616	0.02826	较有效
X_{12}	-0.03925	-0.01882	0.04288	-0.01513	-0.03727	0.04288	有效
X_{21}	-0.05409	-0.04026	-0.01261	0.02146	-0.02753	0.02146	较有效
X_{22}	-0.04752	-0.03971	-0.02408	0.02280	-0.01384	0.02280	较有效
X_{31}	-0.04574	-0.03636	-0.01760	0.03032	-0.01873	0.03032	较有效
X_{32}	-0.02992	-0.01665	0.01716	-0.00690	-0.02493	0.01716	有效

续表

指标 \ 等级	N_1 无效	N_2 基本无效	N_3 有效	N_4 较有效	N_5 很有效	$maxK_{Nk}$（X）	评价结果
X_{33}	-0.08635	-0.07309	-0.04658	0.03295	-0.02087	0.03295	较有效
X_{41}	-0.06492	-0.05446	-0.03353	0.02602	-0.01717	0.02602	较有效
X_{42}	-0.03747	-0.02835	-0.01012	0.01870	-0.01841	0.01870	较有效
X_{51}	-0.04865	-0.04021	-0.02334	0.02728	-0.01550	0.02728	较有效
X_{52}	-0.09497	-0.07724	-0.04177	0.04960	-0.03222	0.04960	较有效
X_{111}	-0.63975	-0.51967	-0.27950	0.44100	-0.23433	0.44100	较有效
X_{112}	-0.69450	-0.59267	-0.38900	0.22200	-0.15374	0.22200	较有效
X_{121}	-0.38150	-0.17533	0.47400	-0.16079	-0.37335	0.47400	有效
X_{122}	-0.43625	-0.24833	0.25500	-0.10159	-0.35755	0.25500	有效
X_{123}	-0.37025	-0.16033	0.48100	-0.17084	-0.37618	0.48100	有效
X_{211}	-0.63550	-0.51400	-0.27100	0.45800	-0.23904	0.45800	较有效
X_{221}	-0.50475	-0.33967	-0.00950	0.01900	-0.33120	0.01900	较有效
X_{222}	-0.68000	-0.57333	-0.36000	0.28000	-0.17949	0.28000	较有效
X_{22}	-0.66300	-0.55067	-0.32600	0.34800	-0.20519	0.34800	较有效
X_{311}	-0.60575	-0.47433	-0.21150	0.42300	-0.26787	0.42300	较有效
X_{312}	-0.60675	-0.47567	-0.21350	0.42700	-0.26701	0.42700	较有效
X_{313}	-0.65800	-0.54400	-0.31600	0.36800	-0.21198	0.36800	较有效
X_{321}	-0.36400	-0.15200	0.45600	-0.17617	-0.37769	0.45600	有效
X_{322}	-0.47125	-0.29500	0.11500	-0.05157	-0.34520	0.11500	有效
X_{323}	-0.48025	-0.30700	0.07900	-0.03661	-0.34167	0.07900	有效
X_{331}	-0.68025	-0.57367	-0.36050	0.27900	-0.17908	0.27900	较有效
X_{332}	-0.65800	-0.54400	-0.31600	0.36800	-0.21198	0.36800	较有效
X_{333}	-0.71350	-0.61800	-0.42700	0.14600	-0.11300	0.14600	较有效
X_{411}	-0.67975	-0.57300	-0.35950	0.28100	-0.17990	0.28100	较有效
X_{412}	-0.71400	-0.61867	-0.42800	0.14400	-0.11180	0.14400	较有效
X_{413}	-0.60575	-0.47433	-0.21150	0.42300	-0.26787	0.42300	较有效
X_{421}	-0.51350	-0.35133	-0.02700	0.05400	-0.32711	0.05400	较有效
X_{422}	-0.63625	-0.51500	-0.27250	0.45500	-0.23822	0.45500	较有效
X_{423}	-0.59050	-0.45400	-0.18100	0.36200	-0.28032	0.36200	较有效
X_{511}	-0.64225	-0.52300	-0.28450	0.43100	-0.23147	0.43100	较有效

续表

指标＼等级	N_1 无效	N_2 基本无效	N_3 有效	N_4 较有效	N_5 很有效	$maxK_{Nk}$（X）	评价结果
X_{512}	-0.68525	-0.58033	-0.37050	0.25900	-0.17062	0.25900	较有效
X_{521}	-0.71350	-0.61800	-0.42700	0.14600	-0.11300	0.14600	较有效
X_{522}	-0.60625	-0.47500	-0.21250	0.42500	-0.26744	0.42500	较有效

表7　济南钢铁创新性的关联度 K_{Nk}（X）及评价结果表

指标＼等级	N_1 无效	N_2 基本无效	N_3 有效	N_4 较有效	N_5 很有效	$maxK_{Nk}$（X）	评价结果
X	-0.00900	-0.00488	0.00341	-0.00181	-0.00743	0.00341	有效
X_1	-0.00428	-0.00175	0.00472	-0.00210	-0.00449	0.00472	有效
X_2	-0.01028	-0.00800	-0.00585	0.00326	-0.00426	0.00326	较有效
X_3	-0.01201	-0.00526	0.00864	-0.00506	-0.01203	0.00864	有效
X_4	-0.00429	-0.00273	0.00031	-0.00065	-0.00277	0.00031	有效
X_5	-0.00729	-0.00402	0.00469	-0.00181	-0.00614	0.00469	有效
X_{11}	-0.03042	-0.01390	0.03517	-0.01291	-0.02988	0.03517	有效
X_{12}	-0.03382	-0.01158	0.03473	-0.01980	-0.03859	0.03473	有效
X_{21}	-0.05309	-0.03893	-0.01061	0.02122	-0.02867	0.02122	较有效
X_{22}	-0.04623	-0.03799	-0.04302	0.01098	-0.01351	0.01098	较有效
X_{31}	-0.02382	-0.00714	0.01934	-0.01489	-0.02847	0.01934	有效
X_{32}	-0.02621	-0.01171	0.01624	-0.01059	-0.02592	0.01624	有效
X_{33}	-0.05309	-0.02875	0.03986	-0.01465	-0.04560	0.03986	有效
X_{41}	-0.06197	-0.05052	-0.05526	0.02949	-0.02128	0.02949	较有效
X_{42}	-0.02191	-0.00761	0.02283	-0.01272	-0.02486	0.02283	有效
X_{51}	-0.02961	-0.01483	0.02947	-0.01048	-0.02723	0.02947	有效
X_{52}	-0.06476	-0.03696	0.03309	-0.01349	-0.05268	0.03309	有效
X_{111}	-0.39200	-0.18933	0.43200	-0.15084	-0.37060	0.43200	有效
X_{112}	-0.36275	-0.15033	0.45100	-0.17721	-0.37799	0.45100	有效
X_{121}	-0.33150	-0.10867	0.32600	-0.20131	-0.38500	0.32600	有效
X_{122}	-0.37375	-0.16500	0.49500	-0.16777	-0.37531	0.49500	有效
X_{123}	-0.31625	-0.08833	0.26500	-0.21182	-0.38814	0.26500	有效
X_{211}	-0.60575	-0.47433	-0.21150	0.42300	-0.26787	0.42300	较有效
X_{221}	-0.51125	-0.34833	-0.02250	0.04500	-0.32818	0.04500	较有效

续表

指标＼等级	N_1 无效	N_2 基本无效	N_3 有效	N_4 较有效	N_5 很有效	$maxK_{Nk}$（X）	评价结果
X_{222}	-0.55900	-0.41200	-0.23600	0.15445	-0.30222	0.15445	较有效
X_{22}	-0.71125	-0.61500	-0.84500	0.15500	-0.11832	0.15500	较有效
X_{311}	-0.25300	-0.00400	0.01200	-0.24849	-0.39952	0.01200	有效
X_{312}	-0.38625	-0.18167	0.45500	-0.15636	-0.37212	0.45500	有效
X_{313}	-0.36400	-0.15200	0.45600	-0.17617	-0.37769	0.45600	有效
X_{321}	-0.45575	-0.27433	0.17700	-0.07519	-0.35092	0.17700	有效
X_{322}	-0.36725	-0.15633	0.46900	-0.17342	-0.37691	0.46900	有效
X_{323}	-0.28075	-0.04100	0.12300	-0.23362	-0.39483	0.12300	有效
X_{331}	-0.41650	-0.22200	0.33400	-0.12519	-0.36369	0.33400	有效
X_{332}	-0.45775	-0.27700	0.16900	-0.07228	-0.35021	0.16900	有效
X_{333}	-0.38550	-0.18067	0.45800	-0.15706	-0.37232	0.45800	有效
X_{411}	-0.68150	-0.57533	-0.72600	0.27400	-0.17700	0.27400	较有效
X_{412}	-0.63850	-0.51800	-0.55400	0.44600	-0.23573	0.44600	较有效
X_{413}	-0.56650	-0.42200	-0.26600	0.18120	-0.29741	0.18120	较有效
X_{421}	-0.32125	-0.09500	0.28500	-0.20845	-0.38713	0.28500	有效
X_{422}	-0.35325	-0.13767	0.41300	-0.18494	-0.38021	0.41300	有效
X_{423}	-0.34125	-0.12167	0.36500	-0.19419	-0.38290	0.36500	有效
X_{511}	-0.38875	-0.18500	0.44500	-0.15398	-0.37147	0.44500	有效
X_{512}	-0.42100	-0.22800	0.31600	-0.12006	-0.36233	0.31600	有效
X_{521}	-0.36400	-0.15200	0.45600	-0.17617	-0.37769	0.45600	有效
X_{522}	-0.47200	-0.29600	0.11200	-0.05036	-0.34491	0.11200	有效

表 8 海尔集团公司创新性的关联度 K_{Nk}（X）及评价结果表

指标＼等级	N_1 无效	N_2 基本无效	N_3 有效	N_4 较有效	N_5 很有效	$maxK_{Nk}$（X）	评价结果
X	-0.01199	-0.00886	-0.00220	0.00355	-0.00578	0.00355	较有效
X_1	-0.00704	-0.00543	-0.00222	0.00401	-0.00323	0.00401	较有效
X_2	-0.00904	-0.00635	-0.00120	0.00012	-0.00432	0.00012	较有效
X_3	-0.01828	-0.01362	-0.00314	0.00633	-0.00884	0.00633	较有效
X_4	-0.00522	-0.00397	-0.00147	0.00197	-0.00243	0.00197	较有效
X_5	-0.00943	-0.00687	0.00192	-0.00171	-0.00472	0.00192	有效

续表

指标＼等级	N_1 无效	N_2 基本无效	N_3 有效	N_4 较有效	N_5 很有效	$maxK_{Nk}$（X）	评价结果
X_{11}	-0. 04844	-0. 03793	-0. 01689	0. 02860	-0. 02104	0. 02860	较有效
X_{12}	-0. 05816	-0. 04403	-0. 01578	0. 03155	-0. 02858	0. 03155	较有效
X_{21}	-0. 06713	-0. 05765	-0. 03869	0. 01819	-0. 01300	0. 01819	较有效
X_{22}	-0. 02330	-0. 00742	0. 02226	-0. 01441	-0. 02736	0. 02226	有效
X_{31}	-0. 03177	-0. 01773	0. 01863	-0. 00756	-0. 02646	0. 01863	有效
X_{32}	-0. 04407	-0. 03553	-0. 01844	0. 02380	-0. 01640	0. 02380	较有效
X_{33}	-0. 07985	-0. 06443	-0. 03359	0. 04263	-0. 02922	0. 04263	较有效
X_{41}	-0. 05424	-0. 04022	-0. 01217	0. 02435	-0. 02856	0. 02435	较有效
X_{42}	-0. 03877	-0. 03009	-0. 01273	0. 01244	-0. 01615	0. 01244	较有效
X_{51}	-0. 03041	-0. 01589	0. 01374	-0. 00858	-0. 02680	0. 01374	有效
X_{52}	-0. 09022	-0. 07090	-0. 03227	0. 03051	-0. 03570	0. 03051	较有效
X_{111}	-0. 63850	-0. 51800	-0. 27700	0. 44600	-0. 23573	0. 44600	较有效
X_{112}	-0. 55625	-0. 40833	-0. 11250	0. 22500	-0. 30392	0. 22500	较有效
X_{121}	-0. 60900	-0. 47867	-0. 21800	0. 43600	-0. 26504	0. 43600	较有效
X_{122}	-0. 61350	-0. 48467	-0. 22700	0. 45400	-0. 26099	0. 45400	较有效
X_{123}	-0. 50725	-0. 34300	-0. 01450	0. 02900	-0. 33005	0. 02900	较有效
X_{211}	-0. 68925	-0. 58567	-0. 37850	0. 24300	-0. 16353	0. 24300	较有效
X_{221}	-0. 71400	-0. 61867	-0. 42800	0. 14400	-0. 11180	0. 14400	较有效
X_{222}	-0. 30850	-0. 07800	0. 23400	-0. 21687	-0. 38967	0. 23400	有效
X_{22}	-0. 34125	-0. 12167	0. 36500	-0. 19419	-0. 38290	0. 36500	有效
X_{311}	-0. 47100	-0. 29467	0. 11600	-0. 05197	-0. 34530	0. 11600	有效
X_{312}	-0. 42800	-0. 23733	0. 28800	-0. 11180	-0. 36018	0. 28800	有效
X_{313}	-0. 36125	-0. 14833	0. 44500	-0. 17846	-0. 37835	0. 44500	有效
X_{321}	-0. 58650	-0. 44867	-0. 17300	0. 34600	-0. 28336	0. 34600	较有效
X_{322}	-0. 68125	-0. 57500	-0. 36250	0. 27500	-0. 17742	0. 27500	较有效
X_{323}	-0. 65325	-0. 53767	-0. 30650	0. 38700	-0. 21815	0. 38700	较有效
X_{331}	-0. 55625	-0. 40833	-0. 11250	0. 22500	-0. 30392	0. 22500	较有效
X_{332}	-0. 61375	-0. 48500	-0. 22750	0. 45500	-0. 26077	0. 45500	较有效
X_{333}	-0. 68375	-0. 57833	-0. 36750	0. 26500	-0. 17320	0. 26500	较有效
X_{411}	-0. 53150	-0. 37533	-0. 06300	0. 12600	-0. 31805	0. 12600	较有效

续表

指标 \ 等级	N_1 无效	N_2 基本无效	N_3 有效	N_4 较有效	N_5 很有效	$maxK_{Nk}$（X）	评价结果
X_{412}	-0.61625	-0.48833	-0.23250	0.46500	-0.25845	0.46500	较有效
X_{413}	-0.55875	-0.41167	-0.11750	0.23500	-0.30237	0.23500	较有效
X_{421}	-0.70375	-0.60500	-0.40750	0.18500	-0.13504	0.18500	较有效
X_{422}	-0.61625	-0.48833	-0.23250	0.46500	-0.25845	0.46500	较有效
X_{423}	-0.50575	-0.34100	-0.01150	0.02300	-0.33074	0.02300	较有效
X_{511}	-0.46475	-0.28633	0.14100	-0.06179	-0.34765	0.14100	有效
X_{512}	-0.31625	-0.08833	0.26500	-0.21182	-0.38814	0.26500	有效
X_{521}	-0.71375	-0.61833	-0.42750	0.14500	-0.11240	0.14500	较有效
X_{522}	-0.55875	-0.41167	-0.11750	0.23500	-0.30237	0.23500	较有效

表 9 海信集团有限公司创新性的关联度 K_{Nk}（X）及评价结果表

指标 \ 等级	N_1 无效	N_2 基本无效	N_3 有效	N_4 较有效	N_5 很有效	$maxK_{Nk}$（X）	评价结果
X	-0.01018	-0.00646	0.00173	0.00100	-0.00687	0.00173	有效
X_1	-0.00427	-0.00174	0.00253	-0.00192	-0.00445	0.00253	有效
X_2	-0.00679	-0.00334	0.00561	-0.00240	-0.00630	0.00561	有效
X_3	-0.01657	-0.01135	-0.00015	0.00410	-0.00978	0.00410	较有效
X_4	-0.00545	-0.00427	-0.00193	0.00251	-0.00228	0.00251	较有效
X_5	-0.00728	-0.00401	0.00339	-0.00088	-0.00586	0.00339	有效
X_{11}	-0.02374	-0.00498	0.01494	-0.01765	-0.03129	0.01494	有效
X_{12}	-0.04406	-0.02524	0.02483	-0.00896	-0.03570	0.02483	有效
X_{21}	-0.03684	-0.01726	0.03949	-0.01490	-0.03556	0.03949	有效
X_{22}	-0.02900	-0.01502	0.01633	-0.00868	-0.02581	0.01633	有效
X_{31}	-0.04547	-0.03600	-0.01706	0.02043	-0.01768	0.02043	较有效
X_{32}	-0.02574	-0.01109	0.02268	-0.01157	-0.02615	0.02268	有效
X_{33}	-0.07313	-0.05547	-0.02015	0.04029	-0.03598	0.04029	较有效
X_{41}	-0.05647	-0.04319	-0.01663	0.02558	-0.02647	0.02558	较有效
X_{42}	-0.04057	-0.03249	-0.01634	0.01894	-0.01541	0.01894	较有效
X_{51}	-0.04535	-0.03581	-0.01673	0.02069	-0.01845	0.02069	较有效
X_{52}	-0.05166	-0.01949	0.05521	-0.02776	-0.05645	0.05521	有效
X_{111}	-0.25575	-0.00767	0.02300	-0.24709	-0.39907	0.02300	有效

续表

指标 \ 等级	N_1	N_2	N_3	N_4	N_5	$\max K_{Nk}$（X）	评价结果
	无效	基本无效	有效	较有效	很有效		
X_{112}	-0.35800	-0.14400	0.43200	-0.18112	-0.37911	0.43200	有效
X_{121}	-0.38625	-0.18167	0.45500	-0.15636	-0.37212	0.45500	有效
X_{122}	-0.47200	-0.29600	0.11200	-0.05036	-0.34491	0.11200	有效
X_{123}	-0.49125	-0.32167	0.03500	-0.01691	-0.33713	0.03500	有效
X_{211}	-0.36300	-0.15067	0.45200	-0.17700	-0.37793	0.45200	有效
X_{221}	-0.40525	-0.20700	0.37900	-0.13742	-0.36695	0.37900	有效
X_{222}	-0.33200	-0.10933	0.32800	-0.20096	-0.38490	0.32800	有效
X_{22}	-0.45825	-0.27767	0.16700	-0.07155	-0.35003	0.16700	有效
X_{311}	-0.55625	-0.40833	-0.11250	0.22500	-0.30392	0.22500	较有效
X_{312}	-0.61650	-0.48867	-0.23300	0.46600	-0.25822	0.46600	较有效
X_{313}	-0.71750	-0.62333	-0.43500	0.13000	-0.10317	0.13000	较有效
X_{321}	-0.31625	-0.08833	0.26500	-0.21182	-0.38814	0.26500	有效
X_{322}	-0.43625	-0.24833	0.25500	-0.10159	-0.35755	0.25500	有效
X_{323}	-0.38575	-0.18100	0.45700	-0.15683	-0.37225	0.45700	有效
X_{331}	-0.52125	-0.36167	-0.04250	0.08500	-0.32332	0.08500	较有效
X_{332}	-0.56650	-0.42200	-0.13300	0.26600	-0.29741	0.26600	较有效
X_{333}	-0.61700	-0.48933	-0.23400	0.46800	-0.25775	0.46800	较有效
X_{411}	-0.53225	-0.37633	-0.06450	0.12900	-0.31765	0.12900	较有效
X_{412}	-0.65775	-0.54367	-0.31550	0.36900	-0.21231	0.36900	较有效
X_{413}	-0.60550	-0.47400	-0.21100	0.42200	-0.26809	0.42200	较有效
X_{421}	-0.67875	-0.57167	-0.35750	0.28500	-0.18153	0.28500	较有效
X_{422}	-0.66025	-0.54700	-0.32050	0.35900	-0.20896	0.35900	较有效
X_{423}	-0.56375	-0.41833	-0.12750	0.25500	-0.29920	0.25500	较有效
X_{511}	-0.65875	-0.54500	-0.31750	0.36500	-0.21098	0.36500	较有效
X_{512}	-0.53225	-0.37633	-0.06450	0.12900	-0.31765	0.12900	较有效
X_{521}	-0.38350	-0.17800	0.46600	-0.15894	-0.37284	0.46600	有效
X_{522}	-0.33200	-0.10933	0.32800	-0.20096	-0.38490	0.32800	有效

表 10 潍柴动力创新性的关联度 K_{Nk}（X）及评价结果表

等级/指标	N_1 无效	N_2 基本无效	N_3 有效	N_4 较有效	N_5 很有效	$maxK_{Nk}$（X）	评价结果
X	-0.00932	-0.00530	0.00298	-0.00117	-0.00716	0.00298	有效
X_1	-0.00707	-0.00547	-0.00227	0.00282	-0.00307	0.00282	较有效
X_2	-0.00896	-0.00624	0.00076	-0.00128	-0.00453	0.00076	有效
X_3	-0.01221	-0.00553	0.00877	-0.00492	-0.01199	0.00877	有效
X_4	-0.00537	-0.00417	-0.00178	0.00252	-0.00236	0.00252	较有效
X_5	-0.00740	-0.00417	0.00221	-0.00058	-0.00570	0.00221	有效
X_{11}'	-0.04825	-0.03767	-0.01650	0.01218	-0.01934	0.01218	较有效
X_{12}	-0.05893	-0.04505	-0.01731	0.03462	-0.02811	0.03462	较有效
X_{21}	-0.06570	-0.05574	-0.03583	0.02391	-0.01547	0.02391	较有效
X_{22}	-0.02377	-0.00804	0.01912	-0.01356	-0.02714	0.01912	有效
X_{31}	-0.02530	-0.00911	0.02385	-0.01381	-0.02816	0.02385	有效
X_{32}	-0.02773	-0.01375	0.01256	-0.00902	-0.02549	0.01256	有效
X_{33}	-0.04964	-0.02415	0.04144	-0.01822	-0.04656	0.04144	有效
X_{41}	-0.05859	-0.04602	-0.02088	0.02946	-0.02469	0.02946	较有效
X_{42}	-0.03833	-0.02950	-0.01184	0.01686	-0.01747	0.01686	较有效
X_{51}	-0.04750	-0.03868	-0.02103	0.02481	-0.01613	0.02481	较有效
X_{52}	-0.05137	-0.01910	0.04436	-0.02759	-0.05643	0.04436	有效
X_{111}	-0.53425	-0.37900	-0.06850	0.13700	-0.31658	0.13700	较有效
X_{112}	-0.70625	-0.60833	-0.41250	0.17500	-0.12963	0.17500	较有效
X_{121}	-0.60700	-0.47600	-0.21400	0.42800	-0.26679	0.42800	较有效
X_{122}	-0.50650	-0.34200	-0.01300	0.02600	-0.33039	0.02600	较有效
X_{123}	-0.61300	-0.48400	-0.22600	0.45200	-0.26145	0.45200	较有效
X_{211}	-0.71125	-0.61500	-0.42250	0.15500	-0.11832	0.15500	较有效
X_{221}	-0.66650	-0.55533	-0.33300	0.33400	-0.20024	0.33400	较有效
X_{222}	-0.25050	-0.00067	0.00200	-0.24975	-0.39992	0.00200	有效
X_{22}	-0.38950	-0.18600	0.44200	-0.15326	-0.37127	0.44200	有效
X_{311}	-0.38650	-0.18200	0.45400	-0.15612	-0.37206	0.45400	有效
X_{312}	-0.25225	-0.00300	0.00900	-0.24887	-0.39964	0.00900	有效
X_{313}	-0.37850	-0.17133	0.48600	-0.16353	-0.37412	0.48600	有效
X_{321}	-0.43075	-0.24100	0.27700	-0.10846	-0.35931	0.27700	有效

续表

指标 \ 等级	N_1 无效	N_2 基本无效	N_3 有效	N_4 较有效	N_5 很有效	$\max K_{Nk}$（X）	评价结果
X_{322}	-0.26200	-0.01600	0.04800	-0.24385	-0.39804	0.04800	有效
X_{323}	-0.46050	-0.28067	0.15800	-0.06822	-0.34922	0.15800	有效
X_{331}	-0.30225	-0.06967	0.20900	-0.22083	-0.39088	0.20900	有效
X_{332}	-0.39375	-0.19167	0.42500	-0.14912	-0.37013	0.42500	有效
X_{333}	-0.43025	-0.24033	0.27900	-0.10907	-0.35947	0.27900	有效
X_{411}	-0.55700	-0.40933	-0.11400	0.22800	-0.30346	0.22800	较有效
X_{412}	-0.67125	-0.56167	-0.34250	0.31500	-0.19325	0.31500	较有效
X_{413}	-0.63375	-0.51167	-0.26750	0.46500	-0.24093	0.46500	较有效
X_{421}	-0.66625	-0.55500	-0.33250	0.33500	-0.20060	0.33500	较有效
X_{422}	-0.51450	-0.35267	-0.02900	0.05800	-0.32663	0.05800	较有效
X_{423}	-0.58300	-0.44400	-0.16600	0.33200	-0.28596	0.33200	较有效
X_{511}	-0.60625	-0.47500	-0.21250	0.42500	-0.26744	0.42500	较有效
X_{512}	-0.70575	-0.60767	-0.41150	0.17700	-0.13072	0.17700	较有效
X_{521}	-0.40875	-0.21167	0.36500	-0.13370	-0.36595	0.36500	有效
X_{522}	-0.31700	-0.08933	0.26800	-0.21132	-0.38799	0.26800	有效